让 我 们 一 起 追 寻

David M. Robinson

〔美〕鲁大维　著

祁逸伟　译

称雄天下

早期明王朝与欧亚大陆盟友

MING CHINA AND
ITS ALLIES

IMPERIAL RULE
IN
EURASIA

社会科学文献出版社
SOCIAL SCIENCES ACADEMIC PRESS (CHINA)

怀念托马斯·爱尔森（1940~2019）

目　录

翻译说明

原书对元朝多称 Great Yuan（大元）、对明代安南多称 Đại Việt（大越），与国内学界的通行称呼不同。鉴于书中也出现了 Yuan dynasty（元朝）、Annam（安南）等词，为避免混淆，中译本遵循原文用法。

致　谢

　　我在京都大学期间，这个项目刚刚开始成形，导师夫马进一直给予我很大支持。我在普林斯顿高等研究院做研究员期间，得到了 Ursula Brosseder、Nicola di Cosmo（狄宇宙）、Matthew Mosca（马世嘉）和 Stephen West（奚如谷）的慷慨帮助。在台湾"中研院"，博学的同事张继莹、张谷铭、陈熙远、雷祥麟、林富士、Tommaso Previato、王汎森和巫仁恕总是热情接待我、友好地鼓励我。现已故去的托马斯·爱尔森多年来慷慨地分享了他在欧亚历史方面的广泛知识。感谢普林斯顿大学东亚图书馆的 Martin Heijdra 和 Hyoungbae Lee 在文献上的慷慨帮助。我还要感谢剑桥大学出版社的编辑 Lucy Rhymer。我特别感谢 Christopher Atwood（艾骛德）、Craig Clunas（柯律格）、Johan Elverskog（艾宏展）和 Matthew Mosca，他们花时间阅读并评论了我的草稿章节。他们的见解极大地增进了我对许多关键问题的理解，并对本书的条理性做出了很大贡献。科尔盖特大学的同事，特别是 Dan Bouk、R. M. Douglas、Robert Nemes、Heather Roller、Andrew Rotter、Kira Stevens、Brenton Sullivan 和徐东风，都慷慨支持、分享见解。我对此非常感激。

　　能有机会与以下机构的同人们分享我的初步研究，让我受益匪浅：宾夕法尼亚大学东亚语言文学系、普林斯顿大学东亚研究系、香港大学中文学院、波恩大学波恩汉学研究所、中国人民大学、中国社会科学院、台湾"中研院"历史语言研究所、台湾明代研究学会、台湾汉学研究中心、内蒙古大学蒙古学研究中心、京都大学和雪城大学麦克斯韦学院。多次会议为我提供了请教专家和打磨论点的绝佳机会：首尔国立大学举办的"《混一图》中所见的朝鲜与世界"［Korea and the World Seen（Observed）through the Kangni Map］；高丽大学、蒙古学研究中心在德国爱森纳赫举办的"帝国史比较研究"（Comparative Studies in Imperial History）；耶路撒冷希伯来大学举办的"流动与变革：蒙古时期欧亚大陆的经济和文化交流"（Mobility and Transformations：Economic and Cultural Exchange in Mongol Eurasia）；南京大学举办的"蒙古人与汉蒙关系（1368～1634）"（The Mongols and Sino-Mongol Relations，1368-1634）；以及"东亚的国际秩序和交流：第二次国际研讨会"（International Order and Exchange in East Asia，Second International Symposium）。

没有下列机构的慷慨支持，我的研究不可能完成：美国国家人文基金会、美国学术团体理事会、普林斯顿高等研究院、富布赖特台湾项目、科尔盖特大学研究委员会和兰伯特研究所教师奖金。本书得到了韩国教育部韩国学研究全球化实验室和韩国学中央研究院韩国学推广服务的支持（AKS-2013-LAB-2250001）。

绪　论

皇帝让历史学家着迷。皇帝往往是政权的面孔、"主权的
视觉表现"和时代的象征。[1]根据时间和地点的不同，皇帝行
使着广泛的政治权力并拥有独特的神圣地位。在中国，他们被
尊称为天子，是受天命而进行统治的人，是神圣与世俗的中
介。他们具有人类所有的优点和弱点，所以他们可以显得既非
常遥远又十分熟悉。

本书分析了 15 世纪前六十年帝王统治权的行使，那时正
值明朝（1368~1644）统治时期。与其他朝代的皇帝一样，明
朝统治者也经常向海内外各色民众强调他们作为施恩者
（patron）和君主的地位，但我特别关注的是明代前期的皇帝
与当时所谓"远人"——通常是来自王朝和文化边界之外的
领袖——之间的关系。在掌握权力和培养盟友的过程中，皇帝
扮演的是众王之王的角色。我考察了这些王或者说远人中的一
个群体：蒙古贵族。他们是成吉思汗（1162~1227）军事和政
治遗产的继承人。正如下文所解释的那样，对于明代前期的朝
廷来说，蒙古贵族是最重要的一类远人：他们是对手，是盟
友，也是臣民。对于明代前期皇帝的身份、统治风格以及在欧
亚大陆东部获得支持和效忠的能力来说，与蒙古贵族的关系是
一个关键因素。

皇帝的身份和统治风格很大程度上是通过与其他个人和群

体交流而形成的。这里的身份有两种含义：一是皇帝对自己的认知，二是为了更广泛的传播而制造出的形象。[2] 两者是交织在一起的。[3] 在中国，皇帝与他们的政府官僚，特别是与朝廷大臣之间的关系长期是政治史和思想史的一个核心特征。朝廷大臣、较低级的官僚以及更多受过经典教育的精英人士（官僚从他们当中简拔）写下了现存大部分的历史记录。因此，皇帝与这些人的关系在史料中占有重要地位。事实上，我们对皇帝和帝国统治的了解大多来自这些资料，而这些资料深受这些士人或文人特定视角和关注点的影响。[4] 然而，王朝的宫廷需要其他群体来运作，包括后妃、太监、僧侣、御医、画工、厨师等。[5] 在中国，这类群体的成员很少留下文字。因此，他们与皇帝的互动是不透明的，通常被文人的文字过滤过。文人则经常重复刻板印象：后妃被描述为聪明、温柔、节俭或诡计多端、精明、逍遥的人；宦官被描绘成忠心耿耿、勤劳、深谋远虑或者更常见的阴险、虚荣、睚眦必报的人。复原帝王与这些群体互动的实质和多样性很困难，却有助于更加准确地理解明朝的政治文化，尤其是皇室的运转。[6]

与皇帝交往的另一类人是"远人"，特别是其他政权的元首或领主。这种关系非常重要。从新石器时代开始——事实上是在"中国"这一事物出现之前——现在被称为中国之区域中的政权及其统治者就深深地扎根于欧亚大陆东部的广阔世界中。婚姻、礼物、战争、军事联盟、国家控制的贸易、通交使团、人员招募、间谍活动、人质交换、宴会和私人信函是皇帝（以及皇帝出现之前的统治者）与同时代的大小统治者（及其使节）互动的一些方式。

在全球各地王朝的宫廷生活中，远人都占有重要地位。[7]

在世界各地的许多传统中，展示对远方人民的控制能够体现出优越的能力、非凡的个人感召力和作为统治者独一无二的资格。[8]尊贵的宾客为君主的宫廷增添了威望和活力，他们提供了正当性并展示了权力。特别受欢迎的是同侪的贵族，他们参与宴会、接待、阅兵和其他宫廷活动的行为经常得到详细记载。远人的重要性甚至见于对外关系相对封闭的国家，比如17世纪德川幕府时期的日本。反映邻国朝鲜（今天的朝鲜和韩国）朝廷所遣使者走过京都街道的文字和图像为日本新建立的武家政权提供了正当性。[9]在宫廷上展示被征服的敌人充分体现了统治者使敌人屈服的能力，这也是一个君主具有统治资格的证明。神圣罗马帝国皇帝马克西米利安（1459～1519）的宫廷里举办的凯旋仪式或者说游行入场仪式上，有"来自各地的俘虏"向"他的皇帝意志"屈服。[10]外国俘虏的命运完全被掌握在统治者手中。这种对君主权力的展示，是献俘仪式在世界各地宫廷活动中如此突出的原因之一。

在中国历史的大部分时间里，"远人"在域内域外都存在。[11]他们可能是某一政权的精英成员，或是在域内居住和效劳的移民群体的领袖人物，或者两者兼而有之。无论在时间上是近是远，他们的出身都将他们与皇帝和主体人口区分开来。距离本身——无论是身体的、文化的还是仪式的——带有一种特殊意义。远人既作为某一政权的首领又作为帝国臣民，在帝国朝廷中担任政治、军事和文化顾问，构成了朝廷的一个重要组成部分。他们有时出现在跨越王朝、语言和文化边界的联姻中，偶尔还会登上权力的顶峰。

为了解中原王朝和其他政权之间的互动，人们通常会借助政治学的分类。一个基本的分析单位是王朝（dynasty），它常被视为和民族国家同类的事物。[12] 然而，这里我所说的王朝指皇室（ruling house），尤其是它的首脑——皇帝，而不是作为一个国家或一个文明的中国。虽然对外关系（战争、贸易、通交和文化互动）也很重要，但我的主要关注点是统治：同时代的人如何理解和表现统治者在与远人交往中反映出的特点。

明代前期的统治者

4 　　让我们来看看明代前期的历史细节。朱元璋（1328 ~ 1398，1368 ~ 1398 年在位）曾经是佃农、化缘僧、叛军士兵和野心勃勃的军阀。在元朝末年，经过了几十年的内战，他于1368 年创立了自己的王朝。他把大量精力用于建立统治的规则，以使他的王朝能够被顺利、牢固地掌握在他的子孙手中。几个世纪以来，学者一直在细致地研究朱元璋的生平和政策，以理解这个人本身、他的时代和他为一个延续到 17 世纪中叶的王朝留下的遗产。[13]

　　本书关注的是一批未被如此充分研究的明代统治者，即继朱元璋之后的六位皇帝。历史学家普遍认为 15 世纪的皇帝远不如朱元璋。或许除了朱棣（朱元璋的儿子，也是明朝第三位皇帝，关于他的更多信息见下文），后继的统治者都缺乏朱元璋的精力、动力和野心。[14] 简单地说，他们是小人物。这样的判断很严厉，也部分正确，但基本上无关乎明初统治者的重要性以及皇帝和远人之间的联系。

　　15 世纪初，明朝皇帝统治着全球五分之一到四分之一的人口（可以说是四亿人口中的八千五百万）、大多数的世界最大城市、全球规模最庞大的常备军以及当时最繁荣的经济体。[15]明廷是欧亚大陆东部——很可能是全世界——最大的政治施恩中心。由于15世纪的明朝皇帝是一个如此强大的政权的统治者，他们十分重要。明王朝并没有统治整个欧亚大陆东部，但在从今天的中国新疆东部到朝鲜、从蒙古草原到越南以及东南亚其他地区的广阔地域内，它对几十个较小的领袖施加影响。换句话说，明朝的统治是全球史的一部分。理解明朝的统治对理解全球历史很重要，而且反过来，明朝的统治也必须被置于全球背景下来理解。讨论近代早期世界的统治问题必须把明朝皇帝包括进来。

如上所述，历史学家经常通过有文化的士人和官员的眼光来看待明朝的统治，而士人和官员留下的记载侧重于他们与皇帝的互动。他们对一个理想君主该如何行事的期望是以对古今典范的文献描述为基础的。在准备严酷科举考试的学习中，这些典范被内化为他们思想的一部分。他们对皇帝和其他政权领袖以及移民群体交往的记述高度集中在君主和他的王朝上，其目的恰恰在于突出统治的一些特点。在15世纪上半叶的大部分时间里，他们称颂皇帝的宽仁和武功让本可能对明朝构成挑战的强者尊敬和服从。这些记录反映出王朝的支持者——那些依靠掌握古代经典而获取权力的人——是如何表现事物的。我们必须从历史背景中将他们忽略或轻描淡写的东西梳理清楚，包括远人的动机和观点、皇帝与远方君主及新臣民关系的流动性，以及皇帝的新盟友对大臣影响力和权力的潜在威胁。

与其他领袖的关系构成了明朝皇帝身份不可或缺的方面。这一观点看起来是不证自明的。毕竟，明廷与许多政权保持着经常性的互动，而政权间的互动表现为王朝或者说皇室/王室之间的关系。虽然今天我们习惯于从民族国家或超国家实体

（比如联合国或欧盟）之间互动的角度来思考，但在人类历史的大部分时间里，君主个人之间的关系重要得多。[16] 明朝皇帝是欧亚大陆东部（又或许是全世界）最大皇室的首脑，他们与其他君主之间的互动不可避免地在明朝的统治中占有重要地位，但这不是一个流行的观点。相反，我们对明王朝以及更广义明代历史的认知深受三组重要对比的影响。

第一，尽管数十年来的学术创新已经证明了中国总体和明朝本身都和欧亚大陆东部有密切的联系，但关于孤立状态的刻板印象依然存在。中国的孤立往往或明或暗地衬托了西方日益增长的全球参与。就明代而言，在"地理大发现时代"，一个内向的中国和一个大胆扩张的西方似乎形成了确凿无疑的对比。[17] 这样的观点很难解释一个皇帝为什么会培植域外盟友、与外敌交战、搜集关于远方政权的情报或是为远离故土的商旅和使者的安全通行而担忧。

第二，就那些深知明代中国与外部世界联系的人而言，他们的注意力一般集中于经济、文化、技术和人口的联系。这些方面的发展往往和明王朝以及皇帝本人关系较远。事实上，诸如白银的全球流动、海外贸易、军事科技的传播、东南亚的中国移民等往往是违反王朝法律的现象。从这个角度来看，皇帝的缺位对我们关于 16 世纪和 17 世纪的主流历史叙事来说是必不可少的。这一叙事制造了一种对比：一边是向现代迈进、朝气蓬勃的中国社会，另一边是奄奄一息、保守滞后的国家和王朝。[18] 这样的视角让我们在面对一个统治者率领大军深入草原、占领其土地、因为亲身涉险或决策失误而引发政治危机和思想动荡的时代时无所适从，而这些正是明代前期统治者作为众王之王的方方面面。

第三，对于帝制晚期和近代早期（1400～1800）的中国历史学者来说，明朝统治者与在约 1636～1911 年统治清朝的爱新觉罗家族之间有显著区别。从清政权建立之时起，清朝统治者就把大量的时间、精力和资源投入了他们和"众王"（the multitude of lords）[1] 的关系中，包括汉族、蒙古、准噶尔、西藏和之后的维吾尔的首领。[19] 这种关系不仅决定了清王朝的发展轨迹和界限，还构成了清王朝一个主要的甚至是标志性的特征。近几十年来，一些具有开拓性的学术成果研究了清朝皇帝统一并治理一个空前庞大和复杂政治体的策略。[20] 核心议题之一就是清朝皇帝如何处理他们的对手、盟友和臣民之间的宗教、文化、政治和族群差异。[21]

根据这种比较视角，如果说清王朝具有世界性，那么明朝皇帝就似乎具有明显的地方性：明朝皇帝的绝大多数臣民是汉人，他们的地缘政治视野更加狭窄，他们话语和政策的多样性也不足。那些居住在京师的其他政权的庞大后裔群体很容易被人们忽视，而他们的生存和地位直接依赖和皇帝的个人关系。那庞大的恩惠关系网络更容易被忽视，该网络把 15 世纪的明朝皇帝和女真地区、蒙古草原、中亚绿洲城市、西藏边疆地区以及西南边陲联结在了一起。

对比会掩盖问题，但也能带来启发。考虑到上述三组对比（扩张的西方与收缩的中国、活跃的社会与僵化的王朝、文化非常多元的清朝与缺乏异质性的明朝）的影响力，把注意力放到 15 世纪明朝皇帝和其他君主的关系上将对我们很有帮助。

---

① 取自 Hevia（1995），*Cherishing Men from Afar*。在该书中译本《怀柔远人：马嘎尔尼使华的中英礼仪冲突》（邓常春译，社会科学文献出版社，2015）中被译为"多王"。——译者注

7   首先，这可以帮助我们更全面、更细致地理解 15 世纪世界上最强大政权的统治，包括在域内和域外的统治以及两者间的关系。其次，这不仅可以让我们简单地驳斥明朝在前期孤立自满的观点，而且能让我们深入思考明廷以何种方式、出于何种目的与欧亚大陆东部相联系。比如说，明朝皇帝知道自己需要盟友，因此倾注了大量资源去建立和维持这种关系。最后，这清楚地表明，对外部盟友的追求会导致内部的重大变化，其中最重要的是收编了数万也许是数十万的新臣民，而这当中的许多人成了明朝秩序的守护者。

明代前期朝廷的统治者秩序

   和此前的几乎所有王朝一样，对空间的控制是确定明王朝特别是皇帝之于其他人地位的重要方式。这点在京师的皇宫和地方的王府上体现得尤为明显。明王朝的建立者朱元璋在今天的南京建都。皇帝的后嗣，包括后来成为第二位和第三位皇帝的两人，就在那里度过了他们大部分的青春时光。到了 15 世纪 20 年代（靖难之役后），位于元朝旧都大都的新都城开始建设。[22] 在南京和北京两地，明朝的宫廷都处于巨大的建筑群中——一座由夯土包砖的高墙所保护的城中之城。[23] 进入这一广阔宫殿建筑群的人员受到严格限制（但永远做不到绝对严密），一般来说，仅限皇帝、皇室女性成员、嫔妃和太监，尽管一些医员、僧侣及其他人等也获得过进入的资格。当皇子们年满十六岁时，他们会被授予位于地方行政中心的土地，并在当地建立王府，展现皇族的权力和气派。[24] 明朝统治者的宫殿是专属于他们自己的空间。

   朝廷尤其关注皇帝作为在位君主和天子的独特地位。只有他可以走在由精心雕琢的石头铺就的丹陛上。只有他可以穿过宫墙南面五个门洞之中的中门。只有他可以坐在高台之上的御座上，由披坚执锐的侍卫所环绕。上早朝时，身着朝服的百官按品级排列在皇帝的御座下。太监同样参与早朝。全体臣工山呼万岁，宣告大明皇帝的到来。① 在南京和北京两地，皇帝面前都会有大象排成队列，更添一分气派。前来访问的使节居住在朝廷提供的蕃馆中，他们的居住条件被精心设定，以体现他们的相对地位。在获得觐见皇帝的许可之前，使者们会接受礼节方面的培训，以确保场面的庄严，防止失礼的举动让皇帝和他们自己难堪。宏伟的建筑、皇家的仪仗、数千人的阵容、一丝不苟的仪式，这一切都是为了让人们明白一个道理：明王朝是无与伦比的，而明朝皇帝作为其首领，是世界上最有权力的人。

　　明代宫殿建筑群巨大的规模和皇帝相对较低的出京频次可能给人一种静止乃至孤立的错觉。[25] 这种感觉，加上明代文人淡化皇帝与其他领袖关系细节的倾向，掩盖了明朝统治中与其他统治者之联系的重要地位。一些学者关注明朝统治的专制性，[26] 另一些则提出从 15 世纪开始，明朝统治者变得越发被动和内向，被太祖成法所限制，被制度所束缚，还被笼罩在受过更好教育、更加积极进取的官僚的阴影下。[27] 和学界主流不同，有几项研究提供了第三种描述，探讨了某一皇帝如何参与治理他认为重要或有价值的领域，比如礼仪改革和军事活动。[28] 这些研究成果让我们对明朝皇权、它与帝国官僚系统的互动、与主要军事将领的联系和不同皇帝之间的差别有了更丰富的理

① 此处对明代朝仪的描述不确。——译者注

解。然而，对明朝皇帝众王之王身份的关注不足反映并加深了一种错误的认识：明朝皇帝与欧亚大陆的其他统治者相隔绝，而且不在乎其他政权的盟友。[29]

朱元璋从未到过域外，登基之后也从未御驾亲征过，但他确实把自己塑造成了众王之王。其途径至少有四种。第一，他坚决要求自己新近赢得的强大臣民或盟友前来京师觐见。来自蒙古草原、女真地区、西藏边疆地区、西南山地、朝鲜半岛、日本列岛等地的首领（或其使臣）来到南京，面见他们的新统治者和施恩者。第二，朱元璋认可周边的君主同样是统治者，只不过地位较低。在致朝鲜国王、日本统治者，以及北元可汗的信函中，他以统治者对统治者的口吻与他们对话，提供治国和维系王朝存续的建议。[30] 第三，他欢迎远人归附、成为自己的臣民。他安置了超过十万名蒙古男女，其中很多人得到了北部边疆的土地，但也有相当多的人在内地——包括位于今天南京的都城——从军。[31] 第四，他广泛宣传朝廷接纳成吉思汗贵族后裔的情况。例如，1370 年，明军俘虏了在位可汗的孙子买的里八剌，后者当时还是个少年。朱元璋诏谕十几个国家，陈述买的里八剌的被俘、明廷对他的礼遇以及他礼仪性的新角色——元朝先帝之灵的奉祀者。[32] 朱元璋和他的大臣们相信，这些对主宰地位和宽仁之心的表现能够提升明朝君主在欧亚大陆东部的地位。

蒙古人很好地融入了明朝建立者的朝廷，以至于他们出现在了朱元璋的梦中。有一天晚上，皇帝梦见一个高大英武的男子在他身边殷勤地侍奉。在梦中，这个人自称"锁住马"。第二天早上醒来后，朱元璋立即命令一个官员去禁卫军中察看是否有人符合他的描述。一个名为索珠的蒙古人被带到皇帝面前。朱元璋确认此人的相貌和气质都符合梦中所见，便当场提拔了他。索珠的父辈曾任元朝行政和军事职务。[33]

索珠的晋升是一种普遍模式的缩影。明朝皇帝与权贵关系的一个显著特点是前者对颁赐头衔有持久的兴趣，如王、公、侯、伯、指挥、千户和百户等。在此之前，皇帝把这些头衔赐给政权内部所谓勋贵的汉人，他们是为君主立下卓著功劳的明朝臣民。[34]皇帝还把头衔赐给新归附的臣民，例如蒙古大将纳哈出，他带兵的大部分时间都在与朱元璋和其他大元的敌人作战。[35]头衔还被赐予处于明朝羁縻地区的人——比如哈密王——和完全处于王朝疆域之外的人，比如日本、朝鲜和安南（大越）的国王，以及更遥远的、来自中亚帖木儿等政权的人员。

这些做法使一套以明朝皇帝为中心的、覆盖一切的统治秩序得以产生。其中心理念是，在这套等级制度里，赐予头衔和官位的权力和权威明确地为明朝皇帝所专有。[36]但在现实中，明朝皇帝经常把头衔和官位赐给那些已经拥有两者的人——通常是由其他统治者或施恩者授予的。明朝皇帝承认并创造了欧亚大陆东部的统治秩序。[37]

对明朝皇帝来说，每个头衔都意味着一种负担。禄米、俸银、在京师的居住、交通、受封者遣使的招待，以及赏赐的服饰、珠宝、马匹、织物和食品——这些都是开支。皇帝常常会在宫廷典礼和葬礼上给受封者留出位置，在他们死后追封，并封赏其子孙。这些都意味着仪式和文化资本的消耗。此外，蒙古、女真、帖木儿和其他从明朝皇帝那里得到贵族头衔和军事头衔的首领还有权参与在边境和京师的官方贸易。这些市场，包括它们的建造、监管、保卫和人员配备，同样给明朝皇帝带来了负担。那么，为什么明廷会在与远方的首领打交道时如此频繁地诉诸头衔和官位呢？

赐予头衔就是在使用权力和确定地位，以创造和控制等级。[38] 著名西方历史学家诺伯特·伊利亚斯（Norbert Elias）指出，在路易十四（1643~1715 年在位）的宫廷里，排名是一种控制手段。[39] 早在此之前，中国的朝廷就发展出了一些更完善的策略，用来给文武官员划分正式的、由中央政府规定的级别。这是中国官僚体系的一个标志。为了提高自己的地位，李唐王朝（618~907）最先按血统给敌对的贵族家族排名，而且垄断了排名的权力。[40] 它还对其他统治者进行排名，这决定了他们的使节在朝廷觐见时站在哪里、在宴会上吃什么食物，以及在京师住在何处。[41] 从 10 世纪开始，一代又一代受过良好教育的年轻人就在参加一系列由朝廷举办的严酷笔试。朝廷会对他们的成绩进行公开排名并决定他们是否有资格担任政府职务，而这些职务也被朝廷安排到一个明确的等级体系之中。中国的朝廷甚至给神灵划分等级并授予封号，由此确定他们的贡品数量和种类。[42]

通过授予远人封号，明朝皇帝将一种长期存在的趋势拓展到了天下。[43] 柯律格注意到，明代前期的朝廷将藏传佛教的主要人物和蒙古首领封为"王"。他认为我们应该认清明朝内外的"多中心性"（plurality of centers）。[44] 正如接下来的章节所述，明朝皇帝把军事头衔赐给他的臣民，也同样赐给帖木儿王朝、蒙兀儿斯坦、沙州卫、赤斤蒙古卫、罕东卫和女真地区的首领，起到了相似的分级和管理作用。柯律格关于多中心性的观点是完全正确的，尽管这些中心的规模、地位和影响力并不相同。明朝皇帝承认——尽管是隐晦地——世界上有许多统治者，但还是希望能去控制他们的地位。

　　明朝皇帝知道他需要盟友，也知道获得蒙古人——或任何其他的盟友或藩属——的效忠不是一件自然而然的事情。朝廷的官方话语声称蒙古人和其他势力——至少是那些不算特别凶狠好斗的——会天然地对皇帝的优越德行和中原的文明奇观做出反应，但皇帝和大臣们都知道，要想在遥远的地方保持影响力，就需要有灵活性、通融性和雄厚的财力。[45] 获得并维系效忠需要军事、经济和政治资本的不断投入。明朝皇帝投入了这么多资源，是因为他重视蒙古人的支持。这种支持的形式可能是个人的公开效命，比如蒙古将领在面对面的会见中向皇帝宣誓效忠。当支持以距离更遥远的同盟形式出现时（比如哈密卫或兀良哈三卫），明朝统治者经常将之表述为一种由皇帝的恩惠和当地人的忠诚构成的纽带，将当前一代人和他们先辈的承诺联系在一起。

　　在其理想化的形式里，朝贡体系代表一种把政治统治者从低到高排列的等级体系。天子位于顶点，把恩德、文明和礼物施与承认其独特地位的人。有时，这种体系显得好像是自然形成且自行延续的。[46] 我们被告知它的运行建立在一些长期存在的信念和利益上。[47] 冲突是不正常且暂时的。毕竟，朝贡体系——或者说至少是它的理想化形态——为世界大约四分之一的人口在几个世纪里创造了大体上和平的对外关系。[48] 但我们稍做反思就会发现，作为一个以领袖个人（每人都处在各自的关系群中）为中心的巨型区域关系网，这个系统其实很大程度上受到多种多样域内外因素的影响。[49] 它需要精心的关照和稳定的投入。协商是无穷无尽的：承认新统治者的条件，管理边界和遣返臣民的措施，贸易条件（包括地点、货物的价

12

格、品种和数量），使节团的频率、规模和组成，王室成员和重臣的头衔和称呼，宴会的座位、食品和器皿——所有这些以及更多的问题都要争论。[50] 争端乃至暴力也都很常见。[51] 观念和利益上的巨大差异分隔的不仅是政权领袖，还有每个政权内部的下属和进行跨境活动的人。朝贡体系根本不是自然形成和自行延续的。

本书主要关注明代前期皇帝和朝廷大臣的目标、挑战和选择，但也探讨蒙古人在他们与明朝皇帝的关系中对利益的追求。统治者与被统治者是一种常见的但容易导致误解的权力二分法。统治者也有他们脆弱的一面。他们的权力是不稳定的，会受到公开和隐蔽的挑战。[52] 人们可能会设法逃避帝国的统治，但也会试图利用他们在制度框架内的地位来为自己谋求利益。[53] 臣民不一定是被动的。王朝疆域之外的蒙古人不是明帝国的臣民，但他们也以同样的积极性寻求利益。

一些蒙古人认为，与皇帝的关系会有助于实现他们的目标。草原似乎是一片没有边界的土地，是那些寻求躲避国家桎梏之人最后的避难所，但国家在草原生活中是很重要的。它不仅塑造了政治和军事历史，也塑造了社会组织和群体认同，特别是在蒙古帝国及以后的时代。[54] 从中亚的绿洲政权如哈密、沙州，到位于大兴安岭东麓的兀良哈三卫，通过一个强大的施恩者、一个掌握着更强大政权之资源的统治者来追求自己的利益，是 14～15 世纪的蒙古首领所熟悉的策略。对于数以万计成为明朝的臣民、在帝国军队中担任世袭职位并随着时间推移彻底融入了由记录、评估和问责驱动的庞大官僚体系的蒙古人来说，情况更是如此。在应对明帝国体制的过程中，许多蒙古人发现与皇帝的关系是一笔宝贵的财富。

15 世纪明朝皇帝身份的背景

截然不同的形象

我在这里的关注点是 15 世纪的前六十年。在此期间有六个人先后成为明朝的皇帝，但其中两人在后续章节中占有特别突出的地位，即朱棣和朱祁镇（1427~1464）。他们形成了鲜明的对比，特别是考虑到两人的统治仅仅相隔几十年。朱棣是开国皇帝的第四个儿子。从 1380 年开始，他当了二十年的皇子和北方边境的指挥官，承担了重大的行政和军事职责。经过三年的血腥内战，他于 1402 年从侄子手中篡夺了皇位。在位的二十二年中，朱棣派遣明军深入草原、占领越南北部、把巨大的舰队派往东南亚和南亚，并与从日本到撒马尔罕的几十个邦国建立了正式的通交关系。在域内，他将王朝的主要都城从南京迁至北京，修复并扩大了连接北京和富庶南方的大运河，推动大型文化工程，用血腥的清洗残害文化精英。

朱祁镇是朱棣的曾孙。在他八岁登基时（王朝第一个少年皇帝），其家族已经放弃了对越南的统御和远洋探索。从他即位之初，官员们就频繁而直率地批评政府政策，这是他的前辈们从未遇到过的情况。他的第一次重大军事行动是在 1449年进行的，却以灾难性的失败告终。当时他还是一个二十二岁的年轻人。他是中国历史上唯一在战场上被俘虏并被囚禁于草原的皇帝。[55] 在 1450 年被送回京师后，他又被软禁了七年，直到 1457 年才重新登基。四年后的 1461 年，一场失败的政变血洗了北京的街巷，震撼了朝廷。他于几年后去世。这是一个关于皇帝的傲慢和错误的信任的故事。

就他们的统治和与蒙古贵族的关系而言，两人的反差似乎是显而易见的。朱棣和他的官员们宣称他的北伐征服了敌人并赢得了盟友，尽管今天的历史学家可能不同意。而朱祁镇的远征无论从哪个角度看都是一场灾难。朱棣在欧亚大陆的舞台上证明了自己的实力和恩惠，得到了所有统治者的认可。朱祁镇让自己蒙羞，也削弱了王朝的实力。中间这几十年往往被视为王朝历史上的变革期：人们认为皇权统治、皇帝与草原的关系、明廷在欧亚大陆的地位都发生了变化。这似乎构成了一些历史学家笔下王朝不可避免的衰落中的关键一环。基于其他研究 15 世纪历史的学者的新近成果，我认为，在这些明显的断裂之下，是明代前期统治和皇帝身份不那么明显但依然重要的连续性。[56]

下面一节主张朱棣、朱祁镇和他们之间的明朝皇帝必须被置于成吉思汗后裔的欧亚大陆的大背景下来考察。这样做不仅能让我们更多地了解朱棣和朱祁镇作为统治者的差别，或许更重要的是，这揭示了欧亚大陆东部明朝皇帝和蒙古贵族统治之间的共通性，而两者的统治促进了跨越政治边界的互动。这种联系在很大程度上解释了为什么明朝君主的身份与他和远人的关系密不可分。

成吉思汗后裔世界里的明代前期朝廷

让我们退一步，从更广阔的时空视角来审视明代前期的皇帝。[57] 在 15 世纪，欧亚大陆东部是一个成吉思汗后裔的世界（Chinggisid world）。13 世纪，成吉思汗、他的后裔以及他们的亲密盟友创造了到当时为止的人类历史上最为广阔和多样化的帝国。它的政治制度允许在成吉思汗家族分支的统治下实行高度区域自治，整合了横跨大陆的陆上和海上贸易路线。大成吉思汗家族的需求使技术、宗教、手工业、文学、军事、医学和行政方面的专家们都开始行动起来，为知识和思想的交流创造了非凡的机会。蒙古帝国使世界变小了。

14世纪，作为一个统一政权的蒙古帝国崩溃了。但成吉思汗家族保持了其独特的感召力，依然是欧亚大陆东部的首要家族。帝国的历史记忆也得以延续，成为从汉城到撒马尔罕之宫廷的（正面和反面）典型和共同参照物。蒙古人的遗产也是一种宝贵的政治资产，那些致力于复兴帝国的人和那些力图恢复貌似被蒙古统治破坏的地方传统的人都会利用它。

13~14世纪的蒙古朝廷对早期的明朝有特殊的重要性。蒙古的朝廷——无论是在遥远的草原上，还是在像大都（今北京）这样的主要城市中心——比截至其时的人类历史上任何时候的政权都吸引了更多以及更多样的远近贵族。马可·波罗对蒙古人的盛大宴会赞不绝口。大汗接待了来自欧亚大陆东部的数千名盟国贵族和领袖，为尊贵的客人们提供了堆积如山的食物、海量的饮品和奢华的服饰。大汗是终极的众王之王，他制定的统治规则在蒙古帝国灭亡后被世代效仿，包括明朝和当时欧亚大陆东部其他地方的贵族家族。

1368年，元朝，即东亚的蒙古政权，失去了其主要都城大都以及大部分的汉地疆土。但它并没有消失。相反，大元朝廷撤到了蒙古草原。元朝的盟友们直到1382年仍把持云南，直到1387年依旧据有辽东（今辽宁省和吉林省）。直到15世纪初，西边的甘肃和河西走廊等地区依然在元朝统治者的势力范围内。简单地说，大元是大明的头号对手。如同很多针锋相对的对手一样，大元是既亲密又陌生的。明王朝占据了故元的疆土，夺取了故元的宫殿，统治着故元的臣民，并且获得了天

16

命。同时，明廷经常强调大元是一个外来的甚至是野蛮的王朝，特别是在最后几个元朝皇帝治下，他们践踏华夏文化传统，败坏社会道德秩序。明朝不厌其烦地宣称，其创立者最大的成就是恢复了蒙古人破坏的统一和秩序。

从成吉思汗帝国的废墟中崛起的第一代王朝建立者努力赢得蒙古贵族的效忠。在欧亚大陆的大环境里，争取他们的认可和忠诚是一种特别有效的取得正当性的方式。蒙古贵族也能增强新政权发动战争的能力，尤其是在骑射手必不可少的环境中。在域内，朱元璋利用军事压力、经济激励和对成吉思汗之孙、元朝建立者忽必烈（1215~1294）之荣耀的赞美，来争取故元贵族和将领的支持。在中亚，和朱元璋同时代、同为王朝建立者的帖木儿（1336~1405）也利用军事行动、对成吉思汗伟业的呼唤和个人晋升的机会来赢得蒙古帝国统治家族及盟友的支持。

正如后续章节所显示的，15世纪的蒙古首领和明朝皇帝们继续用大元来定义自己。在15世纪关于王朝世系的表述中，一个经常出现的说法是明朝皇帝是征服大元之人的直系后裔。同时期草原上的领袖要么宣称自己是成吉思汗的后裔，要么坚称自己是在以成吉思汗后裔的名义进行统治，并利用这些后裔作为傀儡来增强正当性和影响力。地方上有势力的蒙古首领宣称他们的祖先是曾经效力于成吉思汗帝国的重臣大将，从而加强其正当性。

明代前期的皇帝与蒙古统治者之间经常发生战争。尽管有些说辞与之相反，但这种争夺从来没有制造全体蒙古人和全体汉人之间的对立。相反，明朝皇帝在试图削弱或消灭个别蒙古敌人的同时也在寻求蒙古盟友。明朝皇帝和蒙古统治者都明白，今天的盟友完全可能成为明天的敌人，反之亦然。这种关系固有的不稳定性有助于解释为什么在现存的明代记载中，关于恩宠与感恩、册封与效力，以及持续几代的效忠纽带的表述如此频繁地出现。明代前期的皇帝使用这样的话语，赋予脆弱的联盟一种历史深度和家族承诺的错觉。这类表述是为了提高明廷对没有被控制、特别喜欢按自己的利益行事之人的影响力。

如果说联盟是不稳定且因时因地而异的，那么历史的进程也是如此。根据对接下来一个世纪欧亚历史的了解，我们很容易断言在1400年蒙古问题就已经解决了。朱元璋死于1398年，帖木儿死于1405年。几位后蒙古帝国时期可汗中的第一位先于他们去世。帖木儿王朝又持续了一个世纪，明朝一直持续到17世纪中叶，它们显然没有被重新崛起的草原霸主推翻。在15世纪，除了几个重要的例外，草原的政治版图被野心勃勃的争霸者瓜分，他们的权力只限于蒙古的一隅。然而，在同时代人的眼中，蒙古帝国的命运仍悬而未决。在朱元璋生命的最后几年，他可能从许多强大蒙古首领的死亡和屈服中得到了些许满足，但仍然相信大元依旧是其王朝的最大威胁。没有迹象表明他在15世纪的后裔们对此有不同想法。对于帖木儿的后继者来说，成吉思汗遗产的重要性时大时小，但它从未消失。[58] 在草原上，蒙古的遗产依然与对过往荣耀的记忆和对伟大未来的愿景交织在一起。

对于15世纪的明人来说，一场场战争和与蒙古首领的一次次联盟，是与成吉思汗家族及利用其地位的蒙古贵族的持久威望密不可分的。明代前期的皇帝和朝廷重臣们试图避免承认这一围绕感召力的竞争，但明王朝与草原的每一次互动都与蒙

18

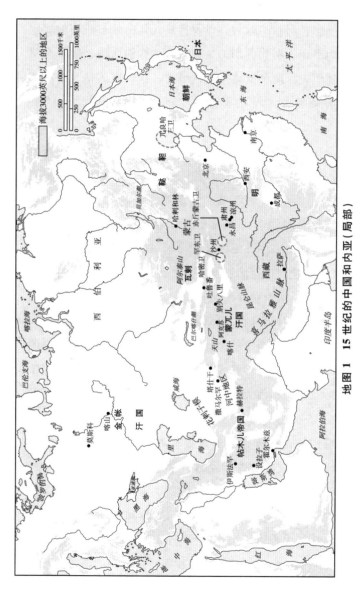

地图 1　15 世纪的中国和内亚（局部）

资料来源：改编自 Mote and Twitchett, *Cambridge History of China*, vol. 7。

古帝国特别是大元统治的记忆产生了共鸣。我们知道成吉思汗的后裔从来没能复制他们祖先在 13 世纪的成功，所以我们很容易忽视这些晚近历史的影子，然而，它们在很大程度上解释了为什么与蒙古精英的交往对明朝的统治权很重要，以及为什么这种交往能在海内外产生如此丰厚的政治资本。

注　释

1. Hilsdale, *Byzantine Art and Diplomacy*, p. 4，转引自 Fowler and Hekster, "Imagining Kings," p. 10。

2. Geevers and Marini , "Introduction," p. 1 指出："每个贵族王朝都发展了自己的自我意识，或通过社会、政治和宗教选择，或通过他们对家族历史和目的的理解。"另见 Burke, *Fabrication*。

3. Silver, *Marketing Maximilian*.

4. Brandauer, "Introduction" 指出文人对统治者的政治、道德和文化正当性有持久的兴趣。

5. Duindam, *Dynasties*, pp. 89 – 127；Walthall, "Introducing Palace Women"；Cass, "Female Healers"；Soulliere, "Imperial Marriages"；"Palace Women"；McMahon, *Celestial Women*, pp. 75 – 157；陈玉女：《明代二十四衙门宦官与北京佛教》；Tsai, *Eunuchs*；Jang, "The Eunuch Agency"。

6. Rawski, *Last Emperors*；McMahon, *Celestial Women*；*Women Shall Not Rule*；Kutcher, *Eunuch and Emperor*.

7. 关于给帖木儿帝国送礼的使者，见 Bang, "Lord of All the World," p. 75。

8. Helms, *Ulysses' Sail*；Allen, "Le roi imaginaire," p. 44 – 45, 52；Barjamovic, "Propaganda and Practice," pp. 46–50.

9. Toby, *State and Diplomacy*, pp. 64–76, 98–99.

10. Silver, *Marketing Maximilian*, p. 95.

11. 关于唐朝内部的这类群体，见 Pan，"Early Chinese Settlement Policies"；"Integration"。

12. Duindam，*Dynasties*，pp. 1-7, 14-20 讨论了王朝概念的历史含义和意义。

13. 见陈梧桐《洪武大帝朱元璋传》；Langlois，"Hung-wu"；Mote，*Poet*；*Imperial China*，pp. 32-82；吴晗《朱元璋传》。

14. 在这六人中，朱棣是目前被研究得最多的。见晁中辰《明成祖传》；毛佩琦《永乐皇帝大传》；Tsai，*Perpetual Happiness*；商传《永乐皇帝》；朱鸿《明成祖与永乐政治》。

15. Heijdra，"The Socio-economic Development of Rural China," pp. 428-33；Scott，*Against the Grain*，p. 6.

16. Biedermann, Gerritsen, Riello，"Introduction，" p. 25 写道："君主间的个人关系在一个更大的、包含多个社会的范围内发挥着表达权力关系的作用。"

17. 柯律格（Clunas，*Empire of Great Brightness*，p. 8）强调，明代中国是近代早期欧洲身份认知形成的重要衬托。

18. Brook，*Praying for Power*.

19. Di Cosmo and Bao，*Manchu-Mongol Relations*."众王"（multitude of lords）一词来自 Hevia，*Cherishing Men from Afar*。

20. Di Cosmo，"Qing Colonial Administration"；"The Extension of Ch'ing Rule"；Perdue，*China Marches West*；Mosca，"The Qing Empire in the Fabric of Global History"；"The Expansion of the Qing Empire."

21. Crossley，*A Translucent Mirror*；Elliott，*The Manchu Way*；Rawski，"Presidential Address." 另见 Elverskog，"China and the New Cosmopolitanism"；"Wutai Shan"。

22. Farmer，*Early Ming Government*.

23. Geiss，"Peking under the Ming"；Naquin，*Peking*，pp. 128-37；孟凡人：《明代宫廷建筑史》；Robinson，"The Ming Court，" pp. 21-28；赵中男：《明代宫廷典制史》。

24. Clunas，*Screen of Kings*.

25. 我（Robinson，"The Ming Court，" pp. 32-43）驳斥了明代宫廷孤立的描述。

26. Mote, "The Growth of Chinese Despotism."

27. Huang, 1587.

28. Wan, "Building an Immortal Land"; Swope, "Bestowing the Double-Edged Sword"; *A Dragon's Head*; Robinson, *Martial Spectacles*.

29. 我（Robinson, *Martial Spectacles*）论证了皇家狩猎和豢养珍禽异兽的活动把明朝皇帝和其他统治者联系在一起。

30. Robinson, *In the Shadow of the Mongol Empire*, 第七章和第十章。

31. 司律思的著作依然可作为研究的起点。司律思的全部著作清单见特木勒《司律思神父论著目录》。另参奇文瑛《明代卫所归附人研究》。

32. 参 Robinson, *In the Shadow of the Mongol Empire*, 第六章。

33. 李贤：《古穰集》卷 16，第 9 页 b~11 页 b，收入《文渊阁四库全书》卷 1244，第 652~653 页。

34. Taylor, "Ming T'ai-tsu."

35. Serruys, "Mongols Ennobled."

36. 我沿用 Sneath, *The Headless State* 的做法，用 "家族"（house）和 "贵族团体"（aristocratic order）而非 "氏族"（clan）来表述草原社会。这些概念能更好地反映史实并促进更大范围的比较分析。

37. 出使明朝都城的活动让来自不同地区的使者有机会互相交流。参 Kang, *East Asia*, pp. 70–71。

38. Duindam, *Dynasties*, pp. 237–55.

39. Elias, *The Court Society*. Duindam, *Myths of Power* 等质疑这种驯服贵族的努力的有效性，而非质疑其原理。

40. Wechsler, "T'ai-tsung," pp. 212–13; Lewis, *China's Cosmopolitan Empire*, pp. 49–50; Bol, *This Culture*, pp. 32–75.

41. Wang, *Ambassadors*, pp. 116–20; Höllman, "On the Road Again," p. 571; Drompp, "Strategies," p. 446.

42. Wilson, "Sacrifice"; Hamashima, "The City-God Temples."

43. Cannadine, *Ornamentalism*, p. xix 对大英帝国做了类似的分析，认为这是一种 "以国内社会等级体系具有本土特色的形象塑造和联结海外帝国的活动"，辅以正式的头衔和对地位高低的仔细计算。和明朝一样，这种内部秩序在 "远人" 身上的投射有时被加以利用，有时被忽视。

44. Clunas, *Screen*, pp. 17-18.

45. 傅礼初（Fletcher, "China and Central Asia," pp. 209-16）基于朱棣和帖木儿统治者沙哈鲁（1405～1447 年在位）的交往提出了这一观点。

46. 英文学术成果的综述见 Hevia, *Cherishing Men from Afar*, pp. 9-15；"Tribute," pp. 69-78；Wright, *From War to Diplomatic Parity*, pp. 11-18；Perdue, "The Tenacious Tributary System"。

47. 康灿雄（Kang, *East Asia*, p. 81）提到了"关于地位和等级制度的基本价值和观念，以及关于国际关系该如何运行的一套观念"。

48. 康灿雄（Kang, *East Asia*, pp. 82-106）清晰地对比了欧洲由威斯特伐利亚体系产生的持续冲突和近代早期东亚的和平。与之相反，江忆恩（Johnson, *Cultural Realism*）和王元康（Wang, *Harmony and War*）强调明朝在对外关系中频繁地使用武力。

49. Cha, "Was Johnson a Model" 展示出，除了朝鲜王国是一个例外，明朝的邻近政权很少遵从"朝贡国"应达到的行为标准。

50. Wright, *From War to Diplomatic Parity* 基于宋（960～1279）辽（907～1125）关系清晰地论述了这类谈判。

51. 暴力和军事冲突在中原王朝与北方政权关系研究中占有重要地位。参 Barfield, *The Perilous Frontier*；Jagchid and Symons, *Peace, War, and Trade*；Waldron, *The Great Wall*。

52. Scott, *Weapons of the Weak*.

53. Scott, *The Art of Not Being Governed*；*Domination and the Arts of Resistance*；Szonyi, *Practising Kinship*, p. 205.

54. Atwood, "Ulus Emirs"；Munkh-Erdene, "Where Did the Mongol Empire Come From," pp. 218-19；Sneath, *The Headless State*, pp. 201, 203.

55. 宋徽宗（1082～1135）在 1127 年都城陷落时被俘，并被女真统治者囚禁，直到于 1135 年去世。此前，女真人俘虏了契丹皇帝并将其囚禁了十七年。参 Ebrey, *Emperor Huizong*, pp. 475-503。

56. 柯律格等人（Clunas et al., *Ming*；*Ming China*）很好地展示了多个领域的学者关于 15 世纪中国的近期成果。

57. 接下来关于历史大背景的几段内容取自 Robinson, *In the Shadow of the Mongol Empire*。

58. Shea, "The Mongol Cultural Legacy" 研究了早期明王朝和帖木儿帝国如何在"艺术品的生产和消费"中利用蒙古的遗产。

第一章　成吉思汗后裔世界里的权力之路

引言

　　以下两章将探讨三个核心问题，论证与成吉思汗后裔的关系是朱棣海内外统治权的一个决定性要素。[1]第一，朱棣是如何发展出与成吉思汗后裔世界如此紧密的联系的？朱棣以战争、结盟和恩惠的形式，投入了大量政治与金钱资本来建立他与蒙古诸政权及人员的关系。第二，关于朱棣在海内外的统治，以及他和他的谋臣如何向不同群体呈现他的统治，这些关系可以告诉我们什么？第三，关于明廷在欧亚大陆东部的地位，朱棣和蒙古贵族的关系可以提供什么信息？

　　本章研究朱棣权力生涯的三个时期。第一个是他作为燕王的时期，大致从 1380 年到 1400 年。这是他和蒙古人接触的第一段经历，对他影响深远。[2]根据朱元璋的命令，朱棣管理着北疆的一块战略要地——燕，即今天的北京及周边地区，而北京曾是元朝的主要都城大都。朱棣的居所和官署主要位于曾经的大都皇宫中。元朝乃至更早的辽朝和金朝将这座城市作为连接草原和农耕世界的桥梁，并以此为据点统治两个区域。[3]朱棣有充分的理由去尽可能多地了解蒙古人——他们既是威胁也是盟友。

　　朱棣成为皇帝后的最初几年是本章研究的第二个时期。我将分析朱棣与鬼力赤（1403？~1408 年在位）、本雅失里（1408~1412 年在位）两位可汗的通信。朱棣在信中分析大元和大明两朝截然不同命运的来龙去脉，给出了可汗应该接受自身衰落并承认明朝优势地位的理由。这一章还将简短地探讨朱棣和蒙兀儿斯坦以及兀良哈三卫的早期接触，后两者都是成吉思汗后裔世界的一部分。

20

　　第三个也是最后一个时期比较短，即 1410 年。当年，朱棣发动了登基后的第一次北征。远征的准备工作包括论证战争开支的合理性和召集盟友，揭示了朱棣对统治的很多构想，以及当时欧亚大陆东部诸领袖对成吉思汗后裔的看法。这场战争与其父朱元璋的军事和政治策略相去甚远：朱元璋称帝后从未御驾亲征，遑论深入草原。出于这样或那样的原因，1410 年的远征不仅受到明朝内部的关注，还广泛地引起了朝鲜、蒙古、女真和帖木儿权贵的注意。因此，相关文献记载让我们得以通过多方视角观察通交、恩惠关系、战争纪念以及皇帝与蒙古臣民和汉族臣民的关系。

"燕王主人"

　　1389 年，当时的明朝皇帝朱元璋收到了蒙古重要将领捏怯来的一封蒙文书信。信中提到了皇帝的儿子、时年二十九岁的朱棣，称其为"燕王额毡"，即"燕王主人"。[4]"额毡"（ejen）① 是当时的蒙古贵族对成吉思汗及其子察合台的另一种称呼。[5]1370 年，朱元璋在朱棣十岁生日当天封其为燕王。

---

① 通常译为"额真"。《华夷译语》中捏怯来书信里的汉字对音写作"额毡"，此处沿用。——译者注

"燕"是今北京及周边地区的古称。在元代，北京被称为"大都"或"燕京"。1368 年 9 月，明军攻陷燕京，仅仅十九个月后朱棣就受封为王了。1380 年，年满二十岁的朱棣在家眷、官吏和老师的陪同下从南京出发，北迁至燕京。此时燕京已改称北平，意思是北方和平或平定北方。这里将成为他此后二十多年的居住地和训练场。[6]

明初，朱元璋将他的儿子们派到北部和西部边境最重要的军事前线，希望他们作为致力于王朝存续的宗室，能够成为抵挡蒙古入侵的忠实有效的屏障。[7]朱元璋赋予他们很大的军事、行政和财政权力。当朱棣抵达北平时，元朝的故都才被明朝统治了十多年。很多元朝的太监、嫔妃和宫女被转移到新的明朝都城南京，但有一些留在了北平。很快一些元朝旧臣也加入了他们，包括蒙古和女真的官兵。这些人认为明朝比可汗更能提供安全保障和晋升机会。他们通常被编入北平城内和周边的卫戍部队，其中一部分直接归燕王指挥。总的来说，朱棣的基地带有很深的元朝痕迹，所有在当地居住的人都能清晰地感知到元朝的历史和现实意义。

曾属元朝的官兵驻扎在北平城至明朝北部边境之间的广阔地带。14 世纪 80 年代，大宁卫建立，位于今天内蒙古的喀喇沁旗附近，其高级军官大多是元朝将领。比如在 1388 年，皇帝分别任命阿速和沙不丁两位元朝旧将为大宁前卫和大宁后卫的指挥佥事。此前他们都驻扎于北平。[8]大宁卫代表了北平的军事和行政延伸：北平行都指挥使司（下文简称北平行都司）就位于大宁。[9]北平行都司和大宁卫将农耕民族的北部边界和游牧民族的南部边界连接起来。

通过北平和大宁，明廷建立起了和成吉思汗后裔世界的联

系。朱元璋命亦邻真藏卜（藏语：Rin-č'en bTsang-po）为大宁
万寿寺住持，此人在蒙古统治时期担任过同一职务。[10]1390 年
末，朝廷在大宁卫开设儒学以教育武官子弟，并特别下令选拔
熟悉"达达字"的人来教授"达达书"。在官私文书中，蒙古
人通常被称为"鞑靼"或"达达"。[11]"达达字"在这里指蒙 23
古文。这个命令显示出部分官员可以读写蒙古文，而且朝廷认
为这项技能是有用的。儒学通常被视为王朝推动汉化的工具，
但在这里它教授的是蒙古文，并非试图同化蒙古人。

让我们将话题转回捏怯来 1389 年的来信。它是围绕捏怯
来从北元朝廷转投朱元璋而展开的一系列复杂交涉的一部分。
1388 年，一支明军突袭了捕鱼儿海（今内蒙古贝尔湖）附近
的北元朝廷，俘获数千人，迫使可汗仓皇逃窜。不久之后，捕
鱼儿海的战败和可汗的死亡迫使许多北元贵族重新审视其同盟
关系，捏怯来就是其中之一。他在信中称朱棣为"燕王主
人"，是因为朱棣已经成为北疆政治版图中重要的一方。朱棣
的君主身份已经被转译进蒙古人的政治话语，朱棣是其父在当
地的代言人。这封信体现出朱棣曾告知捏怯来，明朝会为他的
部众提供种子、粮食和农具，而蒙古人可以从大宁把它们运回
去。他进一步命令捏怯来提供关于其从属人员数量和构成的信
息，[12]还从捏怯来那里得到了关于近期蒙古贵族内部军事冲突
的情报。朱棣是这场事关重大的政治谈判的主要参与者。

另一封信反映出朱棣作为明朝代表的角色接触北元。蒙古
将领脱鲁豁察儿在新设的朵颜卫任指挥同知，他请求朱棣代为
上奏皇帝，希望能如元朝旧制，把鹰、土豹等供物送至北平，
而不是遥远的南京。[13]脱鲁豁察儿把朱棣视为一个强有力的施
恩者，认为他可以代表自己去跟皇帝协商更有利的进贡条件。

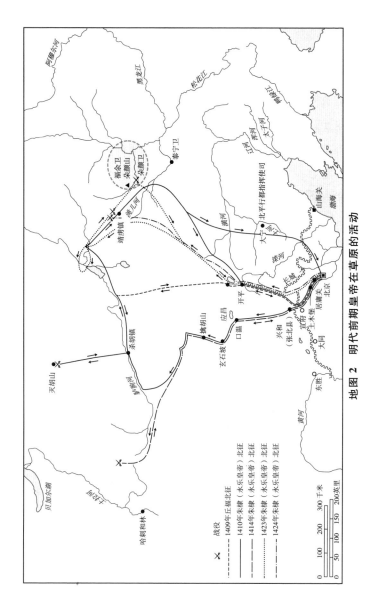

地图 2　明代前期皇帝在草原的活动

朱元璋利用了他儿子和蒙古人的紧密联系。1390年初，他命朱棣及其兄长晋王朱棡领导一次北征，[14]目标是元将乃儿不花。[15]1390年4月，燕王的部队攻破乃儿不花疏于防备的营地。乃儿不花没有想到明军会在一场暴风雪中发起进攻。当他和部下匆忙上马准备逃走时，朱棣手下的一位前朝官员——乃儿不花的故交——试图说服乃儿不花不要逃跑，并承诺燕王会善待他和他的部众。乃儿不花面见皇子，他认为在当时的形势下投降大明是个明智的选择。[16]乃儿不花带来了大批随从，包括几百名军事将领和超过一万名男女。[17]根据皇帝的命令，乃儿不花得到了明朝军队中的一个高级职位，他的部众也被安置于今天的北京到明朝北部边界之间的区域。[18]

1392年，明朝的建立者再次调动朱棣和他的蒙古人。皇帝给了他的儿子第二个任务，写道"残胡"——大元朝廷及其支持者——散居关外，并预测他们"聚必为患"。皇帝指示皇子从北平行都司和他自己的护卫中挑选多达一万名精锐骑兵，让他们向草原深处挺进，"远巡塞北，搜捕残胡，以绝骄边患"。皇帝明确写道，"乃儿不花等所部军士"应作为朱棣的向导。[19]朱元璋指出乃儿不花的部下非常熟悉该地区的地形，因此确信有了他们做向导，"必多擒获"。[20]这里我们再次看到了燕王与蒙古军人的密切关系，他们既是盟友，又是敌人，没有绝对的界限区分两者。我们还看到，明朝皇帝知道为其朝廷效力的大元将领的名字。

此后几年，朱元璋多次运用燕王在管理蒙古人员方面的专长。1393年，他指示朱棣抓捕涉嫌谋反的乃儿不花和另一名故元军将领阿鲁帖木儿。[21]这一事件显示出朱棣对效力于明朝的蒙古人员间关系、军事知识和高层政治阴谋都有第一手经

24

验。1396 年和 1397 年，朱棣再次率军进入草原。[22] 没过几年，朱棣就利用他在蒙古方面的经验夺取了皇位。

1398 年，朱元璋驾崩。他曾指定其长子的长子——未来的建文帝——为储君。朱棣在其父死后不久发动叛乱，调动他的军事和政治资源与他的侄子建文帝进行了长达三年的破坏性内战。考虑到大宁邻近北平并具有重大战略意义，朱棣在起兵的三个月前进攻该地并不令人意外。当地的军事单位——包括宁王的三护卫和蒙古人——几乎立即投降，并被编入朱棣的军队。[23]

在这场内战中，和许多汉人一样，朱棣护卫和北平诸卫里的蒙古人与他们的统帅和施恩者站在一边。[24] 他们的效力赢得了晋升和奖励。[25] 投靠朱棣的故元人员很可能认为支持朱棣是提高他们在明朝政权内地位的一种方式。[26] 如此推断的基础是他们与"燕王主人"打交道的丰富经验。朱棣当上皇帝后，他们将继续在朱棣的军队中效力。正如本章和下一章所述，他们在朱棣麾下多次深入草原作战，对明朝的军事胜利发挥了不可或缺的作用。[27] 到 16 世纪末及以后，有蒙古血统的人仍继续在大宁卫和燕山诸卫服役。[28]

跟随一位主人意味着给他提供指导和分析，因此这些蒙古人很可能影响了特定战役的目标，也在更大范围内影响了朱棣对草原及其人民与明朝皇帝关系的思考。然而，除了一些零星的事件外，文献记录中很少有蒙古人向朱棣进谏的具体事例。在夺取皇位后，朱棣多次利用蒙古人在草原上征战。正如下节所示，他们不仅充当向导和军事力量，还能领导军队。[29] 朱棣的蒙古参谋和盟友还为他提供了草原地理、政治和战略方面的分析。[30] 朱棣朝廷里蒙古人高官的数量之多在一定程度上要归因于皇帝对草原的兴趣和王朝在军事上的扩张性。同时，朱棣以高昂的开支保持着对周边几个政权的进攻性姿态，这就要部分归因于蒙古人对皇帝日积月累的影响力。这样的模式在朱棣于北方边境做燕王时就已形成。蒙古人加入朱棣的队伍是为了追求自己的目标，而这些目标既集中在中原，也同样多地集中在草原。正如后面章节所详述的那样，几位与明朝结盟的蒙古首领曾提议对他们在草原上的对手进行联合军事打击。

26

　　朱棣做燕王时被放置在了大元遗产和大明雄心、草原和农耕世界的交会处。他多次在草原上与元朝的军事力量作战，经常调遣蒙古人员。朱棣要么通过继承，要么以自己的名义获得这些人的效忠。对蒙古人员、大元故宫，以及草原之形势、历史和记忆的熟悉，都塑造了朱棣的视角和他后来作为皇帝的种种行为。朱棣以燕王身份在草原上取得的军事胜利让他在北方和南方的地位都得到了提高。[31] 关于在大都/北平的经历对朱棣在欧亚大陆地位的重要性，一个遥远的回响见于藏文编年史《青史》中：在朱棣夺取皇位后，该文献仍继续称他为"燕王"。[32]

致书可汗

　　接下来的两节将探讨朱棣如何处理与北元政权的关系，以及从蒙古帝国中形成的更大关系网。朱棣于 1402 年登基后，在向其他欧亚统治者证明自己继承的正当性并处理从东亚延展到中亚的巨大人际与政治关系网的过程中，对成吉思汗后裔世界的广度有了更深的认识。他逐渐了解发生在撒马尔罕和蒙兀儿斯坦的事件如何在蒙古东部和辽东产生回响。本章第一节研究了朱棣与可汗的早期交往，第二节则将拓宽我们的视野，关注朱棣与欧亚大陆东部领袖们的初步交流，尤其是与那些和成吉思汗后裔世界有关的领袖。这一节为朱棣在 1410 年打破王朝传统、率领军队进入蒙古草原的惊人决定做了铺垫，而这场远征将在第四节和最后一节得到考察。

和他的父亲一样，朱棣直接给可汗、可汗的朝廷成员以及其他与大元有联系的蒙古要人写信。[33] 在这些通信中，朱棣主张可汗应该与明廷"往来通好"。这种关系的条款并没有被确定，但他敦促对方结束对边塞的袭扰，并提出了和平与繁荣的愿景。他有几次给出了关于大元兴衰的更广泛解释，分析可汗当前的困境，并且强调明朝的正当性和力量。本节主要探讨朱棣在 1410 年第一次北征之前的几年里，与鬼力赤和本雅失里两位可汗的通信。本节特别关注朱棣和可汗对各自统治权的主张以及两者之间的联系。

朱棣在 1402 年登基后不久就致书鬼力赤可汗。鬼力赤也刚刚掌权，主要依靠的是阿鲁台等强大军事将领的努力。保存在《明实录》中的信函称鬼力赤为"鞑靼可汗"，避免明确说出鬼力赤作为皇帝或王朝首领的地位。朱棣在开篇重申明廷长期以来的立场，认为"元运既衰"，上天便将天命给予明朝的建立者，后者因而占有了天下。朱棣指出，他作为开国皇帝的嫡子被封为燕王，并且在上天的帮助下继承了父亲的统治权，赢得了无数盟友的拥护。这种对他权力之路的解释隐去了篡位的内容。朱棣描述了鬼力赤的登基："北地推奉可汗正位。"朱棣派遣一位使者（一个在明朝军队中担任指挥的蒙古人）带去给可汗的礼物和一封展望未来的信函。朱棣总结了他对与鬼力赤良好关系的设想：

> 今天下大定，薄海内外，皆来朝贡。可汗能遣使往来
> 通好，同为一家，使边城万里烽堠无警，彼此熙然，共享
> 太平之福，岂不美哉？[34]

朱棣在这里承认鬼力赤是草原的君主，但不是成吉思汗的后裔，也不是大元皇帝的继承人。一种隐晦的对比把两位新统治者区分开来：朱棣按照王朝统治权的合法顺位接替了他的父亲，鬼力赤则是通过"北地"的拥护登上汗位的。可汗的世系模糊不清。

五个月后，朱棣再次致信鬼力赤。皇帝强调，是天命而不是人的智慧和力量决定王朝的兴衰。他重述了在宋朝灭亡时，忽必烈如何凭借天命之力取而代之，建立了延续近百年的王朝。忽必烈的最后一个继承人因放任自流、治理不善而失去了江山，引发大规模战乱和王朝崩溃。上天选定朱元璋恢复秩序，又让朱棣继位。朱棣解释说，他作为"以天下为家"的统治者，给孤悬遥远草原的鬼力赤去信。皇帝提醒他有句谚语是"顺天者昌，逆天者亡"。[35] 这些都是朱元璋和他的大臣们制定的话术，而他们又借鉴了当时和古代的先例。

在《明实录》里，直到三年后朱棣给鬼力赤的下一封信才出现。但在此期间，朱棣的朝廷密切关注着鬼力赤的活动。明廷关于鬼力赤个人和草原整体的大部分情报来自加入明廷的蒙古人提供的报告。明朝皇帝也向草原的首领派出使者——通常是蒙古人——以收集情报并判断个别蒙古将领对与明朝结盟的接受程度。[36]

朱棣和他的大臣们充分理解鬼力赤在更广阔的成吉思汗后裔世界里的重要性。他们高度关注由鬼力赤领导、阿鲁台管理

28

的北元政权和以马哈木为首的瓦剌（或者说西蒙古）之间公开的军事冲突。[37]1405 年初，朱棣得知鬼力赤对哈密（位于今新疆哈密）统治者和兀良哈三卫（位于今内蒙古西拉木伦河谷周边地区）首领与明朝皇帝之间日益密切的关系感到担忧。[38]仅仅三个月后，鬼力赤派人毒杀哈密王的消息就传到了明廷。对此，蒙兀儿汗知会朱棣，说他打算对鬼力赤进行惩罚性打击。朱棣表示赞同，同时敦促蒙兀儿汗与新任哈密王修好，后者是明朝皇帝刚刚扶上王位的成吉思汗后裔贵族。[39]兀良哈三卫之一的朵颜卫位于大兴安岭东麓（到蒙兀儿斯坦东部的直线距离约为一千八百公里），其首领也在关注鬼力赤的活动，并向明朝皇帝报告。[40]

朱棣明白，鬼力赤的战争对明朝来说很重要，即使这些战争的结果并不总是能即刻得知。1405 年 7 月，朱棣收到了有关西北边境地区起火的报告。皇帝猜测，点火的举动或许是为了误导明朝边境将官对鬼力赤和瓦剌军力的认知。他推测这可能是一种计策，其目的在于阻止明朝尝试发动一场对草原的进攻来坐收鬼力赤和瓦剌相争的渔翁之利。朱棣又提出，这些火也有可能是有意投降明朝的蒙古将领发出的信号。朱棣命令赵王对任何突发事件都保持警惕，并接收所有来降之人。他还命令赵王组建一支由六十名汉蒙士兵组成的特遣队进行侦察，这很可能意味着收集草原上的情报。[41]

1406 年 4 月，朱棣又派了几个效命于他的蒙古人给鬼力赤带去另一封信。在这次出使之前的几个月里，朱棣曾批准一位甘肃边将的请求，让他去打通和鬼力赤联系的渠道，以表明明朝仍然有意与蒙古首领建立联系。[42]给可汗写信的另一个动机可能是有情报称鬼力赤和阿鲁台正在南下，或许是为了准备进攻明朝的北部边境。[43] 朱棣在信中重申了明廷的立场，即他在域外享有普遍认可、在域内享有和平。朱棣谴责鬼力赤不追求与明廷的良好关系。鬼力赤曾扣留朱棣之前的使节并袭击明朝边境。朱棣回顾了王朝兴衰的原因，特别是元朝的：

> 夫天之所兴，孰能违之？天之所废，孰能举之？昔者天命宋主天下，历十余世；天厌其德，命元世祖皇帝代之；元数世之后，天又厌之，命我太祖皇帝君主天下。此皆天命，岂人力之所能也！不然元之后世自爱猷识里达剌北徙以来，至今可汗更七主矣，土地人民曾有增益毫末者否？古称顺天者昌，逆天者亡。况尔之众甲胄不离身，弓刀不释手，东迁西徙，老者不得终其年，少者不得安其居，今数十年矣，是皆何罪也哉！可汗聪明特达，宜敬天命、恤民穷，还前所遣使者及掠去边境之人，相与和好，且用宁息，尔众同享太平之福，顾不伟哉！若果负倔强之性，天命人穷，有所不顾，必欲以兵一较胜负，朕亦不得独已。中国士马精强，长驱迅扫之势，恐非可汗所能支也。可汗其审度而行之。[44]

朱棣承认元朝是一系列靠天命掌权的朝代中的一个。这种政权兴衰相继。像之前的宋朝一样，元朝也曾是一个合法的政权，但一旦它的国祚已尽，就被明朝取代。通过强调这样的过程不由人的智慧和力量决定，朱棣很可能是想传达这样的思想：鬼力赤等人应该接受元朝的崩溃是一个既成事实，他们应该停止延续一个已经垮台的政权或试图复辟的无谓努力。朱棣将爱猷识理达腊及其继任者的统治认定为"元之后世"，即元

30

朝皇室血统上的后代，但不代表大元的延续。朱棣认为，自1368 年以来的数十年间，爱猷识理达腊及其后继者不断失去领土和臣民，人民生活在不断的战争和动荡中。可汗失去了上天的支持，他们需要面对时代的新现实。这种逻辑与蒙古的政治文化十分协调。军事上的胜利、人口的增长、土地的扩大和财富的增加都是腾格里青睐的证据。朱棣承诺，发展与明廷的良好关系将给鬼力赤和他的人民带来稳定和繁荣。皇帝警告说，如果他不这样做，就会导致草原上的战争，而可汗是不会赢得这场战争的。

现存最后一封朱棣致鬼力赤的信见于《明实录》1407 年末的条目中。这段文字很可能只是原始通信的摘要。朱棣在信中指出，他原本希望与可汗建立良好的关系，从而实现和平。皇帝问鬼力赤为什么要扣留他的使节，最后，朱棣劝可汗好好考虑是选择灾难还是选择幸运。[45]

鬼力赤死在了蒙古贵族手中，后者用本雅失里取而代之。朱棣写给本雅失里的第一封信见于《明实录》1408 年 4 月初的条目中。当时朱棣已经关注本雅失里的活动近一年。明朝皇帝听说了有关废黜鬼力赤和让本雅失里即位的传闻。[46]1408 年2 月初，他派遣使者（刘帖木儿不花）到别失八里收集更多的细节。[47]利用这些信息，朱棣在信中说明了与明朝结盟对本雅失里的利益乃至生存都至关重要。现存的文本内容如下：

鸿胪寺丞刘帖木儿不花等回，知尔自撒马儿罕脱身，居别失八里。今鬼力赤等迎尔北行。以朕计之，鬼力赤与也孙台[48] 久结肺腑之亲，相倚为固，今未必能弃亲就疏矣；况手握重兵，虽或其下有附尔者，亦安敢与之异志。

今尔与鬼力赤势不两立矣。

夫元运既讫，自顺帝之后，传爱由识里达腊至坤帖木儿，凡六辈，相代瞬息之间，且未闻一人遂善终者，此亦可以验天道。然则尔之保身，诚不易也。去就之道，正宜详察善处。

古之有天下者，皆于前代帝王子孙封以爵土，俾承宗祀。如周封舜之后胡公满于陈，封夏之后东楼公于杞，封商之后箕子于朝鲜、微子于宋；汉唐宋亦皆封前代之后。我皇考太祖高皇帝于元氏子孙存恤保全尤所加厚；有来归者，皆令北还。如遣妥古思帖木儿还，后为可汗，统率其众，承其宗祀，此南北之人所共知也。今朕之心即皇考与前古帝王之心。

尔元氏宗嫡，当奉世祀；吉凶二途，宜审思之。如能幡然来归，加以封爵，厚以赐赉，俾于近塞择善地以居，惟尔所欲；若为下人所惑，图拥立之虚名，虽祸机在前，有不暇顾，亦惟尔所欲。朕爱人之诚，同于曒日。今再遣刘帖木儿不花等谕意，并赐织金文绮衣二袭、彩币四端。尔其审之。[49]

朱棣突出了本雅失里岌岌可危的地位，以使与明朝结盟显得更有吸引力。皇帝首先关注的是本雅失里的个人情况。朱棣讲述本雅失里从撒马尔罕的帖木儿宫廷逃往别失八里，本雅失里正在那里享受着蒙兀儿斯坦的恩惠。最近，本雅失里被他不信任的人怂恿去蒙古当统治者。朱棣警告本雅失里说，他在那里可能会有同情者，但不会有人敢于违抗那些计划让他当上可汗的人。换句话说，本雅失里缺乏独立的政治和军事基础。然　32

后朱棣把格局拉大，考虑本雅失里家族的命运。他提醒本雅失里"元运既讫"。这一基本事实解释了为什么自最后一位在大都进行统治的元朝皇帝顺帝（妥欢帖木儿）之后，至少有六个人相继短暂掌权。每一个人都遭遇了不好的结局；作为下一位继承者，本雅失里面临着严重的危险。

在描述了本雅失里本人和他家族的悲惨前景之后，朱棣提出了一个更有吸引力的选择。与明朝结盟将带来封号、土地，而且还暗示着保护。朱棣试图让这个提议更有说服力，因此他提醒本雅失里，以前的朝代都会供养亡国之家的子孙。引人注目的是，他对元朝如何对待金、宋皇族只字不提。他的父亲曾频频用元朝先辈对金、宋贵族的残酷清洗来抨击元朝。朱棣指出，他父亲对元朝皇室的安排特别优厚。他所说的朱元璋送回蒙古的妥古思帖木儿，很可能是指买的里八剌。买的里八剌是爱猷识理达腊可汗的儿子，曾被俘虏并被关押在明朝宫廷数年。后来有学者认为买的里八剌就是被称为妥古思帖木儿的可汗。

信中的大部分内容都围绕着家庭——过去和现在，生者和死者。朱棣公开承认，本雅失里作为嫡系子孙，应该享有特殊的地位。但是在朱棣看来，正确的道路并不是接受可汗这个"虚名"。相反，为了保证本雅失里自身的安全，也为了保证对祖先的祭祀，承认明朝皇帝的主宰地位才是正确选择。在陈述理由之后，朱棣指出决定权当然完全属于本雅失里。

朱棣的下一封存世信件出现在一年后，同样保存在《明实录》中。在这期间，明廷积极寻找有关政治发展的消息，派人到草原和亦集乃等地收集最新的消息；[50] 明廷也依靠自愿或被迫投靠明朝的蒙古人提供的信息。[51] 在 1409 年 4 月一封简短的信中，朱棣表示他听说本雅失里已经被推举为可汗，并对本雅失里希望与明朝建立关系表示高兴。朱棣认为，这一决定表明本雅失里"上顺天心、下察人事"。这一对事件的描述并不诚实。事实上，之前明朝的边将抓获了本雅失里的二十二个部下，这些人随后泄露了本雅失里即位的消息。不过明朝皇帝还是完全承认本雅失里是一个君主。朱棣写道："朕王中国，可汗王朔漠。"在划分了各自的疆域后，朱棣表达了对未来的希望："彼此永远相安于无事，岂不美哉？"朱棣把他送还本雅失里部下（还让他们带着礼物）的决定表述为一种善意的姿态。他还给阿鲁台和马儿哈咱送去了礼物，他们是把本雅失里推上汗位的蒙古统帅。[52]

我们无法确定《明实录》中的这封信是保留了完整原文还是代表一个删减过的版本。信中缺乏以前朱元璋和朱棣给可汗的信中所见的辞令，比如元朝的兴衰、命运的运行、天命、对明朝正当性的普遍认可，以及如果可汗不承认明朝的统治就会被消灭。朱棣在任何地方都没有提到本雅失里不稳定的地位。在这封信的这个版本中，朱棣并没有说明为什么本雅失里要与明朝结盟——除了关于未来"无事"的模糊展望之外，没有任何理由。

四个月后，朱棣写给本雅失里的最后一封也是最短的一封信（至少以其现存的形式）出现了。在信中，朱棣指责本雅失里谋杀了他的使节并计划进攻明朝边境。皇帝批评了可汗令人难以忍受的傲慢，并告知本雅失里他已经命令他的将军"率师往问杀使者之故"。这不是虚张声势。朱棣已经任命了高级将领来指挥这次行动，并向他们下达了关于这次行动的指示。[53]朱棣进一步警告本雅失里："明年必亲率大军往正尔罪。"然而，在这个决定性的声明之后，皇帝立即打开了谈判的大门。他写道："两军相交，使命不绝，故遣书谕尔。尔其审之。"[54] 朱棣再次将决定权交到本雅失里手中。

　　与前一封信一样，这封信也缺乏对元朝灭亡、明朝崛起以及朱棣和本雅失里政治地位的更广泛解释。朱棣和他的大臣们是否放弃了通过全面论证来说服本雅失里？抑或（看起来更有可能的是）现存版本是一个节本，缺乏朱元璋致可汗的信和朱棣与鬼力赤及本雅失里早先通信中所见的说辞？[55]

　　朱棣给可汗的书信揭示了哪些关于 15 世纪初明朝统治权的信息？第一，朱棣的几封书信包含经过精心构思、意在说服国内外读者的论据：1368 年后的蒙古君主不是皇帝，他们的统治不构成大元的延续，明朝独占天命。这种努力可能反映了明廷一直以来的焦虑，即欧亚大陆东部的许多人没有把 1368 年妥欢帖木儿的北撤视作根本性断裂，而是认为他们仍然生活在一个成吉思汗后裔的世界中。

　　第二，朱棣和他的大臣们把鬼力赤和本雅失里描绘成区域性的——因此地位较低的——统治者。可汗们享有不同程度的地方支持，并且统治着"一方"。至少有一次，朱棣提供了一种暗示大致同等地位的表述——"朕王中国，可汗王朔漠"。这两种说法都是朱元璋和他的大臣们在与可汗的通信中首次提出的。一脉相承的是，朱棣和他的父亲一样，做出了一个统治者劝告另一个统治者的姿态。他分析了可汗的政治地位和生存机会。他还提醒对方注意他们作为统治者的表现。他们是否赢得了战争并为人民带来了安全？他们是否拥有评估境况并选择最佳行动方案的智慧和判断力？通过这些策略，朱元璋和朱棣希望突出自己作为君主的优越性。他们还想让可汗认识到与明朝皇帝结盟是明智之举。这也反映出明朝皇帝认为可汗是一个对皇帝地位和王朝利益都很重要的统治者。

第三，朱棣在与可汗和北元高级别人士的早期沟通中，娴熟地运用了那一套在他父亲的朝廷里发展起来的辞令。运讫、天命，以及每个人都需要认清时代的当务之急和自身利益所在——这些都经常出现在朱元璋的作品中。和他的父亲一样，朱棣也为可汗提供了一个关于未来的明确选择。如果可汗接受明朝提供的合法地位和恩惠，那么他和他的子孙就有可能获得财富和安全。如果他继续走他错误的老路，那么必然遭到毁灭——无论是在草原上的敌人和不忠的支持者手里，还是在明朝压倒性的军事力量面前。

第四，朱棣知道相比于其父在位期间，可汗的地位更不稳定。他意识到与过去相比，围绕继承权的争夺更加激烈。他看到没有成吉思汗血统的蒙古高级将领们在推举可汗。比起他的父亲，朱棣更加明确地谈到了权力快速更迭和可汗遭遇不幸结局的极大可能性。朱棣面对的可能是权力和威望下降的可汗，但他很清楚，欧亚大陆东部的领袖们认为可汗很重要，而且蒙古草原上的政治角逐对周边有重大影响。朱棣也意识到，可汗的相对弱势并没有提高他自己对草原施加个人意志的能力。

下一节我们将扩大视野，考察朱棣与当时其他政治领袖的互动。

成吉思汗后裔世界里的朱棣朝廷

和他父亲一样，朱棣关注着欧亚大陆上成吉思汗后裔的政治和军事动向。1405 年，朱棣派出使者，为当时的蒙兀儿汗、黑的儿火者诸子之一的沙迷查干（1399？～1408 年在位）送去表彰敕令和作为礼物的织物。沙迷查干曾对当时在位的鬼力赤可汗发动军事打击。如上所述，鬼力赤毒死了出自察合台一支的成吉思汗后裔贵族哈密王。[56] 同年，朱棣收到了帖木儿死亡的消息，当时帖木儿正率领一支庞大的军队进攻明朝。两年后，即 1407 年，沙迷查干向明廷派遣了一名使者，称撒马尔罕过去是别失八里的领土，这可能指的是帖木儿征服该地区之前的时代，其时撒马尔罕是察合台汗国的领地。[57] 沙迷查干请求朱棣派兵协助收复该地区。朱棣要求他仔细考虑局势，避免仓促行动。[58]

关于明朝皇帝在欧亚大陆东部的地位，上述通信至少说明了两件事。第一，朱棣明白蒙古帝国继承者之间的关系对明朝有影响。因此，他一直关注着哈密、别失八里、撒马尔罕等地的发展。第二，蒙兀儿汗沙迷查干的示好表明他认为明朝皇帝应该直接参与中亚地缘政治。在帖木儿政权和蒙兀儿政权之间的冲突中，朱棣没有表现出投入军事资源的兴趣，但他仍然是一个积极的观察者。正如我们接下来将看到的，事实证明他确实愿意为了能在哈密——一个连接着中原、蒙古草原和中亚的关键的贸易和情报节点——掌握权力而投入政治资本。在沙迷查干请求军事援助的六个月后，忧心忡忡的兀良哈三卫使节于 1407 年 10 月抵达南京。他们告诉朱棣，他们从"鞑靼察罕部下"那里听说完者秃王计划与蒙兀儿人结盟，然后"南掠"——大概是指侵袭明朝，而"东北诸部落"将首当其冲。这是《明实录》系于该日的五个相关条目中的第一个。朱棣向焦急的三卫之人解释说，完者秃是成吉思汗的后裔，原名叫本雅失里（我们已经在上文见过此人）。在 1407 年他还只是蒙兀儿汗的客人，但已经开始有传言说，在蒙古有权势的人希望把他立为可汗。朱棣试图安抚三卫的使节。他告诉他们，他的使者（一个名叫丑驴的指挥；如果这个名字能说明问题的话，他很可能是个蒙古人）已经去过了撒马尔罕，并报告说只有几百人听命于本雅失里/完者秃王，这些人可能是其私人卫队和随行人员，即任何一个草原领袖朝廷都有的核心部分。

朱棣向兀良哈三卫指出，别失八里远在西北方。他问道，完者秃和别失八里怎么可能联合起来？明朝皇帝在这里的逻辑并不清楚。他很可能知道帖木儿帝国与蒙兀儿斯坦的土地相邻，而且政治军事联系密切。两者结盟远非无法想象之事。同时，就在六个月前，朱棣拒绝了沙迷查干为夺回被帖木儿占据的领土而提出的军事援助请求。现在，据传蒙兀儿汗已经与一个潜在的新可汗组成联盟，并准备袭击明朝边境。朱棣认为事情的真相是：鞑靼察罕是鬼力赤派来误导明朝边防的。皇帝派遣了一名使者指示三卫保持冷静，命令他们不要被虚妄的谣言所迷惑。[59]

然而，朱棣同时提醒了他在东北边境的将领们。我们不确定他是在警告他们蒙古人可能发动袭击，还是告诉他们这种传言是假的。[60]不管是哪种情况，朱棣都命令甘肃总兵官组织一支部队，护送他的朝廷使节前往鬼力赤的朝廷，收集有关草原事态的情报。[61]在另一份敕书中，他责备总兵官没有执行禁止出售非法武器的禁令，导致这些武器被卖给了"外夷"。[62]我们不清楚皇帝指的是蒙古人还是中亚人。最后，《明实录》中同一天的一个条目提到了一封关于双方进行交往的敕书（在上一节已有探讨）。[63]

总而言之，朱棣了解联结着庞大成吉思汗后裔世界的纽带，也了解这种纽带影响明廷的不同方式。正如我们所看到

37

的，朱棣知道本雅失里曾在撒马尔罕的帖木儿宫廷中避难，后来又在蒙兀儿汗的宫廷中居住过。正如上一节所示，本雅失里不顾朱棣的劝告，在鞑靼人的朝廷中即位。兀良哈三卫的首领也明白，成吉思汗后裔的联盟（如蒙兀儿斯坦和鞑靼人之间的联盟）横跨欧亚大陆东部的大部分地区，甚至对那些地处东北亚的人（如兀良哈三卫）也有直接影响。因此，对于当时的人来说，"大蒙古"的地缘政治意义以及与之结盟和对抗的可能性都是很明显的。

解释选择

在 1410 年、1414 年、1422 年、1423 年和 1424 年，朱棣在草原上亲自领导了五次针对不同蒙古人对手的军事行动。[64]历史学家们通常把这些行动放在对外关系、贸易、战争偶尔也放在民族关系的背景下考虑。[65]他们讨论了朱棣北征的动机和后果。这几次北征是不是通过大胆的军事征服假象来加强一个篡位者的政治正当性？[66]它们是否应该被看作弥补日益严重的身体缺陷，甚至是性无能的一种方式？[67]它们是不是为了复兴一种内亚式的军事统治，甚至可能是为了再现大元对草原和农耕地区的控制？其中是否有一个根植于分裂和征服蒙古人之愿望的连贯战略构想？[68]我们是否应该把这些战役解释为一种代价高昂的、存在战略误判的，从而永久削弱了明朝北部边境力量的愚蠢行为？[69]抑或相反，它们是否把明朝皇帝的影响力延伸到了草原深处，从而阻止了蒙古人的重新统一和随之而来的南侵？历史学家们给出了一系列丰富的解释。下面，我提出两个略有不同的问题。关于朱棣的统治权，这些战争揭示了什么？关于时人对大元遗产的认知和表现，它们又能告诉我们

38

什么？

从 1410 年 3 月中旬到 8 月中旬，第一次北征使朱棣离开京师长达五个月之久。这次北征展现了明廷与跟蒙古人（包括成吉思汗后裔及其他）相关的各种政权之间的联系。其直接原因是前一年的一场灾难性失败。丘福（1343～1409）率领一支约十万人的明朝军队进入胪朐河以北的蒙古草原，以惩罚本雅失里和阿鲁台谋杀朱棣使节的行为。[70] 这场战役以明军完全的溃败和惨重的损失告终，损失包括大部分的明朝将领。虽然 1409 年北征通常只被简单提及，但这是朱棣统治时期的第一次大型北征，[71] 由曾在内战中与朱棣一起作战并受封的高级将领指挥。这些人当中的几个——包括蒙古人火里火真——在北方边境积累了相当丰富的经验：他们在宣府的重要边境驻军中主持防务，并从 1402 年起几乎每年都带领几千人的部队进入草原南部。[72] 换句话说，朱棣选择了他的一些最有经验和最信任的高级军事将领来指挥这次战役。这次战败既令人意外又令人耻辱。

在 1410 年北征之前的几个星期，朱棣向不同的几方听众解释了他率领一支帝国军队进入草原、进攻本雅失里和阿鲁台的决定。[73]1410 年 3 月 2 日，朱棣对他的儿子和继承人做了简短讲话。皇帝指出，尽管帝国享受着和平，"独残虏梗化，钞掠边境，拘杀使臣，历久不悛"。他写道："殆天稔其恶而毙之。"在这个表述中，朱棣充当了实现天意的工具。这和他父亲在 14 世纪 50 年代和 60 年代与敌对军阀作战时的说辞非常相似。朱棣接下来叙述了丘福失败的北征。皇帝向他的儿子和继承人解释说，丘福的惨败"损威辱国如此，若不再举殄灭之，则虏势猖獗，将为祸于边末已"。[74]

39

朱棣对他的将领们做了类似解释："胡寇违天逆命，杀害朝使，荼毒边民，非一朝夕。今朕躬行天讨。"[75] 这里皇帝又一次把自己描述为上天惩罚蒙古人的工具。在敕谕的其余部分，朱棣鼓舞士气，激发他的部下对不朽功名和赏赐的渴望。[76]

3月9日，朱棣为这场战役给出了最全面的理由，解释了他为什么能成功以及王朝为什么会从中受益。下面这段话论述了统治权、蒙古人的悖逆行为和蒙古政权的问题：

> 朕受天命，承太祖高皇帝洪基，统驭万方，抚辑庶类；凡四夷僻远，靡不从化。独北虏残孽，处于荒裔，肆逞凶暴；屡遣使申谕，辄拘留杀之。乃者其人钞边，边将获之，再遣使护还，使者复被拘杀。恩既数背，德岂可怀？况豺狼野心贪悍，猾贼虐噬，其众引领徯苏。稽于天道则其运已绝，验于人事则彼众皆离。朕今亲率六师往征之，肃振武威，用彰天讨。[77]

这段文字首先阐明了朱棣作为统治者的资格，但对朱棣从侄子手中夺取皇位的血腥内战不着一词，强调皇帝拥有天命，是王朝创立者的继承人，并赢得了周围民族和政权的普遍认可。蒙古人是唯一的例外。法统无可挑剔的明朝和草原上贪婪、掠夺成性又诡诈的本雅失里政权形成了鲜明对比。蒙古人民在残酷而贪婪的首领手下受尽折磨，渴求拯救。蒙古政权命数已尽，其人民怨声载道，自身四分五裂——这是统治不力和没有得到上天/腾格里支持的明确证据。事实上，本雅失里的人民"引领徯苏"，也就是说，他们拼命地四处寻找能拯救他们的人。朱棣的诏书并没有公开承认本雅失里拥有与朱棣类似

40

的统治权。确实，诏书从未提及本雅失里的名字，但天子对统治权的主张隐晦地把蒙古可汗当作衬托。诏书的其余部分描述了朱棣在未来战争中对蒙古人的优势。他还暗示了这场战争将取得的成果，其中最重要的可能是持久的和平和心情的平静。诏书的结尾表示它已被颁布出去，从而让国内外的人能了解战争的原因。

朱棣的诏书是为了让他的儿子（和继承人）、文臣和武将（包括蒙古人）相信他作为君主的正当性和成功的可能性，这也是强化其统治者资格的另一种方式。当北京的"耆老"——当地有一定社会地位的人——在朱棣离京前入朝告别时，皇帝为这次征战提供了另一个理由。他说："此举为安民也。"[78] 明朝皇室和高官发现，如果不大量提及蒙古人，就很难讲述王朝的崛起、成功、正当性和恐惧。朱棣知道，周边政权认为这场战争是明朝和成吉思汗后裔统治者之间的冲突，而这场冲突引发了关于效忠、责任和战争负担的问题。朱棣希望让鞑靼人中有野心的人——包括成吉思汗后裔贵族——相信他是值得他们效忠和服从的更高君主。皇帝知道，不仅是他的儿子、官员和臣民，他还要向女真首领、瓦剌太师、蒙兀儿汗、帖木儿统治者等被牵涉到的第三方证明其行动的正确性，并且争取他们的支持。

说服朝鲜国王

朝鲜太宗（1400～1418 年在位）密切关注着区域动态。他有很强的能力来评估明朝和成吉思汗后裔间的冲突。他的几代祖先都在双城总管府任职——当地是高丽时期蒙古人在朝鲜东北部进行军事和行政控制的重要前哨。[79] 在混乱的 14 世纪

50 年代和 60 年代，他的父亲李成桂（1335～1408）在配合和对抗元朝将领的战争中崛起，并在 1392 年建立了朝鲜王朝。在一次血腥的政变中夺取政权后，太宗也熟悉了巩固统治和为军事行动辩护的修辞策略。

明朝皇帝曾强迫朝鲜的前身高丽王朝（918～1392）向他出售约五万匹马，用于与成吉思汗后裔的战争。朱棣在内战期间也曾向朝鲜国王施加压力，要求出售给他数万匹马。[80] 太宗很可能对即将到来的战争感到忧虑。在明朝 1409 年的北征之前，太宗和高级官员都担心，面对明朝的大规模征伐，草原上的难民会在朝鲜境内寻求庇护。国王认为，如果蒙古人取得胜利，明朝的难民也会涌入朝鲜境内。国王还掌握着军事情报，比如他知道丘福的军队有二十万人。[81] 在丘福战败后，朝鲜使节向太宗报告，说北京正处于危机之中，蒙古军队正在逼近京师。来自辽东的传言称，明朝军队畏惧蒙古人。由于害怕在战场上面对蒙古人，他们躲在城墙后面。[82] 对于明廷希望朝鲜国王派遣十万军队和两名将军从东北进攻蒙古人的传闻，朝鲜人也深感担忧。[83]

以下是保存在王家编年史《朝鲜王朝实录》中的秘密报告，它揭示了区域政治精英对朱棣和本雅失里相对地位的一些看法。

42　　　　鞑靼皇帝将重兵屯关中口子外，总兵官沂国公武城侯御之败绩，全师被掳。皇帝征兵诸路，将以明年二月北征。[84]

在短短的几行字中，报告明确提到了两位皇帝，他们都拥有相当强的军事力量。保存在《朝鲜王朝实录》中的文件将本雅失里限定为鞑靼皇帝，朱棣则不需要这种限定；但除了这点外，成吉思汗后裔和明朝的统治者就大致被等同看待了。阅读了这样的报告，朝鲜国王和他的谋臣们不可能对明朝的军事前景感到乐观。毕竟明军已经被击溃，而现在朱棣被迫从全域调集军队。

到了 11 月下旬，国王更清楚地认识到了这场战役对朝鲜意味着什么。朱棣的朝鲜裔宫廷太监向太宗传话说，皇帝不需要军队，而是需要朝鲜的马匹，价格由明朝政府决定。在接下来的五个月里，太宗要分十九次向辽东提供总计一万匹马。[85]也许这就解释了为什么朱棣给朝鲜国王下敕来证明其草原行动的合理性。朱棣评论道："元帝子孙，有顺附者，有不顺者。"他继续说："其不顺者，朕欲平之。"[86]这段简短的陈述阐明了朱棣对本雅失里作为大元皇帝继承人的理解，比现存的中国史料明确得多，因为现存的中国史料经常使用"残虏"和"残胡"等描述，但几乎没有用过"残元"。这也符合朝鲜朝廷对本雅失里作为鞑靼皇帝的描述，皇帝的地位与酋长及其他较小首领的地位有本质区别。在暂居朝鲜朝廷期间，朱棣的太监也使用了类似的话语。他说："元帝子孙，窜居黧渠河，传世八叶。今不来附，帝欲以来春平定，期以二月初六日动大军。"在接下来的几个月里，朝鲜朝廷继续关注军事形势，并从明朝京师和辽东收集信息。[87]

朱棣和他的朝廷并没有把朝鲜的效忠视为理所当然的。和朱元璋索求大量朝鲜马匹一样，朱棣征用一万匹马有几个目的。首先，这能增加明军在北征中的坐骑供应，同时减少蒙古人可用的马匹数量。其次，这迫使太宗做出效忠和服从的高姿

43

态，从而使之更靠近明朝。最后，这极大地削弱了朝鲜军队发动战争的能力，似乎不符合明朝的利益，但实际上简化了朱棣的战略计算，因为他不必担心朝鲜会支持本雅失里。

从16世纪或17世纪明朝关系的角度来看，这种担心似乎很牵强，但在14世纪末和15世纪初的人们看来，这完全是合理的。1409年12月底，一位朝鲜翻译提醒国王，一个来自辽东的人秘密告诉他明朝"朝廷传闻朝鲜起兵助鞑靼"。为了验证这些传言的真实性，明廷派太监海寿前往朝鲜。他到了那里便佯装大发雷霆，以检验朝鲜的忠诚度——估计这样的爆发会刺激他们露出真面目。[88] 我们几乎无法确定这个谣言是在明朝宫廷、北京街头、辽东都司官府、辽阳民间还是其他地方产生的，但是，正如本书第五章所示，几十年后的15世纪40年代和50年代，明朝政治精英们仍然担心朝鲜朝廷容易受到可汗的诱惑。

太宗对朱棣的北征产生了严重怀疑。在皇帝出发前夕，太宗收到了一位刚从北京回来的官员的汇报。这位官员告诉他，朱棣在得知朝鲜王朝已经交付完一万匹马时，便立即想要更多。该官员继续说，明朝军队高强度的征兵工作已经基本清空了各个城市中的适龄男性。强化治安措施意味着不允许剩余的居民——"老弱妇女"——出城。禁兵时刻保持警惕，不得不站着进餐。太宗问他的大臣，是鞑靼人会首先进攻，还是朱棣打算向他们开战？"达达之来侵，臣等未之闻也，"官员回答说，"但闻沂国公率禁兵，见败于贼，故帝欲雪其耻，将往征之。"国王没有被朱棣的理由所说服。他承认，如果受到攻击，人们别无选择，只能做出反应，但他想："若我先劳民，而往征于穷荒之地，可乎？"太宗最后说，如果谁要这么做而没能取得胜利，"则必为天下笑矣"。[89]

总而言之，朱棣努力说服其他统治者相信其行动的正当性和可能的成功，因为他需要他们的支持。即便是亲密盟友，其合作也不是自动的，因为这种援助带来了政治、经济和军事上的代价，而评估这些代价必须考虑到更多的因素。没能获得已结盟但又心存疑虑的统治者们的援助和认可不仅会带来军事上的麻烦，还会破坏朱棣作为众王之王的地位。

中亚

就在朱棣试图赢得一个亲密但持怀疑态度的东方邻居的支持时，一个远在西方的君主的使者来到了京师。1410 年 3 月14 日，在离开北京前往草原的前一天，朱棣接见了帖木儿统治者沙哈鲁（1377～1447，1405～1447 年在位）的使节。这次会晤的细节留存极少，只有朱棣向帖木儿宫廷派遣了一名都指挥使，并附上一份国书、申明其统治的普遍性质。他写道："朕统御天下，一视同仁，无间遐迩。"朱棣随后劝说沙哈鲁改善与其侄子哈里苏丹的关系。无论这些建议是意在主张更广泛的主权，还是仅仅作为从个人经历中获得的、统治者对统治者提供的见解，都表明朱棣已经得到了关于帖木儿政治的汇报。[90]《明实录》的纂修者将沙哈鲁描述为"元帖木儿驸马"的第四个儿子。帖木儿娶了一位拥有成吉思汗后裔身份的贵族女性，获得了成吉思汗家族驸马（蒙古语 gürgen；波斯语kūrkān/gūrgān）的地位。他把这一地位作为官方头衔，并刻在他的钱币上。在明代的中国文献中，"元"通常指元朝的统治者，他们一直都在中国，但帖木儿和他所效忠的君主都不在中国而在中亚。因此，明朝作者可能用"元"这个词来指代成吉思汗后裔家族，或者他们认为元朝皇室统治了整个蒙古帝国。前者的可能性似乎更大，但后者也不能被完全否定。[91]

45　　朱棣这封国书的波斯语译本更明确地将帖木儿与成吉思汗时代联系起来，并指出："前者元社既屋，尔之先人帖木儿驸马能识天命，归藩太祖高皇帝。"[92] 朱棣和他的谋臣们明白，很多人都在索求成吉思汗的衣钵，而且帖木儿朝廷对瓦剌和鞑靼的动向都有很大的兴趣。如上所述，在位的可汗本雅失里曾作为帖木儿的客人住在撒马尔罕。

　　第二天，就在朱棣离开京师的时候，他派指挥完者帖木儿给成吉思汗后裔贵族的另一位成员、"别失八里王"马哈麻，也就是蒙兀儿汗带去了礼物。[93] 朱棣希望对马哈麻为前往撒马尔罕的明朝使节提供保护表示感谢。[94] 我们不了解沙哈鲁、马哈麻或他们的使节如何看待即将到来的对本雅失里的战争，但他们可能很感兴趣。帖木儿曾向本雅失里提供庇护，并可能促成了他在蒙古的掌权。这些前往赫拉特和别失八里的使团提醒我们应该从更广阔的视野看待朱棣对本雅失里和阿鲁台的征讨，即1368年后成吉思汗后裔持续的权力及其各种表现形式。对于朱棣、沙哈鲁、蒙兀儿汗等当时的统治者来说，与成吉思汗后裔贵族的战争是所有君主共同关心的问题。

瓦剌

　　1410年4月中旬，朱棣带着他的军队在草原上接见了马哈木的使节。马哈木是西蒙古或者说瓦剌人中最强大的领袖，他利用蒙古帝国崩溃的机会在蒙古西部和今天的中国新疆东部扩张势力。[95] 不久之前，明廷向马哈木派遣了至少三个使团，而这位瓦剌领袖也在1408年做出了回应。朱棣对蒙古人的认可感到兴奋——即便对方不是成吉思汗后裔——并希望马哈木能成为对抗鞑靼人的有益力量，于是他以厚礼、官印和封号作为回应。明廷将马哈木封为"顺宁王"。[96] 马哈木的使节此时向朱棣赠送马匹以示感谢。良马是欧亚大陆统治者之间常见的赠礼，而这些统治者中大多数人都热衷于马术文化。马匹在皇家狩猎、马球、骑射表演当然还有战争中占据了重要地位。马哈木无疑对朱棣的目标和一支来到草原的明朝大军，特别是由皇帝亲率的大军可能产生的影响抱有兴趣。

在他们到达的第二天，马哈木的使节被邀请观看朱棣进行的大规模阅兵。军队分为东、西两翼，摆出的阵列绵延数十里。[97] 明朝官方编年史以激动人心的语言描述了这一景象。士兵们的"戈甲旗旄辉耀蔽日，铁骑腾跃，钲鼓鍧震"。同一资料表示马哈木的使者"望之骇愕"。无论这种军事表演是否真的震慑到了瓦剌人，他们都对朱棣说："天兵如此，孰敢婴其锋者？"至少明朝的官方史家是这样写的。[98]

马哈木的使节在第二天离开。他们已经了解了明朝军队的一些情况，也许还了解了朱棣的意图，皇帝则尽力用他的权力和自信来打动他们。朱棣派使者为马哈木和其他两位被明廷授予封号的瓦剌首领送去了礼物，[99] 还委托指挥保保——可能是为明朝效力的蒙古人——向瓦剌贵族转达了自己的看法。[100]

统治者之间的友好交流不止如此。一个多月后的 5 月中旬，瓦剌贵族又派出了一个使团，并得到了一场宴会招待。[101]这时，瓦剌人很可能想知道朱棣和他的军队在恶劣的草原条件下情况如何。皇帝和他的部下已经对干净的淡水水源产生了深深的感激之情，把发现这些水源当作奇迹来庆祝（见下文）。确保部队食物和其他物资的供给也是朱棣及其心腹一直担心的

46

问题。在瓦剌第二批使节抵达的一周前，朱棣特意亲自向负责物资运输的边境地区社群的代表表示感谢。[102] 这种感谢有充分的理由。在战争结束前，许多民夫和士兵会死于疾病、冻伤、受寒和饥饿。因此，一场宴会不仅能表达对马哈木的尊重和善意，还能展示朱棣拥有充足的食物和其他物资供应。皇帝持续从他的使节（通常是军官）那里收到关于瓦剌的报告。有时，他允许高级文官在他身边骑行时旁听最新的消息。[103]

战争中的恩惠关系和统治权

朱棣利用他在草原上的地位，直接与考虑跟明朝结盟的鞑靼人进行磋商。朱棣渴望打破或至少削弱本雅失里及其太师阿鲁台的权力，他摆出了竞争对手的姿态。1410 年 6 月中旬，几百名鞑靼囚犯被带去见朱棣。朱棣向他们保证，他唯一的敌人是本雅失里和阿鲁台。他对二人的追随者们没有敌意，因为他们"亦吾赤子，为贼所困久矣"。这里的"贼"指本雅失里和阿鲁台。朱棣下令释放囚犯，并提供粮食、羊群和马匹。他禁止将帅虐待被俘的蒙古人，并说他们都是好人，不应该为对明朝的战争负责。[104] 据《明实录》记载，他的宽宏大量赢得了他们的热烈支持："皆顿首呼万岁，自是降附者益众。"然而，朱棣把他们送回了家，理由是他们终究都会想念自己的父母、妻子和孩子。[105]

在 1410 年的北征中，朱棣和他的朝廷采取了积极的措施来赢得鞑靼人的效忠。6 月下旬，阿鲁台和本雅失里反目成仇，同时明朝军队也取得了初步的胜利。朱棣向蒙古领袖发布了一系列"敕谕"。这些简短的信函是写给个人的，称呼对方的头衔（如国公、王、头目）和名字。在每一封信中，朱棣都简要地回顾了当前的情况，然后要求收信人前来投诚。他讲述了本雅失里的罪行（包括杀戮明朝使节和袭击边境）和亲自领兵远达斡难河的事迹，最后是本雅失里的战败逃亡。朱棣称赞收信人放还了他的一名蒙古军官，并表示理解长期以来的情况使他们无法实现臣服的愿望。

> 今闻尔等俱各分散，此皆天道使然，能顺天道前来归朕，则父母妻子俱得团圆，永享太平之福。苟不听朕言，失此时机，悔之晚矣。[106]

48

最引人注目的一点可能是这些信函既是标准化的——每份的内容相同，又是个性化的——收信人、放还给朱棣的明朝蒙古军官、现在被派去送朱棣敕谕和织物的明朝蒙古军官的名字都根据具体情况做了修改。负责递送的军官可能也会口头翻译皇帝的敕谕文字。朱棣调动明朝的官僚资源来完成商定蒙古领袖归顺事宜这一高度个性化的任务。

皇帝的蒙古人

1410 年北征的现存记录表明朱棣的军队和战场参谋中有很多蒙古人。在 1410 年北征期间发布的一系列命令中，朱棣指示都指挥苏火耳灰、王哈剌把都儿等蒙古人在为军队选择下一个驻扎地时要小心谨慎：这是一项高度敏感的任务，直接关系到明军的安全。[107] 还有一次，朱棣专门派一名太监去命令四个蒙古人（都提到了名字）等候自己，因为他想和他们议事。[108] 关于朱荣和苏火耳灰两位将领将要组织的侦察队的人员构成及去处，朱棣下达了详细指示。他明确命令侦察队要由八至二十名汉军和"达军"混编而成，每个人要带两匹马，蒙古人负责指挥这些部队。[109] 有一支部队由蒙古人款台和一名太监率领，俘虏了阿鲁台的几个手下。[110] 在这些命令中，朱棣提到了至少六个被派去追击阿鲁台的蒙古人的名字。[111] 这些人还负责确保大炮、火铳等宝贵的军事技术装备没有被遗弃在军队的路线上。朱棣很可能担心这些东西会落入本雅失里或阿鲁台的部队手中。[112]

如《明实录》所述，蒙古人经常出现在征战结束后立即获得晋升的数十人中。[113] 少数人得到了特别嘉奖。陕西行都司都指挥同知满都被提拔，赐钱三百锭、银百两和彩帛六匹。朱棣很看重满都对西北边境的了解，特别是满都任职过很久的凉州。北征一结束，满都就被命令返回凉州，恢复鞑军叛乱后的秩序。[114] 都督佥事把都帖木儿（明廷赐其汉名吴允诚）的儿子也随朱棣进入草原，并俘虏了几个蒙古人。吴氏家族是为明朝效力的最著名蒙古家族之一。[115] 回到北京后，儿子被任命为凉州卫指挥佥事。[116] 薛贵和薛斌兄弟也来自一个效力于明朝的著名蒙古家族，他们分别被任命为中军都督佥事和左军都指挥佥事。[117] 此外，朱棣还确保将重要军事指令的蒙古文译本送到他们的营地，以便他们的手下（可能也是蒙古人）了解。[118]

我们只能偶尔瞥见朱棣与明军中普通蒙古人之间的互动。1410年夏天，朱棣与一名蒙古百户商讨追击本雅失里部队的最佳方法。朱棣询问这个蒙古人，一旦本雅失里可汗得知朱棣仍有意灭之，是否会向草原更深处撤退。皇帝力图向百户保证其见解会得到重视："今用尔为向导，安得不听尔言？"[119]

重塑景观

以上事迹将朱棣描绘成一个甚至会为其最卑微蒙古臣民提

供支持的开明君主。但是，皇帝还会以一种更有帝王风范甚至是专横的方式行事。朱棣多次为草原上的重要自然地标命名和改名，包括泉水、河流和山脉。有时，朱棣将新的名字作为纪念奇迹事件的一种方式。1410 年 5 月初，一道水柱突然从一处泉眼中喷涌而出，为干渴的士兵和马匹提供了急需的水。朱棣将其命名为"神应泉"。[120] 还有一些时候，重新命名是为了纪念令人感怀的时刻。6 月初，皇帝在附近的一座山上看御马站着急切地喝胪朐河的水，时间之长似乎很不寻常。在成吉思汗的早期历史中，这条河占有重要地位，朱棣现在改其名为"饮马河"。[121] 除了显示皇权外，对泉水和河流的反复改名很可能反映了朱棣和他的谋士们对草原上饮用水源的日益重视。

朱棣对草原地名的重塑有时会更具锋芒。1410 年 6 月，他将斡难河改名为玄冥河。在先秦和帝制时代早期的中国文献中，"玄冥"曾被用作水神、冬神和北方神的名字。[122] 作为 12 世纪和 13 世纪蒙古部落的中心栖息地，斡难河（和胪朐河）与成吉思汗密切相关，经常出现在《蒙古秘史》中。对朱棣来说，为这条河流重新命名就是宣布明廷对其物理空间和精神力量的主权。改名后，朱棣派一名军官将斡难河之神封为"玄冥河之神"。实际上，朱棣是在宣扬他作为君主的权威，像对待蒙古人一样，授予河流以称号和地位。那名军官随后向明朝诸神中的最新成员献上祭品。[123] 朱棣这样做是在宣称他控制了一个与成吉思汗的身份和感召力密切相关的标志性地点。[124] 在其他改名的例子中，朱棣的统治主张更为直截了当，如"杀胡镇"、"威虏驿"或"靖虏镇"。[125]

另一种权力的展示是刻在岩石上的汉语铭文。有些是祝明朝国祚绵长的颂词，有些是为了庆祝对蒙古人的军事胜利。[126]

51

52 在今天的蒙古国苏赫巴托尔省纳兰县，朱棣写了一篇简短的题
词，它被镌刻在一块石碑上，其内容是：

> 瀚海为镡，
>
> 天山为锷。
>
> 一扫胡尘，
>
> 永清沙漠。[127]

朱棣所用的意象可能来自道教经典《庄子》中的一段，其中
描述了"天子剑"。天子剑的锋、锷、脊、镡等部件代表战国
时期的列国。这把剑无所不包、无所不能。这段文字称："此
剑一用，匡诸侯，天下服矣。此天子之剑也。"[128]朱棣有意用
了"瀚海"这一表示蒙古草原的说法，从而超越了对中原的
控制（如《庄子》原文通过列举中原各国所暗示的那样）。但
和原文一样，朱棣声称对天下实行普遍统治。在这里，就像在
玄石坡一样，朱棣刻下了"维永乐八年四月丁酉朔十六日庚
寅，大明皇帝征讨胡寇，将六军过此"。[129]

　　几天后，朱棣在广武镇委托人题写了一段更加好战的文
字。它的内容是：

> 于铄六师，
>
> 用殄丑虏。
>
> 山高水清，
>
> 永彰我武。[130]

53 　　一个月前的 4 月中旬，朱棣看到了草原上元朝统治的痕

迹。朱棣和几位文武大臣爬上了一座山的山顶，考察周围的土地。朱棣眺望北方，并对他的一位大臣说："元盛时，此皆民居。今万里萧条，惟见风埃沙草耳。虏势衰微若此，尚敢倔强。果何所恃哉？"[131] 朱棣这番话反映出他认为自己的敌人是大元的延续。这还表明，尽管皇帝于石刻中强调了在草原上取得的决定性胜利，他也对本雅失里及其支持者拒绝承认元朝灭亡感到很惊讶。

小结

本章论证了朱棣在做燕王期间，他与北元人员特别是蒙古人的交往是一段对他有重大影响的经历。在二三十岁的时候，他学会了去治理、赢得人们的忠诚、开展军事行动并最终夺取最高权力。在整个过程中，蒙古人作为忠诚的将领、危险的敌人和潜在的盟友占有突出地位。他还目睹了父亲与成吉思汗后裔世界，特别是大元王朝及其遗产的积极的长期接触。他看到父亲通过劝说、军事压力和物质奖励，努力削弱在位可汗于欧亚大陆的地位并获得大元旧部的效忠。朱棣有时在这些努力中发挥了直接作用。他与大元的重要领袖协商，与王朝的敌人作战，并在战场上指挥最近投降的军官和士兵。从后人的角度看，我们可以把1388年（妥古思帖木儿被杀的那一年）视为一个转折点，即大元的结束，或者说至少是大元失去政治意义的时刻，但几乎没有证据表明当时的人持有这种观点。对他们来说，大元及其遗产依然是突出的问题。

成为皇帝后，朱棣与成吉思汗后裔世界的交往更加深入。他直接与鬼力赤和本雅失里两位可汗通信。朱棣在给他们的信中提供了全面的叙述，既解释了宏观的政治变化，如元朝的衰落和明朝的崛起，也解释了具体的个人状况，包括可汗们面临的具体挑战。朱棣的书信表明他对草原事态及其与明朝的关系有充分了解。朱棣和他的谋臣们也同样认识到，明朝是在蒙古帝国崩溃后出现的更广泛欧亚政权群的一部分。撒马尔罕和别失八里的事件对明廷及其远在哈密、大兴安岭东麓和汉城的盟友们都很重要。朱棣决定在 1410 年率军进入草原攻打本雅失里和阿鲁台，这更加凸显了欧亚大陆东部的相互关联性。

　　随着 1410 年北征的结束，朱棣再次向重臣们解释他为什么要御驾亲征："朕为宗社生民，不得已远征逆虏，冀一劳永逸。"在班师诏中，朱棣描述了这场征战的长期和短期原因。他从元祚终结并导致国家陷入混乱说起。上天命令朱棣的父亲统一天下。天下人都承认明朝的统治，唯一的例外是"胡寇余孽，奔窜沙漠，呰窳偷生"。对背景的叙述确定了朱棣及其军事行动是其父史诗般功绩的直接延续，将蒙古人描述为朱元璋和朱棣的共同敌人，还隐晦地承认本雅失里是大元的继承者。朱棣解释说，要消灭愚昧的蒙古人很容易，但他的目标是给人民带来和平和稳定。因此，他多次派出使节，欲使顽固的蒙古人恢复理智。蒙古人极其傲慢地杀害了明朝的使者，令人神共愤，也就是说本雅失里背叛了朱棣的和平意图。在描述征讨本雅失里的决定时，朱棣说："实天所殛。"朱棣和他父亲一样，是上天的工具。朱棣坚称他的胜利是决定性的、划时代的。他说："数百年之桀芽一旦荡除，千万里之腥膻由兹洒涤。"这里，朱棣暗示他完成了他父亲未完成的工作。在结尾，他强调其普遍的统治权，同时强调他会以平等的仁慈对待所有人，其治下的国家将繁荣万年。[132]

　　然而，朱棣知道，没有一件事得到了根本性的解决。[133] 本雅失里和阿鲁台仍然在位。在宣布成功结束 1410 年北征的一个多月后，朱棣间接承认军事行动没能在草原上造成长久的改变。7 月，朱棣试图让本雅失里和阿鲁台相信大元的时代已经过去。皇帝劝告说，他们应该放弃徒劳的抵抗： 55

> 上天弃元久矣。纵尔有志，天之所废，谁能违天？人力虽强，岂能胜天？当此时，诚能顺天所兴，天必福之，而富贵可保、功名不赀矣。[134]

朱棣承认本雅失里和阿鲁台的政治谱系，承认他们是一个自认为延续大元之政权的重要领袖。朱棣没有否认他们作为大元继承者的地位，而是坚持认为上天已经将其眷顾从大元转移到了明朝。朱棣把与明朝结盟描绘成一种既不背叛大元又能赢得繁荣的方式。他提供了一些历史上的例子，说明草原上的杰出人物将他们的命运与中原的统治者联系起来。[135]朱棣承诺，如果阿鲁台和平投降，并到他的营地觐见，"则名爵之荣不替有加，且俾尔子尔孙承袭世世，所部之众仍令统领"。[136]

在 1410 年的北征之后，大元的遗产仍然保持其独特的吸引力。内亚政治继续吸引朱棣进入成吉思汗后裔的世界。当阿鲁台希望讨好朱棣时，他写道："元氏子孙已绝。"面对新的现实，阿鲁台希望与他的追随者一起归顺，或者说至少 1411 年 1 月的明朝编年史是这样记载的。朱棣赞扬阿鲁台的决定，重申自己拥有普遍的统治权："朕奉天命为天下君，惟欲万方之人咸得其所。凡有来者皆厚抚之，初无远近彼此之间。"[137]

下面的一段插曲表明了阿鲁台、朱棣和其他内亚领袖处理大元遗产的不同方式。1411 年 1 月，阿鲁台的使节指责瓦剌

56　　与朱棣的交易不诚信，他们没有将传国玉玺交给明廷。据称这枚印玺从公元前 3 世纪的秦始皇开始就在历朝历代的统治者手中流传，包括忽必烈。朱元璋曾试图得到这一元朝权威和正当性的重要象征，但没有成功。阿鲁台的信息很可能是为了提醒朱棣：蒙古帝国的有力象征仍然在皇帝控制之外的草原上发挥作用。这突出了阿鲁台作为盟友的重要性。朱棣试图否认他重视过这枚玉玺。[138] 后来在 1413 年，阿鲁台派了一个庞大的使团（187 人）前往明廷，赠送马匹和他从大元中书省得到的印章。[139] 这些一再明确表示与大元断绝关系的姿态显示，阿鲁台既了解明廷关于成吉思汗后裔的国祚已尽的明确立场，也了解这种立场带来的持续焦虑感。

　　阿鲁台的策略成功了。1413 年 7 月，朱棣封阿鲁台为哈剌和林王，并送给他刻有新称号的金印。[140] 朱棣在册封敕谕中写道：阿鲁台是"元之遗臣"，他知晓天道，前来归顺，并交出印章。在朱棣封阿鲁台为哈剌和林王的同时，他还确认了阿鲁台以前的头衔是可汗授予的太师。在 1414 年 5 月关于联合打击瓦剌的敕谕中，朱棣以阿鲁台的完整头衔称呼他，其中大部分是大元授予的。[141]

　　也许朱棣 1410 年的北征从未意在从根本上结构性地改变内亚政治。相反，朱棣谋求的是一次大胆的干预。通过彰显武力和慷慨，他把自己作为欧亚大陆东部的首要施恩者嵌入了成吉思汗后裔世界。他在朝鲜王朝、瓦剌、鞑靼、帖木儿帝国和
57　蒙兀儿斯坦的权贵中积极寻找盟友。[142] 为此，他采用了一个容易被理解和欣赏的内亚身份。

　　在 1410 年的战役中，和朱棣的其他北征一样，朱棣和他的朝廷寻求控制而不是消灭。他们试图主宰——而不是摧

毁——这片土地和它的人民。在某些方面，这场战役及其宣传话语类似于朱元璋编纂《元史》——一个评判元朝统治意义、宣告元朝国祚终结、使元朝遗产服务于明廷的目标特别是皇帝的目标的机会。

如下一章所示，朱棣培养了其统治权的其他方面。他利用草原和更广阔的成吉思汗后裔世界来确定他与文官的关系。文官对"制造"朱棣的统治者形象这一更大工程至关重要。[143] 尽管有这样的权力，文官们自己也面临着巨大挑战。例如，他们该如何描述朱棣统治的内亚方面及其与成吉思汗后裔世界的明显联系？他们又该如何理解和描述天子与其政权臣民间的特殊关系？同样地，作为皇帝的天然顾问乃至老师的他们，与拥有接触皇帝之特权的蒙古人之间的关系又是怎样的？

注　释

1. 关于此问题的概论见 Robinson, "Justifying Ming Rulership"。

2. 罗茂锐（Rossabi, "Ming and Inner Asia," p. 229）注意到他作为皇子时带兵打仗的经历对其性格的形成有影响。

3. Robinson, *Empire's Twilight*, pp. 63–64.

4. 《华夷译语》，收入《涵芬楼秘笈》，第 4 集，第 292 页；Mostaert, *Le matériel mongol*, vol. 1, pp. 16，29（分别为转写和翻译）。

5. 见《脱儿豁察儿书》和《纳门驸马书》，载《华夷译语》，收入《涵芬楼秘笈》，第 4 集，第 273、270 页；Mostaert, *Le matériel mongol*, vol. 1, pp. 9, 25。

6. 关于燕王时期的朱棣，参檀上宽『永楽帝——華夷秩序の完成』，第 93 ~ 95 页；Tsai, *Perpetual Happiness*, pp. 37 – 56；商传《永乐皇帝》，第 13 ~ 30 页；毛佩琦《永乐皇帝大传》，第 36 ~ 65

页；晁中辰《明成祖传》，第 25~38 页；朱鸿《明成祖与永乐政
治》，第 19~80 页。这些研究很少谈及朱棣做燕王期间与蒙古人
的来往。檀上宽，『永楽帝——華夷秩序の完成』，第 239 页指出
大都/北平的世界性"深刻地影响了"朱棣对对外关系的理解，
但没有详论这种影响的本质和传播方式。他认为朱棣效仿了忽必
烈的统治方式（第 240 页）。

7. 张德信：《明代诸王分封制度述论》；《明代诸王与明代军事——
略论明代诸王军权的变迁》。

8. 《明太祖实录》卷 192.3a。元朝旧将囊加曾任大宁指挥。见《华
夷译语》，收入《涵芬楼秘笈》，第 4 集，第 278~283 页；
Mostaert, *Le matériel mongol*, vol. 1, pp. 26–27。

9. 《明太祖实录》卷 192.2b，第 2888 页。

10. 《华夷译语》，收入《涵芬楼秘笈》，第 4 集，第 223~231 页；
Mostaert, *Le matériel mongol*, vol. 1, pp. 17–18。

11. 《明太祖实录》卷 204.2b，第 3054 页。

12. 《华夷译语》，收入《涵芬楼秘笈》，第 4 集，第 293 页；
Mostaert, *Le matériel mongol*, vol. 1, pp. 16, 29。

13. 《华夷译语》，收入《涵芬楼秘笈》，第 4 集，第 274 页；
Mostaert, *Le matériel mongol*, vol. 1, pp. 9–10, 25–26。

14. 《明太祖实录》卷 199.1a，第 2981 页；《国榷》卷 9，第 1 册，
第 701 页。

15. 关于乃儿不花的仕途，见 Robinson, *In the Shadow of the Mongol
Empire*，第三章。

16. 《明太祖实录》卷 200.6b-7a，第 3004~3005 页；《国榷》卷 9，
第 1 册，第 705 页。

17. 《国朝献征录》卷 7，第 35 页 a。

18. 《明太祖实录》卷 216.3a，第 3181 页。

19. 司律思（Serruys, "Location," p. 53）对"乃儿不花"的转写为
Nayir-Buqa；蔡石山（Tsai, *Perpetual Happiness*, p. 48）的转写
为 Nayur-Buqa。

20. 《明太祖实录》卷 217.1b-2a，第 3188~3189 页；《国榷》卷 9，
第 1 册，第 728 页。

21. 参 Robinson, *In the Shadow of the Mongol Empire*，第三章。

22. 《国榷》卷 10，第 1 册，第 765，775~776 页。

23. 萩原淳平：『明代蒙古史研究』，第 34~35 页。

24. 萩原淳平：「明初の北邊について」，第 43 页；Serruys，"Mongols Ennobled," pp. 213 – 15，226 – 28。另参陈学霖（Hok-lam Chan）在 *Dictionary of Ming Biography*，vol. 2，pp. 1127，1478 中为火里火真（Qorghochin）和吴成（吴买驴）作的传；《明太宗实录》卷 94.1a。

25. 川越泰博（「靖難の役における燕王麾下の衛所官について」，第 97~98 页）列出了在对抗建文帝的内战期间朱棣军中的十五个蒙古军官。这篇论文提出他们占了朱棣麾下全体军官的 6.4%。

26. 萩原淳平：「明初の北邊について」，第 39 页。

27. 《明功臣袭封底簿》卷 3，第 558 页。

28. Robinson, "Images of Subject Mongols under the Ming Dynasty," p. 89.

29. 火里火真经常负责对蒙古人的边境防御，并在 1409 年对本雅失里的大规模远征（以失败告终）中扮演了重要角色。吴成在边境上和对本雅失里的战争中承担了同样的职责（*Dictionary of Ming Biography*，vol. 2，pp. 1127 – 28）。

30. 1409 年，一个为明朝效力的蒙古高级将领吴允诚向皇帝献上二十二名蒙古俘虏。他还提供了细节信息：关于蒙古俘虏间的关系及他们的政治所属，包括他们与本雅失里的联系（《明太宗实录》卷 89.3b – 4a，第 1182~1183 页）。朱棣用银两、钞币、织物和几十头牲畜重赏了吴允诚并提拔了他（《明太宗实录》卷 90.1a，第 1185 页）。

31. 朱鸿：《明成祖与永乐政治》，第 34 页。

32. Sperling, "Early Ming Policy," pp. 74 – 76；Roerich, *Blue Annals*, 1. 60.

33. Robinson, *In the Shadow of the Mongol Empire*，第七章。

34. 《明太宗实录》卷 17.3b – 4a，第 306~307 页。

35. 《明太宗实录》卷 21.11a – b，第 397~398 页。

36. 《明太宗实录》卷 43.1a – b，第 681~682 页。

37. 《明太宗实录》卷 24.5b，第 440 页。

38. 《明太宗实录》卷 38.1b，第 640 页。

39. 《明太宗实录》卷 41.1b，第 670 页。

40. 《明太宗实录》卷 59.5a，第 863 页。

41. 《明太宗实录》卷 44.1a，第 689 页。

42. 《明太宗实录》卷 49.2b，第 740 页。

43. 《明太宗实录》卷 51.2b，第 764 页。

44. 《明太宗实录》卷 52.4b，第 778~779 页。

45. 《明太宗实录》卷 72.2b，第 1004 页。半年前，朱棣曾在宫中接见了一位"鞑靼僧"。皇帝认定这个僧人是鬼力赤的"老师"。见《明太宗实录》卷 65.4a，第 921 页。

46. 《明太宗实录》卷 67.2a-b，第 937 页。

47. 《明太宗实录》卷 75.1b-2a，第 1030~1031 页。

48. 此处《明实录》写作"野也孙台"，很可能是"也孙台"的笔误。也孙台是 15 世纪初鞑靼的高级将领，多次被称作阿鲁台的盟友。见《明太宗实录》卷 17.4a，第 307 页；卷 21.11b，第 398 页；卷 33.3a，第 579 页；卷 51.2b-3a，第 764~766 页。然而，1406 年 12 月的一份报告称也孙台已被其部下所杀。朱棣对这一传言的准确性表示怀疑。见《明太宗实录》卷 60.8a-b，第 879~880 页。

49. 《明太宗实录》卷 77.2a-b，第 1043~1044 页。

50. 《明太宗实录》卷 79.2b，第 1064 页；卷 87.2b-3a，第 1154~1155 页。

51. 《明太宗实录》卷 89.5b，第 1182~1183 页。本雅失里也向哈密遣使。当地有关于中亚、草原和中原的信息。哈密王扣押了本雅失里的人，等候明朝皇帝的发落。见《明太宗实录》卷 80.5a，第 1073 页。

52. 《明太宗实录》卷 90.1b-2a，第 1186~1187 页。

53. 《明太宗实录》卷 94.1a-b，第 1243~1244 页；《国榷》卷 14，第 1 册，第 1024 页。

54. 《明太宗实录》卷 94.1b，第 1244 页。

55. 《国榷》卷 14，第 1 册，第 1024 页只提到朱棣给本雅失里写了一封信。

56. 《明太宗实录》卷 41.1b，第 670 页。另参 Bretschneider,

Mediæval researches，vol. 2，p. 238。

57. 1361（1360？）年 3 月，沙迷查干的先人秃黑鲁帖木儿曾用武力夺取了撒马尔罕，但帖木儿在 1363～1364 年控制了这座城市。见 Dūghlāt，*Tarikh-i-rashidi*（Thackston），pp. 13-14，17。

58. 《明太宗实录》卷 66.3a，第 929 页。

59. 《明太宗实录》卷 72.2a，第 1003 页。

60. 《明太宗实录》卷 72.2a，第 1003 页。

61. 《明太宗实录》卷 72.2a-b，第 1003～1004 页。

62. 《明太宗实录》卷 72.2b，第 1004 页。

63. 《明太宗实录》卷 72.2b，第 1004 页。

64. Franke，"Yunglo's Mongolei-Feldzüge."

65. 罗茂锐（Rossabi，"The Ming and Inner Asia，" p. 231）认为朱棣的前后不一阻碍了他与蒙古人建立稳定、和平的关系。林霨（Waldron，*The Great Wall*，p. 76）写道："积极的战争是明代早期安全政策最重要的因素。"朱鸿（《明成祖与永乐政治》，第 250 页）也提到："京师之安危必赖于国君之不断亲征。"

66. 朱鸿（《明成祖与永乐政治》，第 244 页）提出，和中国历史上的其他篡位者一样，朱棣用耗资巨大的国家工程（包括战争）来淡化他掌权方式的影响。

67. 朱鸿：《明成祖与永乐政治》，第 251～252 页。

68. 许多学者认为，通过支持较弱的草原政权和削弱较强的领袖来防止草原统一是一个总体目标。陈学霖（Chan，"The Chien-wen，Yung-lo，Hung-hsi，Hsüan-te reigns，" p. 264）提到了他们希望"通过分裂、奖励和安抚"蒙古各群体来实现北方边境的和平。林霨（Waldron，*The Great Wall*，p. 76）将其描述为"分而治之的游戏"。毛佩琦（《永乐皇帝大传》，第 386～405 页）认为，朱棣缺乏总体战略眼光，只是对草原首领的活动临时做出反应。

69. 陈学霖（Chan，"The Chien-wen，Yung-lo，Hung-hsi，Hsüan-te reigns，" p. 228）提到朱棣的政策"无意中削弱了北部边境的防御"。朱鸿（《明成祖与永乐政治》，第 251 页）提到了北征的巨大损失和高昂代价。戴德（Dreyer，*Early Ming China*，p. 182）写道，无效的征战暴露出在 15 世纪初就困扰明朝军队的"僵化"（sclerosis）问题。他总结道："在此之后，明朝仍然能通过封赏来对蒙古酋长施加影响，但缺乏可靠的武力威胁。"

70. 战役的描述参 Serruys, *The Mongols in China*, pp. 258-61。

71. 1409 年战役的简要叙述见毛佩琦《永乐皇帝大传》，第 378~379 页；Rossabi, "The Ming and Inner Asia", pp. 228-29；商传《永乐皇帝》，第 193~194 页；晁中辰《明成祖传》，第 359~361 页。

72. 五位指挥官为丘福、王聪、火里火真、王忠和李远。鉴于他们在内战期间的功劳，丘福被封为公爵，其余四人为侯爵。1402~1409 年，火里火真和王聪经常一起在北方边境任职。见《明太宗实录》卷 27.1a，第 491 页；卷 33.1a，第 575 页；卷 33.3a，第 579 页；卷 33.8a，第 589 页；卷 33.9b，第 592 页；卷 39.5a，第 657 页；卷 42.1b，第 676 页；卷 51.3a，第 765 页；卷 62.1a，第 889 页；卷 76.1a，第 1035 页；卷 84.4b，第 1124 页；卷 92.2a，第 1201。王聪和火里火真可能是在 14 世纪末首次建立关系的，当时两人均是燕山中护卫的军官。

73. 奇怪的是，学者们对朱棣带兵进入战场的决定兴趣寥寥。晁中辰（《明成祖传》，第 361 页）简略地提出，鉴于丘福的失败，朱棣认为只有他自己才能取得草原上的胜利。

74. 《明太宗实录》卷 96.3a，第 1271 页。另见《明太宗实录》卷 100.2b，第 1306 页。

75. 《明太宗实录》卷 100.3a，第 1307 页。

76. 《明太宗实录》卷 100.3a，第 1307 页。朱棣叙述了唐代将军薛仁贵（614~683）的武功。

77. 《明太宗实录》卷 101.2a-b，第 1313~1314 页；《皇明诏制》卷 2.40a-b，收入《续修四库全书》，第 458 册，第 20 页。该段翻译曾见于 Robinson, "Justifying Ming Rulership," p. 11。

78. 《明太宗实录》卷 101.3a，第 1315 页。

79. 关于李氏和蒙古帝国的联系，见 Yun Ŭnsuk, "14 segimal Manju"。

80. Robinson, "Rethinking the Late Koryŏ"；朴元熇：《明"靖难之役"与朝鲜》，第 231、236~238、243 页；朴元熇：『明初朝鲜關係史研究』，第 141~145 页；北岛万次：「永楽帝期における

朝鲜国王の册封と交易」，第 200~202 页。

81. 《朝鲜太宗实录》卷 18.14b。

82. 《朝鲜太宗实录》卷 18.40a。

83. 《朝鲜太宗实录》卷 18.35b。

84. 《朝鲜太宗实录》卷 18.35b。提供这一密报的官员是吴真。丘福的封号是淇国公，不是沂国公。

85. 《朝鲜太宗实录》卷 19.19a。

86. 《朝鲜太宗实录》卷 18.37a。

87. 《朝鲜太宗实录》卷 18.40b；卷 19.2b；卷 19.3a；卷 19.10b；卷 19.13a。

88. 《朝鲜太宗实录》卷 18.43b。

89. 《朝鲜太宗实录》卷 19.13b。

90. 《明太宗实录》卷 101.3b，第 1316 页。

91. Kim Hodong,「몽골제국과 '大元'」；"The Unity of the Mongol Empire"；"Was 'Da Yuan' A Chinese Dynasty" 认为 "大元" 指的是元朝皇帝所统治的更广阔的政权。

92. 朱棣信件的波斯语译本（以及从波斯语翻译过来的法语译本）刊于 Blochet, *Introduction á l'histoire des mongols*, pp. 247-48。我依据的是邵循正的中译本。他同时使用了波斯文和汉文材料，订正了 Blochet 的错误——后者没有接触到汉文文本。见邵循正《有明初叶与帖木儿帝国之关系》，第 90 页。在波斯语版本中，帖木儿的驸马头衔被译为 fūma，即汉文 "驸马" 的音译。感谢我的同事 Jyoti Balachandran 在解析波斯文方面的慷慨帮助。

93. 马哈麻的简要传记见 Dūghlāt, *Tarikh-i-rashidi*（Ross, pp. 57-59；Thackston, pp. 20-21）。

94. 《明太宗实录》卷 101.4a，第 1317 页。

95. 《明太宗实录》卷 102.2a，第 1325 页。

96. Rossabi, "The Ming and Inner Asia," *CHC* 8, pp. 227-28.

97. 《国榷》卷 15，第 1 册，第 1038 页。

98. 《明太宗实录》卷 102.2b，第 1326 页。

99. 贤义王太平和安乐王把秃孛罗。

100. 《明太宗实录》卷 102.3a-b，第 1327~1328 页。

101. 《明太宗实录》卷 103.3b，第 1340 页。

102. 《明太宗实录》卷 103. 1a，第 1335 页。

103. 金善：《北征录》，收入《国朝典故》卷 16，第 1 册，第 305 页。

104. 《弇山堂别集》卷 88，第 4 册，第 1682 页。

105. 《明太宗实录》卷 104. 3a，第 1349 页；《国榷》卷 15，第 1 册，第 1043 页。

106. 《弇山堂别集》卷 88，第 4 册，第 1684 页。

107. 《弇山堂别集》卷 88，第 4 册，第 1678 页。一名汉人军官和一名太监与两位蒙古指挥同行。

108. 《弇山堂别集》卷 88，第 4 册，第 1679 页。

109. 《弇山堂别集》卷 88，第 4 册，第 1679 页。

110. 《弇山堂别集》卷 88，第 4 册，第 1680 页。他们透露，本雅失里和阿鲁台已经反目成仇，他们的军队已经分散了。在 1414 年对瓦剌的征讨中，朱棣明确提到要派遣一名"汉军"和一名"达军"侦察敌人的行动。两人都要提交报告，可能是为了阻止任何一方提供不良或虚假信息。见《弇山堂别集》卷 88，第 4 册，第 1698 页。朱棣还命令明朝军队中的两名蒙古军官担任向导。见《明太宗实录》卷 150. 5a，第 1753 页；《国榷》卷 16，第 2 册，第 1101 页。在本次北征的后期，他又派遣了一名蒙古兵去侦察瓦剌人的活动。见《明太宗实录》卷 151. 2a，第 1757 页。

111. 《弇山堂别集》卷 88，第 4 册，第 1681 页。

112. 《弇山堂别集》卷 88，第 4 册，第 1681 页。这种担忧的前提是相信蒙古人可以使用这种军事技术。后来在 1414 年，朱棣赠送了十五门发信炮，以协调明朝军队和瓦剌部队之间的通信。见《弇山堂别集》卷 88，第 4 册，第 1694 页。

113. 《明太宗实录》卷 107. 1a-b，第 1379~1380 页；卷 107. 3a，第 1383 页；卷 107. 4b-6a，第 1386~1389 页。有几位女真军官被点名，赢得了提拔并得到了汉名（《明太宗实录》卷 107. 4a，第 1386 页；《国榷》卷 15，第 1 册，第 1050 页）。

114. 《明太宗实录》卷 106. 4a，第 1374 页。在 1414 年的战役期间，满都死于和瓦剌人的战斗。见《明太宗实录》卷 152. 1b，第 1764 页；《国榷》卷 16，第 2 册，第 1103 页。朱棣下令为他举行祭祀（《明太宗实录》卷 152. 2a，第 1765 页）。

115. Serruys, "Mongols Ennobled," pp. 215-23；周松：《入明蒙古人政治角色的转换与融合——以明代蒙古世爵吴允诚（把都帖木儿）为例》。

116. 《明太宗实录》卷 107.4a，第 1385 页；《国榷》卷 15，第 1 册，第 1050 页。

117. 《国榷》卷 15，第 1 册，第 1050、1051 页。薛斌的蒙古名是脱欢，他继承了其父在燕山卫的职位。薛贵的蒙古名似乎是脱火赤。见 Serruys, "Mongols Ennobled," pp. 223-24。

118. 《弇山堂别集》卷 88，第 4 册，第 1693 页。很少有现存资料明确提到蒙古语是明军中的作战语言。我们几乎可以肯定这反映了文献留存的不确定性，而非蒙古语不重要。

119. 《明太宗实录》卷 104.2b，第 1348 页；《国榷》卷 15，第 1 册，第 1043 页。

120. 《明太宗实录》卷 102.6，第 1355 页；《国榷》卷 15，第 1 册，第 1039 页。几位高级大臣在这个场合作了纪念性的诗。见杨荣《杨文敏公集》卷 1，第 21～23 页。朱棣将擒胡山的一个泉眼改名为"灵济泉"。见胡广《胡文穆公文集》卷 9.34a-36b，收入《四库全书存目丛书》，集部，第 28 册，第 619～620 页。另见金善《北征录》，收入《国朝典故》卷 16，第 1 册，第 304 页；《明太宗实录》卷 103.3b，第 1340 页。朱棣将玄石坡附近的一个泉眼命名为"天赐泉"。见胡广《胡文穆公文集》卷 20.29b-30a，收入《四库全书存目丛书》，集部，第 29 册，第 180 页。

121. 金善：《北征录》，收入《国朝典故》卷 16，第 1 册，第 305 页；《明太宗实录》卷 104.1a，第 1345 页。朱棣的改名并没有抹去更早的名字。在一首题为《胪朐河》的诗中，胡广添加了一个解释说明："今名饮马河。"见胡广《胡文穆公文集》卷 20.23b，收入《四库全书存目丛书》，集部，第 29 册，第 182 页。胡广在他的一首诗中同样解释说，斡难河已被改名为玄冥河。见胡广《胡文穆公文集》卷 20.25b，收入《四库全书存目丛书》，集部，第 29 册，第 183 页。

122. Legge, *The Ch'un Ts'ew*, pp. 669 and 671.

123. 《弇山堂别集》卷 88，第 4 册，第 1682 页。这名军官是薛禄。

124. 我们不清楚朱棣和他的近臣对鄂尔浑河谷及周边地区的长期感召力有多少了解。1585~1586 年，额尔德尼昭建于哈剌和林的遗址附近。见 Rogers et al. , "Urban Centres and the Emergence of empires," p. 813。

125. 1414 年 6 月，朱棣的军队在土拉河东段击败了马哈木、太平和把秃孛罗率领的一支瓦剌部队。皇帝立即将该地改名为"杀胡镇"。见《明太宗实录》卷 152. 2a，第 1765 页；《国榷》卷 16，第 2 册，第 1104 页。关于庆祝活动的叙述，见胡广《胡文穆公文集》卷 20. 53a-54a，收入《四库全书存目丛书》，集部，第 29 册，第 192 页。这次胜利后不久，朱棣就命令军队回京。胡广强调了这次军事行动的持久意义，说："扫除毒螫千年后，洗涤腥膻万里还。"见胡广《胡文穆公文集》卷 20. 54a，收入《四库全书存目丛书》，集部，第 29 册，第 192 页。胡广在回京途中创作的几首诗里也使用了类似的语言。当明军到达擒胡山时，朝廷发布了胜利的宣言。见胡广《胡文穆公文集》卷 20. 58a，收入《四库全书存目丛书》，集部，第 29 册，第 194 页。威房驿是李陵台的新名称。

126. 玄石坡位于今内蒙古锡林郭勒盟苏尼特旗满都拉图镇以东二十一公里处。碑文在一个石阵中的几块大的灰色花岗岩上被发现。在岩石露出部分的西面，朱棣命人刻写三十一字："御制玄石坡铭：维日月明，维天地寿，玄石勒铭，与之悠久。永乐八年四月初七日。"(《明太宗实录》卷 103. 3a，第 1339 页；郑晓：《今言》卷 4，第 165 页；《国榷》卷 15，第 1 册，第 1040 页)同样是在玄石坡，朱棣命胡广写下"玄石坡立马峰"几个字，并将其刻在石头上。见胡广《胡文穆公文集》卷 20. 29b，收入《四库全书存目丛书》，集部，第 29 册，第 180 页。在玄石坡东面的一块大石头上还有一篇铭文。其文曰："维永乐八年岁次庚寅四月丁酉朔七日癸卯，大明皇帝征讨胡寇，将六军过此。"关于铭文的位置和内容，详见王大方、张文芳《草原金石录》，第 193 页。在另一座云母矿藏丰富的山上，朱棣命令胡广写下"云母山捷胜冈"六个大字，以纪念"天戈一扫净穷荒"。见胡广《胡文穆公文集》卷 20. 32a，收入《四库全书存目丛书》，集部，第 29 册，第 181 页。

127. 《明太宗实录》卷 103.3b，第 1340 页；郑晓：《今言》卷 4，第 165 页；《国榷》卷 15，第 1 册，第 1041 页。碑文的照片和转录见王大方、张文芳《草原金石录》，第 194 页。蔡石山（Tsai, *Perpetual Happiness*, p.169）给出了不同的翻译。

128. Watson, *Complete Works of Zhuangzi*, pp. 268–69.

129. 王大方、张文芳：《草原金石录》，第 194 页。

130. 《明太宗实录》卷 103.3b-4a，第 1340~1341 页；郑晓：《今言》卷 4，第 165 页；《国榷》卷 15，第 1 册，第 1041 页。另见苏志皋《译语》，收入《明代蒙古汉籍史料汇编》，第 1 辑，第 227。蔡石山（Tsai, *Perpetual Happiness*, p.170）提供了不同的翻译。

131. 《明太宗实录》卷 102.3a-b，第 1327~1328 页；《国榷》卷 15，第 1 册，第 1038 页。

132. 《明太宗实录》卷 104.3b-4b，第 1350~1352 页；《皇明诏令》卷 5.26b-27b，收入《续修四库全书》，第 457 册，第 130 页；《皇明诏制》卷 2.41a-42b，收入《续修四库全书》，第 458 册，第 21 页；《朝鲜太宗实录》卷 20.2b。

133. 毛佩琦（《永乐皇帝大传》，第 386~405 页）展示了朱棣的每一次北征是如何与下一次相衔接的。个人领袖迭起，但草原各政权作为一个整体始终是对明朝的威胁。

134. 《明太宗实录》卷 105.1b，第 1358 页。

135. 第一个是金日磾——一个在经历巨大困难后赢得汉朝皇帝青睐的草原首领。见班固《汉书》卷 68，第 9 册，第 2960 页。第二位是突厥贵族契苾何力（其部落位于今天的吉尔吉斯斯坦东部），他于 7 世纪中叶在唐朝担任重要的军事职务，因其对唐朝坚定不移的忠诚而成为传奇。借助作为统帅的杰出军功，契苾何力赢得了皇帝的赞誉和贵族头衔。见刘昫《旧唐书》卷 109，第 10 册，第 3291~3292 页。

136. 《明太宗实录》卷 105.1b，第 1358 页。

137. 《明太宗实录》卷 111.3a，第 1419 页。

138. 《明太宗实录》卷 111.3a-b，第 1419~1420 页。

139. 《明太宗实录》卷 140.6a，第 1689 页；《国榷》卷 15，第 1 册，第 1092 页。

140. 《明太宗实录》卷141.4a，第1691页；《国榷》卷15，第1册，第1092页。这个称号是"和宁王"。和宁是元朝政府在14世纪初采用的哈剌和林的新行政名称。"哈剌和林王"（Prince of Qara-Qorum）应是更准确的翻译。

141. 其中包括"太师、中枢右丞相、枢密院为头知院"，这由他的成吉思后裔可汗所授，代表了元代官名的延续。见《弇山堂别集》卷88，第4册，第1694~1695页。这些敕谕没有被收录在《明实录》中。1403年，明廷曾称阿鲁台为太保和枢密知院。见《明太宗实录》卷17.4a，第307页。

142. 据说朱棣对西亚的主要政治人物有清晰的认识。1420年，朱棣在接见帖木儿使节时，"问合剌·玉速夫（Qara Yusuf）有没有遣使和进贡"。不久之后，皇帝宣布他"要遣使给合剌·玉速夫，因为那里有极好的马匹"。（引文中译取自何高济译《沙哈鲁遣使中国记》，中华书局，1981，第120页。——译者注）Ghiyathuddin Naqqash, "Report to Mirza Baysunghur," in Thackston, *A Century of Princes*, p. 289. 合剌·玉速夫在1389~1420年统治黑羊王朝，占据安纳托利亚东部、阿塞拜疆和伊拉克。

143. 该术语借用自 Burke, *Fabrication*。

第二章　寻求控制权

引言

本章探讨在王朝和皇帝的威望与正当性都受到威胁时，高
级文官如何接受朱棣的北征。1372年，明军在草原上遭遇了
一次惨败，但那次大败被归结为将领的失策而不是朱元璋本人
的失败。朱棣亲临战场，这大大增加了风险，因为战败会损害
他作为统帅和君主的声誉。在域内，这会让他的政治判断力受
到质疑；而在域外，这会降低他作为一个能保护盟友并惩罚敌
人的施恩者的可靠性。一次灾难性的失败还会危及他的生命。
在1409年的北征中，几位带兵将领的死亡让所有人记忆犹新。

在回忆录、诗歌和纪念性文章中，朝廷大臣们都在争论一
组相关的问题。有些是长期存在的问题。统治了中国一个世纪
的大元与现在明朝在草原上面对的蒙古政权之间是什么关系？
如前一章所述，朱元璋和他的谋臣们曾详细讨论过这个问题，
他们的言论仍然具有现实意义，但到了15世纪初，草原上和
明朝内部的情况都发生了重大变化。因此，朱棣的大臣们需要
评估哪些解释和语言可以保留，哪些需要根据新情况进行修
改。有些是朱棣和他的政策所独有的问题。最近投降的蒙古人
在明朝政权中处于什么地位？更具体地说，他们与皇帝是什么
关系？对朝廷大臣有什么影响？高级文官们如何理解和描述他

们在草原上的迷茫经历？他们将如何确定在北方看到的大元遗迹的意义？

59　　贯穿始终的是对统治权的关注。皇帝的权力和权威直接影响到朝廷大臣的职业前景、个人关系以及他们对社会、政治和道德秩序的期望。朱棣和整个明王朝的地位在很大程度上是通过与敌对统治者及其臣民——包括现有的和潜在的——的关系来确定的。重臣们关于北征的作品与朱棣统治的构建和表现密切相关。

　　本章分为五节。第一节考察朱棣如何利用北征来突出他作为统治者的特点，特别是相对于他的朝廷大臣而言。第二节分析文官们如何为北征打造必然胜利和师出有名的叙事。第三节探讨草原之行如何引发朱棣和他的大臣们对于大元历史遗产的不同看法。第四节思考文官们如何描述皇帝与蒙古人在草原上的互动。第五节也是最后一节提出了一种理解朱棣的北征及其激发的文学创作的方式，并将其视作皇帝和大臣对控制权的追求。

皇帝和他的大臣们

　　在 1410 年的北征中，朱棣展现了他作为人君的资质。有一次，他强调了现实生活中的经验和单纯的书本知识之间的区别："汝等观此〔伯颜山〕，方知塞外风景。读书者但纸上见。"朱棣指出他们刚刚经过的地方——元朝的中都（今河北省张北县）"最宜牧马"。[1] 后来，他指着一条山顶参差不齐的山脉，告诉他的官员们：

> 此赛罕山，华言好山也。又云阿卜者，华言高山也。

其中人迹少至，至则风雷交作，故虏骑少登者。若寻常可登，虏冯高见我军矣。[2]①

在关于草原的讨论中，朱棣觉得自己比饱读诗书的文官们更高明。他关于草原的地理、历史、语言和人民的第一手知识标志着他是一个普遍的统治者，其统治范围超过了大臣们有限的书本知识。皇帝和重臣们都对这种竞争很感兴趣。在举办了一次大规模阅兵后，朱棣宣称："此阵孰敢婴锋？"随后他让文官们明白自己的位置，他说："汝等未经大阵，见此似觉甚多，见惯者自是未觉。"[3] 后来，大臣胡广（1370～1418）提到如果他没有陪同皇帝出征，就不会相信草原会如此寒冷。朱棣不以为然地回答说："尔等诚南士也。"[4]

现存的资料很大程度上抹去了朱棣为确立自己作为内亚统治者和施恩者的地位所做的努力。上一章提到皇帝在北征期间会见了来访的女真人、瓦剌人、鞑靼人和朝鲜人。他举行宴会、组织狩猎，有时只是交谈。这些都是获取信息、巩固忠诚、评估未来威胁和机遇、宣传明朝皇帝财富和权力的机会。[5] 颁赐礼物、展示军事力量、承诺授予军职，这些都提高了朱棣在成吉思汗后裔世界里的地位。[6]

然而，在一首题为《次兴和旧城宴别夷人》的诗中，多次陪同朱棣进入草原的大臣杨荣（1371～1440）创造了一种对于这类互动完全不同的印象：

---

① 此事见于《北征录》和《国榷》（参本章注释 2）。作者在这里引用的是《国榷》。《北征录》的用词略有差异，现行点校本（邓世龙辑《国朝典故》，许大龄、王天有点校，北京大学出版社，1997）的句读与作者的理解不同。——译者注

61
　　　　圣主尊居四海宽，[7]

　　　　天教顽梗自相残。

　　　　山河一视乾坤大，[8]

　　　　日月重熙[9]社稷安。

　　　　中使丁宁宣圣德，

　　　　远人拜舞[10]罄交欢。

　　　　何须更勒天山[11]石，

　　　　万古神功自不刊。[12]

　　金幼孜在对 1410 年北征的记载中记录了皇帝对高官的不断指摘，而杨荣对此不置一词。相反，杨荣将一个高高在上的皇帝与前来求助的远人相对照。一个大一统王朝的形象与分裂的、一心想消灭彼此的蛮夷形成了对比。朱棣超越了琐碎的区别，视华夷为一体。这样的统治带来了王朝的稳定，意味着域内的和平和域外的仰慕。在杨荣的叙述中，真诚的朝廷使节——可能是太监——热情谈论皇帝的恩德，赢得了远人的敬重和礼节性的服从。

　　这首诗以和平和武功的双重信息结尾。关于天山刻石的一句指的是公元 89 年的一次军事行动，当时汉朝将军窦宪击败
62　了来自草原的一支匈奴军队。为纪念这次胜利，他命令文人和史家班固（32~92）撰写一份记录，并将其刻在山岩上。杨荣认为朱棣娴熟的政治手腕消除了发动耗费巨大的远征的需要。善意和宴会赢得了蒙古人的善意和服从。杨荣没有明说的是，维护和传承皇帝的武功有赖于像杨荣这样的人和他们的诗歌。

　　杨荣的描述为朱棣在草原上争取盟友和效忠的努力蒙上了一层面纱。杨荣从未承认皇帝与那些在各自群体中享有地位和

权力的领袖面对面地交谈过。他也没有提到个人的名字，而是使用了诸如蛮、夷、远人等通用术语。杨荣当然不会说朱棣提供了很多优待——从昂贵的织物到明军中的高级官职，从位于北京和南京的家具齐备的住宅到在草原上的军事支持。杨荣也没有透露他自己在为蒙古人举行的宴会上的角色。

最后，杨荣注意到宴会的地点——兴和，但没有提到兴和曾是元朝都城中都的所在地。因此，我们在这里实际看到的是：正在征讨蒙古敌人的朱棣，在蒙古旧都的所在地，为他想争取为盟友的蒙古首领们举办了一场宴会。通过用来自经典的话语，杨荣将他认为可能不愉快或不合适的事情描绘成了一个不朽的画面，即一个有德、高尚的皇帝用他的恩德和宽宏大量，安抚了在其他情况下具有破坏性的蛮夷。[13]

边缘化话语

如前所述，朝廷大臣们在为朱棣的北征辩护一事上发挥了重要作用。他们说明了为什么草原上的敌人既顽固又注定会失败。为了边缘化不合作的草原领袖，朱棣和他的谋臣们把蒙古人描绘成明显的特例，即唯一不承认明朝统治权的群体。在其《平胡颂》的序言中，高得旸（1352～1420）为此做了铺垫：

> 皇明统一四海。幅员之广，际天所覆。唐虞三代声教治化所不能被者，莫不梯航而来，共修臣职。唯胡寇遗孽，偷生沙漠；涵育之恩，罔知向戴。[14]

此前不久，胡广表达了类似的观点：

> 凡含齿戴发有血气者，罔不率服。独北虏遗孽，处于
> 荒裔，云聚乌合，迁徙无常，倔强黠骄。[15]

胡广强调周边人民对明朝的普遍服从，同时将蒙古人非人化。他含蓄地对比那些"含齿戴发"者（承认天命转变的人类）与"含牙戴角"者（没有做到这点的禽兽）。蒙古人的政治动态被比喻为云彩或乌鸦的聚散；他们缺乏固定的居住地，这被认为是道德缺陷——"无常"。与开国皇帝统治时期的文人一样，胡广和高得旸都试图在空间和行为上将蒙古人边缘化。蒙古人生活在遥远而荒凉的荒地上，勉强维持着悲惨的生活。[16]

高、胡两人以朝廷大臣的身份写作，他们的诗作反映了朱棣朝廷的意图。明朝的作者们经常把那些违背皇帝意志的人说成是孤立的边缘人，他们的行为和想法与周边绝大多数的政权和民族不同，而后者很早就明白了天命的转变。[17]几乎所有的政权都向明廷派出了使节，带着贡品、贺词和对坚定效忠的许诺。在明代（以及之前和之后的时代）的政治辞令中，面对皇帝，扮演这种从属（但依然重要）的角色就是"称臣"。采取这种立场符合自然秩序，并有机会分享和平与繁荣。实现这种和平与繁荣的方式是恢复上古最好的事物，即尧舜等古代圣王的教诲。尽管这种普遍性的话语可能看似适用于皇帝的所有敌人，但时人明白并非所有的敌人都构成同样的危险。

在一首诗中，高得旸明确指出了存在于 15 世纪初文人观念中的、朱棣现在所征讨的零散蒙古人群体与过去的大元之间的联系。在再次强调其余各方皆来纳贡之后，他转回到了蒙古人身上：

> *唯彼残胡，*
>
> *彼胡罔知。*
>
> *天命不僭，*
>
> *元祚既终，*
>
> *爝火何焰？*[18]

　　高得旸哀叹成吉思汗后裔及其盟友的无知顽固、不肯承认元祚已尽。通过对比一支火把发出的光和日月——明朝——产生的灼人光辉，他试图将成吉思汗后裔的重要性降到最低——这一意象至少可以上溯至 1370 年。[19]

　　朱棣从未对所有的蒙古人进行征讨。他对特定政权的个别首领发动战争，目的是在有野心的蒙古人中赢得盟友。然而，高得旸和其他朝廷文人则施以宽泛的笔触。个别蒙古群体和首领被转化为没有区别的"鞑靼"或者更具贬损意味的"胡寇"。上文中，高得旸将蒙古人称为"唯彼残胡""彼胡"。

　　另一种策略见于杨士奇（1365～1444）的《平胡诗》，他是另一位颇具影响力的朝廷官员。[20]像许多同时代的人一样，杨士奇强调上天对新王朝的支持、朱棣对朱元璋的合法继承，以及周边所有政权与民族对明朝普遍、愉快的认可。[21]不过，杨士奇采取了一种更精细的策略来将王朝的草原敌人边缘化：

> 　　毡裘辫发之众，各率其属，归诚慕义，拜俯阙下。蒙荷官赏者不可胜计。惟本雅失里弗率，倔强化外。[22]
　65

通过这种方式，他将明朝的影响范围扩大到整个草原，有效地显示出即使在蒙古人中本雅失里也是一个特例。

反复边缘化、贬低和疏远蒙古人的努力可以被恰当地理解为明廷感觉自身仍生活在蒙古帝国阴影下的证据。朝廷的文人在辞令上对四分五裂的草原政权给予了极大关注，这正是因为后者继续对明朝构成深刻的挑战。王朝建立近半个世纪后，明朝的大臣们又回到了"天命"的问题上。高得旸明确地提醒他的读者"元祚既终"，并嘲讽地质问蒙古人怎么可能希望去恢复大元的荣光。

朝廷重臣胡广在与朱棣一起征战草原时写的一首诗中，也同样隐晦地将当时的蒙古人与大元联系起来。在进入草原之前，胡广抵达了北部边境最后几个重兵把守的明朝卫所之一，说了一些鼓励的话："皇威震万里，胡运无百年。"[23] 在《平胡之碑》中，胡广赋予了大元更重要的中心地位。他把 1368 年元朝灭亡作为 1410 年朱棣战胜阿鲁台的故事的开端：[24] "上天厌元氏之德，命我祖高皇帝芟除靖治，荡涤海宇，复千古礼乐之旧。"[25] 与胡广同时代的王绂（1362～1416）在他的《平胡歌》中也有类似的感慨：

> 皇天久厌胡膻腥，
> 生我太祖开大明。[26]

王绂将注意力转移到现在，他说："胡命今欲尽，胡运今已绝。"[27] 在这里，王绂很可能是用"命"的两个含义——"生命"和"使命"（比如"天命"）——来将成吉思汗后裔对天命的占有及其国祚等同起来。无论是哪种情况，他都强调成吉思汗后裔的时代已经结束了。在为庆祝朱棣对蒙古人的胜利而应制所作的一篇作品中，曾棨用了更具强调性的表达方式。

他说道：“胡运永终，有此遗孽。”[28]

　　明朝初期的官员一次又一次地宣布蒙古人威胁的结束。他们的反复声明显示了深深的焦虑。在为朱棣 1410 年征讨本雅失里和阿鲁台所作的颂词《平胡颂》中，金实（1371～1439）把辽、金、元视为一个时期，且只是非汉民族和汉民族之间冲突这一更大叙事中的又一个片段，从而贬低元朝的重要性。金实将之描述为“夷狄之盛”，当时“丑虏卒主神器；堂堂衣冠，悉为左衽”。[29]金实明确地将北方民族的兴衰归结为一次巨大的波动，即天命一旦达到顶点就会转移。这种叙事策略在很大程度上抹杀了大元作为一个独特政治实体的地位，并使蒙古统治者变得无关紧要。

　　但蒙古人仍然是一个威胁。金实写道，尽管朱元璋及其继承人朱棣的辉煌崛起匡正了过去的错误并开辟了一个繁荣的时代，“惟恐腥膻遗孽或存苞桑于荒漠之外，为混一承平之累”。[30]在金实的判断中，本雅失里和其他蒙古贵族会危及统一。在中国政治哲学中，统一（大一统）是统治者正当性的一个基本要素；在 13 世纪末忽必烈统一南北、结束数百年的分裂之后，其重要性更加凸显。汉语写作者经常赞扬忽必烈和大元在军事、经济和文化方面取得的辉煌成就。

　　元廷撤退到草原上近半个世纪后，胡广、王绂等人继续强调大元已经失去了上天的眷顾、不再拥有天命。这些作者强调了明朝建立者朱元璋的政治正当性，他作为上天的工具，奉命净化天下，恢复“千古礼乐之旧”。胡广将朱棣的合法性牢牢固定在朱元璋的遗产上。他说：“皇帝膺受天命，缵承太祖高皇帝鸿基。”然而，反复提及元朝失去上天的眷顾、天命的转变和元祚的终结显示出时人将大元理解为一个核心参照点。此

67

外，不断强调元朝的灭亡是为了把统治欧亚大部的蒙古帝国和对抗明朝皇帝的时任草原首领区别开来。

朱棣的朝廷只间接承认大元与本雅失里、阿鲁台等时任草原首领之间的关联。杨荣的《平胡颂》写于皇帝在战争结束后回京时，纪念朱棣以皇帝身份进行的第一次北征。杨荣将朱棣对本雅失里和阿鲁台的讨伐描述为明朝建立者与成吉思汗后裔的斗争的延续，对巩固王朝至关重要。杨荣在开篇写道："太祖皇帝受天明命，平胡元乱，为生民主，悉复中国古先圣王之政。"所有政权都承认了明朝，"独元之遗孽远窜沙漠"。明朝的建立者多次派遣他的将军去讨伐成吉思汗后裔，明军俘虏了许多头目及其部下，但"萌孽尚未尽除"。在杨荣的叙述中，朱棣表现得像一个完成了父亲根除草原威胁这一未竟事业的孝子。杨荣明确指出朱棣的敌人是成吉思汗后裔（元），却不愿意说明朱棣敌人的身份。杨荣把他们称为"胡寇"、"虏酋本雅失里"、"虏众"、"虏酋阿鲁台"、"胡孽"和"丑虏"。[31] 通过这种话语的转变，杨荣巧妙地切断了他们与成吉思汗的联系。杨荣将本雅失里和阿鲁台都认定为"虏酋"，掩盖了本雅失里作为可汗和元朝皇帝后裔的身份。他把 1410 年北征的目的描绘为实现开国皇帝的愿望，从而提高了朱棣的地位和正当性。杨荣还把这场冲突从明朝与元朝–成吉思汗后裔政权之间的冲突重新定义为中原与草原的冲突。

杨荣对成吉思汗世系的处理是朱棣朝廷中一个更宽泛模式的一部分。另一位大臣胡广也把明朝建立者北征的目标称为成吉思汗后裔，却在朱棣统治时期对同样的群体使用了更不明确的称谓。胡广称本雅失里为"首虏"，称阿鲁台为"虏伪太师"，[32] 抹去了本雅失里的可汗地位，但随后同时否认和承认了阿鲁台的官位。当胡广在别处说"虏运已绝"时，毫无疑问他指的是大元——明廷一再坚称大元国祚已终。[33] 同样地，他谴责"北虏遗孽"拒绝归顺朱棣的朝廷，这几近明确地提及了大元及其拥护者。[34]

这些官员为几种读者写作。明朝的大臣们通过赞美皇帝及其恩德、能力和成功来取悦他。他们把成功归功于明朝的建立者和整个皇室，但御用文人同时也考虑到了由像他们一样深度投身于这个王朝的文人组成的受众。但正如朱棣的篡位所表明的那样，他们对最高层的变化持开放态度。数千人对朱棣效忠，尽管他从开国皇帝选定的继承人手中暴力夺取了皇位。赞美战胜蒙古人——或安南、西南土司以及皇帝的任何其他敌人——的作品可能看起来是程式化的，或像是在自负地虚张声势，但这是有意为之的，意在让明廷和各省的政治人物相信在位的皇帝有足够的才能、享有上天的眷顾、得到四邻的认可，并且有能力战胜剩下的几个敌人。

然而，人们不禁要问：这样的宣告是否恰恰提醒了读者那些明廷试图淡化的挑战？在胡广声称"皇威震万里，胡运无百年"时，他也提出了一些难以回答的问题：如果"皇威"真的如此强大，为什么蒙古人没有自然而然地慑服；如果"胡运"（显然是指大元王朝）真的走到了尽头，为什么要提及这一点；为什么明朝皇帝一再动员数十万人的军队去征讨蒙古人？[35] 胡广、王绂等人的作品提醒了时人他们在草原上面对的蒙古人与大元之间的联系。

遗迹、记忆和主权

1422年6月初，朱棣和他的军队到达今内蒙古锡林郭勒盟附近一个叫西凉亭的地方。两个月前，他们在正式宣布北征并在京师的主要庙宇举行祭祀后离开了北京。[36] 他们动员了约三十四万头驴、十一万七千辆马车和二十三万五千名民夫以保证大军在战场上的补给，囤积了约三十七万石粮食供部队食用。[37] 这是朱棣的第三次北征。这次远征及其巨大的后勤需求遭到了朝廷重臣的强烈反对，这激怒了皇帝。一名官员被逼自杀，还有几名下狱。[38] 朱棣的目标是制服阿鲁台。[39] 阿鲁台在前一年停止向明朝皇帝进贡，据传他正计划进攻北方边境。历史学家认为朱棣是想阻止阿鲁台在草原上获得危险的支配地位，就像 1414 年朱棣征讨日益强大的瓦剌首领马哈木一样。[40]

然而，朱棣在战场上待了两个月后，他的努力没有得到什么回报，因为他没能使阿鲁台前来交战。为了让他的部下集中精力、做好战斗准备，皇帝下令进行大规模的狩猎、[41] 举行阅兵，[42] 自己充当骑射比赛的裁判。[43] 为了提升士气，他为高级将领举办宴会，创作了关于击败蒙古人的曲子并命令将士吟唱。[44] 皇帝和他随行的几位朝廷重臣还参观了当地的遗迹，并思考大元王朝遗产的意义。

70　　　本节探讨朱棣和他的朝廷大臣们如何试图理解和利用对大元的记忆。他们描述、解读，偶尔也会破坏元朝统治的实物证据。文官们对草原遗迹的思考并不限于朱棣的征战或蒙古人的力量。他们的回忆录和诗歌也在思考人生短暂和情感这样的更大问题。本节最后简要介绍重臣写作的另一个方面：对远征草原的反对。

朱棣在西凉亭——元朝皇帝往返大都和上都路线上的一个行在——度过了一夜。朱棣勘察亭子的废墟时，看到了茂密的树木，这让他动了心思：

> 元氏创此，将遗子孙，为不朽之图，岂计有今日？
> 《书》云："常厥德，保厥位；厥德靡常，九有以亡。"[45]
> 况一亭乎？可以为殷监矣。

他禁止部下砍伐树木。[46]

1422 年 6 月 9 日，朱棣在他最近改名为威虏镇的地方扎营。[47] 他在一星期后的 6 月 16 日离开。[48] 该地位于今内蒙古自治区多伦诺尔和大元故都上都西南约二十五公里处，通常被称为李陵城、李陵驿或李陵亭。李陵是汉朝的一位将军，于公元前 1 世纪在草原上与匈奴交战，惨败后向匈奴投降。[49] 如前文所述，通过赋予其军队路过的许多山、溪、泉新的汉名——之前这些地方都以蒙古名为人所知——朱棣也在与蒙古人争夺对该地区的控制权。他还可以采取实际占领的形式实现统治，正如一首诗中所暗示的那样：

> 圣主亲提百万兵，
> 已临威虏列天营。
> 营中有地皆威虏，
> 天外无邦不入明。
> 千里旌旗云海阔，
> 九霄剑戟雪峰清。
> 极知睿算皆神妙，
> 会扫腥膻致太平。[50]

71

皇帝的官员强调了朱棣行使统治权的情况。皇帝带领他的军队，在曾经是蒙古人定居点的地方扎营。诗人先强调朱棣对威虏镇完全的实际控制，然后从威虏镇一地的情况转向赢得普遍认可——"天外无邦不入明"。最后，他以明朝取代蒙古人的形象作结。朱棣和他的军队以和平取代"腥膻"。

在威虏镇时朱棣采取了一些行动，这显示出他有意地努力去控制大元的历史遗产。他听到有传言说在城内的某个地方有一块纪念李陵（上面提到的汉朝将军）的石碑。他召见大臣杨荣，让他挑选记忆力极佳的人去调查。在由一名营官和二十名锦衣卫组成的卫队的陪同下，年轻的学者王英（1376~1450①）开始寻找这块石碑。[51]

城内的居民已经被屠杀，建筑物被夷为平地，[52] 没有留下任何东西。考察团最终发现了一个伸出地面数寸的石质物体的尖端。在把它挖出来洗刷之后，他们发现这块石碑不是纪念李陵的，而是《有元李陵台驿令谢弘信德政之碑》。对这一事件的描述称"其文略可读"，但没有解释这种阅读困难是由于风化还是由于碑文是蒙古文而不是汉文。碑的背面刻有官名，比如达鲁花赤——一个指代长官的蒙古行政术语。地方官员常把他们的名字和官职加到为纪念寺庙建设、皇帝给寺庙的供奉、地方官署或学校的整修而制作的碑上。刻上他们的名字意在向读者表明他们赞成该工程并给予了支持——通常是以金钱的形式。

按照命令，王英向皇帝汇报。据传朱棣说："此碑是矣。传言者讹也。"他接下来的话可能让这位年轻学者感到惊讶：

---

① 一说卒于 1449 年。——编者注

"再往，击碎之，用火煅之，沉之于河。"朱棣解释了其命令背后的原因："第镌鞑靼姓名在上，他日虏见之，必以此地为己物。碎之，盖绝其争端也。"[53] 鉴于这种逻辑，朱棣最初追踪传闻中的汉碑可能是为了寻找历史证据，以支持明朝对该地区的主张，但当他发现该碑会损害而不是增进他的利益时，他就简单地销毁了这个带来麻烦的证据。[54]

朱棣随行的学者们在草原上还发现了其他石碑。礼部尚书吕震（1365～1426）"见碑立沙碛中，其文具在，率从臣读之"。[55] 一年后，朱棣和几位翰林院官员在讨论中提到了这块石碑。皇帝下令让礼部"往录之"。吕震上奏皇帝说没有必要派人去，他记得石碑上的全部文字。他给皇帝写了一份。朱棣接受了他的文本，但"密使人至虏中拓其本"。[56] 拓本和吕震的奏疏相对照，显示吕震一字不差地复现了原文。

吕震传记的作者讲述了这段逸事以证明吕震记忆力惊人，不过这也表明：首先，明朝官员对蒙古土地上留下的文字感兴趣；其次，即便没有实体文本，石碑的内容也可以存世并流传；最后，朱棣在回京后并没有忘记蒙古人疆域内的石碑。在吕震的传记中，朱棣决心验证吕震的版本的准确性，这是为了表现吕震的记忆能力。皇帝应该是对石碑的内容更感兴趣，而不是为了测试其官员背诵文字的能力。

明廷对草原上碑刻之作用的关注与蒙古人及其前人的认识类似。当契丹人在 10 世纪初占据鄂尔浑河谷（在今蒙古国中部）时，他们在突厥人的都城窝鲁朵八里附近发现了突厥最著名的统治者之一毗伽可汗（716～734 年在位）的石刻。契丹统治者、领袖阿保机（907～926 年在位）命人用契丹文、突厥文和汉文重刻此碑，以记录和纪念契丹的功业。[57] 后来，

73

在 13 世纪中叶，蒙古人在准备建造哈剌和林时考察了窝鲁朵八里的遗迹。他们发掘了一块石碑并让学者翻译了碑文。[58]

皇帝在草原上的活动常常刺激人们思考元朝的辉煌和愚蠢。在 1410 年北征期间，朱棣和部下在镇安驿的十几里外遇到了一系列土墙，那似乎是一个废弃堡垒的遗迹。进一步的调查显示这是元朝官酒务的遗迹，是大都和上都之间的一个站点，皇帝会在这里停下来补充酒水。第二天，军队到达鸡鸣山。大约八个世纪前，唐太宗在征高丽途中登上过这座山。现在，朱棣也登上了高处。"昔顺帝北遁，"朱棣说，"其山忽崩，有声如雷。"[59]

穿越过往由大元占有的、往往超出明朝控制范围的土地激发了朱棣随行文官们的想象。在另一篇作品中，学者和官员陈循（1385～1462）描绘了一幅关于灭亡的元朝的凄凉图景：

> 滦河河北开平府，
> 云是前朝故上都。
> 万瓦当年供避暑，
> 孤城此日事防胡。[60]

陈循只用了几个字，就把欧亚大陆最重要的遗址之一简化为一个几乎被遗忘的屋瓦堆。通过使用"云是"二字，陈循暗示上都的位置和功能在像他这样的文人中并不知名。他把这个故元都城贬低到传闻或地方知识（local knowledge）的朦胧领域。"万瓦"（而非宏伟的宫殿、庙宇或官署）是唯一被陈循明确置于历史中的、证明一个王朝存在过的实物证据。胡广也写到了开平的衰败、半被植物覆盖的城墙，以及充满传奇色彩的过去和荒凉的当下之间鲜明的心理对比。在一首诗中，胡广评论道：

> 百年遗迹草烟空，
>
> 一代繁华感慨中。
>
> 往事已随流水去……[61]

　　如上节所示，朝廷重臣们用诗歌、散文和贺表来颂扬朱棣及其军事胜利。他们珍视皇帝的宠爱，但并不总是赞同君主对帝国统治权的看法，因此他们运用自己的历史知识和行政技能来表达他们的异议。批评当代政策的一个最常见的方式，是攻击安然处于历史中的类似行为，即借古讽今。例如，朝廷重臣胡广写了几十首诗，纪念朱棣朝廷的荣耀，包括对蒙古人的作战。但在别的地方，他尖锐地批评了汉初的将军，他们怂恿其君主沉溺于考虑不周的草原军事行动中。胡广赞许地讲述了一个广为人知的故事：一位勇敢的将军公然反对征匈奴的提议。胡广还赞扬另一位汉朝政治家韩安国（卒于前 127 年）劝说汉武帝（前 141～前 87 年在位）不要与匈奴开战。[62] 阻挠皇帝意志的另一个方法是蒙蔽。有一次，朱棣向一位重臣询问朝廷的粮食储备情况。和当时的许多人一样，这位大臣——夏原吉不赞成朱棣亲征草原。为了推迟前述的 1422 年北征，夏原吉回答说朝廷粮仓只有六个月的粮食储备。皇帝感觉可疑，便命令宫中的太监和御史核实夏原吉的说法。他们发现粮仓里有超过十年的储备。愤怒的皇帝指责夏原吉参与朋党并将他关进监狱。[63] 皇帝和大臣之间的联系很深，但观点和利益上的深刻分歧常常将他们分开。下一节将描绘另一个充满张力的领域，即朱棣新的蒙古臣民在明朝政权中的地位。

75

朱棣及其蒙古臣民的形象

许多朝廷大臣发现草原是陌生的、令人不安的；与皇帝一起征战使官员们直面其君主与蒙古人的密切互动，后者包括非盟友的头目和王朝的新臣民。下面的诗句让我们了解到文人如何处理现实与理想情况之间的差异与矛盾。

1414 年，在返回京师的行军途中，一队先遣骑兵射杀了一只蒙古原羚（黄羊）并将其献给皇帝。关于此事的唯一现存记载为胡广所写的诗，它阐明了朱棣与蒙古人之间的互动以及文人对蒙古人的看法：

> ……
>
> 割肝生与胡儿尝。
>
> 胡儿饮血如饮汤，
>
> 饥啖烧肉充糇粮。
>
> 露居草宿乃其常，
>
> 旃车为屋皮为裳。
>
> 习性粗鄙能雪霜，
>
> 抚巡此辈皆循良。
>
> 冲坚被锐畴敢当，
>
> 花门勇决徒夸强。[64]
>
> 见贼身轻气益张，
>
> 剖心输胆报吾皇。
>
> 誓以弓剑净朔方，
>
> 坐令四海歌时康。[65]

76

从胡广的叙述中可以看出几个问题。首先，"胡儿"——字面意思是"胡人男孩"或"胡人青年"——实际上是一个意义丰富的术语。到了 15 世纪，"胡"这个字本身已有近两千年的历史。在明代它有多种含义，包括一般意义上的"外国"（例如，佛教经常被称为"胡教"）或狭义的草原人民，特别是各种蒙古人群体。

其次，"胡儿"这个词至少可以追溯到汉代。匈奴人金日磾被俘为奴，后被释放，他获得了汉朝皇帝极大的宠信。不满的汉朝精英向皇上抱怨说："陛下妄得一胡儿，反贵重之！"[66]放到明朝对蒙古人称呼的背景下考虑，"胡儿"似乎不像"虏寇""丑类""虏贼"等其他常见词语那样具有贬义。胡广在其他作品中用"膻腥"这样的表达方式来描述蒙古人的影响力。[67]但胡广为什么选择这个词？他可以只用名字或头衔来指称这些人。从修辞的角度来看，"胡儿"更有效地表达了一个普遍的类别，即"蒙古人"，而不是特定的个人，从而胡广的描述具有一种更广泛的感觉或一种更持久的特质。

最后，"胡儿"这个词对于商定政治与文化界限也很有用。胡广除了说他们是蒙古人之外并没有点明这些人的身份。从上下文来看，他们似乎不太可能是不结盟的蒙古人。他们是为明朝效力的蒙古人，是朱棣的侍卫，还是最近被征服并刚刚宣誓效忠的敌人？在 14 世纪末和 15 世纪初，许多蒙古人加入明朝并为王朝做出了杰出贡献，由此获得了官位、贵族头衔和丰厚的俸禄。因此，与朱棣分享猎物的人完全有可能是随行人员中值得信赖的成员。

胡广的这首诗显示出他对朱棣与其最新臣民间的关系感到不安。从皇帝的猎物中获得肉食是一种巨大的恩宠。当文官从皇帝的狩猎中得到肉时，他们就会提醒人们注意这所显示的地位和恩宠。1413 年，胡广专门写了一首题为《猎后蒙恩赐鹿》的诗。[68] 他的另一首诗纪念了朱棣与他分享烤羊肉的情景。[69] 朱棣召唤金幼孜来观看其人马猎获的一只黄羊，这位大臣在他对 1410 年北征的回忆录中记下了此事。一两天后，朱棣分给了金幼孜一些肉。[70] 因此，胡广对于分享皇帝猎物的荣耀非常熟悉。这里引人注目的是他纪念这一事件的策略：在这一事件中，皇帝没有把恩宠施给朝廷大臣，而是给了那些像文人喝汤一样饮血的人。他们是彻头彻尾的外来人，现在却享有接触天子的特权。

这首诗的叙事弧（narrative arc）结束于胡人对皇帝的效忠誓言，这是一种以保卫北方边境的军事服务来表达的忠诚。这种忠诚和军事服务带来了王朝的和平，又反过来增添了朱棣的荣耀。皇帝赢得了他们的忠诚，认可他们的价值，并且激发出他们的奉献精神。和平是卓越治理的产物，而卓越的治理又是天子德行和勤政的结果。这样一来，胡广制造出了一个蒙古人的幻象，其中那些与皇帝分享肉食的胡儿是长期的盟友还是最近赢得的支持者似乎并不重要。他们在帝国中占据了适当的位置，并为皇帝的事业贡献了力量。

在其他地方，胡广进一步探讨胡儿或胡人与他这样的人有何不同。请看下面这首胡广在 1410 年北征期间创作的诗：

策马度沙碛，

沙深没马蹄。

小穴隐沙鼠，

短草飞沙鸡。

黄沙漠漠迷行路，

四望苍茫不知处。

惟有胡儿识水泉，

往来沙里度长年。

弯弓逐猎本胡俗，

渴饮马湩饥餐肉。

御寒只是重皮裘，

驰射何曾爱绮谷。

胡人恃此以为强，

破胡之策用胡长。

纵使沙场一万里，

马蹄到处胡人死。[71]

在这里，胡广认可蒙古人在一个让他迷失方向并感到脆弱的环境里的能力。他依靠他们指路和获取救命的水。胡广谈到了胡人的生活方式——骑射技巧、对牲畜的依赖、耐寒能力以及对丝绸等织物的冷淡。然而，令人不寒而栗的是，胡广表明，明朝皇帝将利用这些品质来对付其他蒙古人，即本雅失里麾下的人们。胡广很可能是在嘲笑成吉思汗关于术赤封地范围的一句名言：在波斯和东欧，"我们的马蹄所到之处"将归术赤。胡广给出了一个恐怖的颠倒版本——"马蹄到处胡人死"。明朝皇帝利用为王朝效力的蒙古人消灭在草原上的蒙古敌人。胡广在这首诗中以一字之差区分蒙古人的两个种类：胡人和胡儿。在关于用蒙古人消灭蒙古人的诗句中，这两种人以同一个字表示——"胡"。因此，在上面讨论的两首诗中，胡广承认蒙古人在明朝政权中占有一席之地，但蒙古人的盟友和

78

非盟友之间的分界线似乎很不清晰。如第五章所示，在1449年的土木之变中，关于区别明朝政权内部和外部的蒙古人的矛盾心理将再次出现。

79　　　胡广在这里强调了蒙古人无条件的恭顺。他们受制于王朝的意志。他没有提到朱棣与其随从中的蒙古人之间的任何私人关系。事实上，这首诗完全没有提到皇帝。蒙古人在这类事件中不享有任何地位、恩惠或特权。他们是被用来对付一个无名无姓敌人的有力工具。我们很容易得出这样的结论：胡广在草原上征战的经历深化了他对蒙古人及其与朱棣关系的认识和理解。但同样可能的是，胡广对蒙古人及其在帝国中的地位和他们与天子的联系同时抱有几种相互矛盾的印象。

　　对于胡广和其他陪同朱棣前往草原的高级文官来说，这些远不是无聊的沉思和空洞的刻板印象。胡广、杨士奇等人在马鞍上一待就是几个月，暴露在雨、霜、雪和刺骨的风中。官员金幼孜从马背上摔下来后被他的大多数同僚暂时抛弃了。[72] 军队的营地经常搬迁，饮食也比高级官员们在京城和宅邸中享用的更粗劣。尽管在明军要与蒙古人交战时，文官一般都被抛在后面，但胡广和其他文人明白遭到突袭的危险。他们甚至偶尔会陪同皇帝上战场。胡广对蒙古人壮硕的身体、顽强的毅力和粗野的举止的描述，都来自第一手的观察。他对蒙古人的描述与他自己的行为和价值观形成了隐晦的对比。

　　当胡广陪同皇帝和明军出征时，他进入了一个超出他经验的世界。这是他一生中第一次面对北征的艰辛，周围都是军人和蒙古武士。作为一名经验丰富的朝廷大臣，他无疑接触过将帅，甚至可能还有蒙古高级将领，但那都是在他熟悉的环境中——京师的宫殿和衙门里。现在，他有机会目睹——或许甚至是钦佩——蒙古人在恶劣草原环境中的生存能力和战斗技巧，以及他们为主人献出生命的意愿。

尽管北征的经历激发了胡广对蒙古人德行的欣赏，但这肯定也让他和其他明朝大臣对蒙古人不那么值得称赞的品质有了直观感受。吃生肝和从牲畜脖子上喝血并没有引起胡广的赞赏。他承认蒙古人的勇气和忠诚，但也注意到蒙古人"徒夸强"的倾向。胡广没有给出细节，所以我们无法知道他指的是蒙古人展示骑射技艺，还是逞能和对公认的上级（比如他自己）缺乏适当的尊敬。 80

不管胡广在他的诗中试图怎样去混淆和调和，他都明白天子在与草原世界全面交战。他表示朱棣在战争中和马鞍上都很自如，皇帝的随行人员中蒙古骑兵数量众多。朱棣明白狩猎的意义和统治者作为分配猎物者的恰当角色，以及皇帝的猎物在蒙古政治文化中的重要意义。这不是通过一份诏书实现的统治——由一个遥远、毫无个性、端坐在北京都城高墙内的天子下旨，再由无名官僚以文言起草。胡广讲述了朱棣向蒙古人赐肉的过程，但没有提供任何细节。在黄羊被处理时朱棣是否在场？肝脏是不是他取出的？赐肉是发生在野外还是在宴席上？胡广或许选择了隐瞒这些信息，但他确实把朱棣描绘成了一个在荒野中骑马、享受狩猎、扮演慷慨的主人并接受与他面对面会见的蒙古人宣誓效忠的大汗。

朱棣的文官们知道他与蒙古精英们有其他形式的交往，比如扣押王族人质。翰林学士王英（上文提到的记忆力超群的年轻学者）在明朝宫廷里作了一首题为《阿鲁台受封后遣其幼子入侍》的诗。阿鲁台是第一章中提到的蒙古首领。在近二十年的时间里，朱棣与阿鲁台时而结盟时而交战。

> 远分符券册天骄，
>
> 恩似春阳及草苗。
>
> 虏骑万人先纳款，
>
> 胡儿十岁也归朝。
>
> 旧垂鬈髻缠番锦，
>
> 新赐珠缨珥汉貂。
>
> 暗想黄云沙碛里，
>
> 托身何幸到青霄。[73]

81   王英的中心主题是转变。他把以授职形式体现的皇恩比作春天太阳带来的生机光芒。皇帝通过授予权力，将一个外来的、非盟友的首领转变为明朝政权的组成部分；春天的太阳带来了新一轮的蓬勃发展。在颔联中，蒙古武士"纳款"并向明朝统治者效忠。这个联盟是以扣押精英人质来保证的。阿鲁台用他十岁的儿子来证明他的诚意。

使用来自王室的人质来确保诚意，这既非东亚所独有，也不仅见于 15 世纪。蒙古人要求战败者和盟国首脑将一个或多个儿子送到最近的蒙古宫廷，在那里他们将进入大汗的近卫军或者说怯薛。然而，怯薛制度远不只是简单的扣押人质。作为声名显赫的大汗近卫成员，被征服的统治者的儿子们在蒙古帝国中拥有个人利益。他们获得了接触大汗、蒙古贵族和其他更多泛欧亚精英成员的特权。[74]

如果说朱棣和阿鲁台想到了蒙古帝国的人质制度，那么他们无疑充分意识到，把儿子送到明朝宫廷"入侍"与怯薛制度的黄金时代相差甚远。在政治、军事和社会方面，明初宫廷的禁军远不像在 13~14 世纪的蒙古宫廷里那样是权力的核心。

朱棣在第一次要求阿鲁台送其子入宫时，曾将阿鲁台与过去的强大草原首领相比。匈奴的呼韩邪单于（前 58～前 31 年在位）和突厥汗国的阿史那社尔（604～655）分别进入了汉朝和唐朝的宫廷，并在那里获得了显赫的地位。[75] 朱棣承诺自己将比汉唐前人们更加慷慨。[76]

朱棣突出了他的慷慨恩惠，王英则充分展现了在明朝宫廷里效力带来的转变。王英强调这个年轻的蒙古男孩在服装和发型上的变化。他来到明朝宫廷时梳着发髻，很可能是蒙古人中常见的那种垂在头两侧的长卷发，但他很快就得到了一顶冠，上面绑着用珍珠装饰的绳子。新服饰也标志着新的身份。他不再"缠番锦"，而是"珥汉貂"。

王英的"汉貂"至少在两个层面上发挥作用。第一，王英对比"番"和"汉"，以说明那种因在明朝宫廷效力而实现的转变。第二，"汉貂"是一个汉朝制度的典故，即"珥貂"或者说侍中和中常侍——皇帝的随从——所戴的貂尾，作用是显示其地位和特权。王英以此用服装暗示了民族和行政身份的转变。在王英看来，这种蜕变不亚于重生。在诗的结尾，男孩暗自思忖是怎样的幸运将他从草原的黄沙里带到了明朝宫廷的青霄。"青霄"是对王朝的都城或宫廷的隐喻。这一事件没有出现在《明实录》中。

如上所述，胡广等人理解明朝皇帝的内亚侧面。在他们相信能于同道中人间流传的作品里，他们写到了这一点。然而，他们并没有给这种统治风格命名，并且掩盖了它与大元之间的联系。他们对新的蒙古臣民在明朝政权中的地位感到不安，而草原武士享有的接近皇帝的特权很可能使他们感到焦虑并担心这会影响自己与皇帝的关系。

82

有时文官们会突出明军中非汉民族的武士以凸显皇帝的武功。在勾勒出一幅包含皇帝的战旗、皇家标志物和"十万雕戈皆马步"的图景之后，王英提到了"九千犀甲尽番戎"。他们秘密地侦察敌人的实力，没有人发现他们。[77] 王英并没有把这些"番戎"认定为蒙古人。在这首诗中更重要的是朱棣指挥着一大批非汉民族的重甲士兵。这些士兵通常骑射技术高超、不在意身体的痛苦，而且在战斗中极为凶悍。[78] 在王英的1410 年北征回忆录中，金幼孜提到了一支由三百名女真战士组成的队伍，他们都是技艺高超的骑射手，在朱棣的亲卫队中效力。[79]

金幼孜、杨荣等朝廷重臣试图保持平衡：既承认蒙古人为王朝做出的贡献——这最终反映的是朱棣典范性的统治，又对草原骑士们的非汉族生活方式以及未来与自己争宠的可能性感到不安。其他官员对大量蒙古人聚集在京师公开表示担忧。朱棣时期的翰林学士章敞（1376~1437）在一首未注明时间的诗中主张蒙古人应当散居在边境地区的社群里。他认为蒙古人"豺狼性不常，狡狯多变迁"。此外，他们对明朝为他们所做的一切不知感激。鉴于这样的敏感状况，章敞认为必须采取预防措施。章敞在诗中的结论——他坚称自己不是在杞人忧天——表明他觉得有必要捍卫自己的观点，以对抗当时的批评者。[80] 如第五章将要展示的，在 15 世纪中期的土木之变中，官员们更容易表达这种担忧。

小结

朱棣的朝廷重臣发现自己处于一个困难的境地。作为被皇帝选中的人，他们享有的地位和权力远远超过了绝大多数的同

僚。这种特权地位离不开君主和他的需求，包括宣传其能力与
正当性。描写朱棣赢得蒙古精英的支持，无论是通过军事征服
还是慷慨施恩，都是展示他作为统治者的优越性的有力方式。
此外，朱棣对确保蒙古人的效忠有浓厚的个人兴趣。因此，杨
士奇、曾棨、金幼孜等人撰写文章、碑文和诗歌，歌颂他们的
君主与蒙古精英的密切交往。对朱棣的赞美最终使其臣下获得
了荣耀。然而，与此同时，这些蒙古精英对皇帝、国家和明朝
官员构成了潜在威胁。在政治上，蒙古人是朝廷大臣的潜在对
手，一部分蒙古精英享有与皇帝的私人联系，这也许是大多数
帝制体系中最强的政治资本。他们是朱棣的几个长期兴趣
（包括骑马、射箭、打猎、战争和草原活动）的首选伙伴。换
句话说，蒙古精英远比文官更能激发朱棣作为统治者的某些方
面。正如下一章将详述的那样，蒙古人与皇帝的接触可以带来
实实在在的影响，例如关于开展军事行动的决定。

　　一些朝廷官员可能感觉蒙古精英们与皇帝越来越多的接触
是以他们的利益为代价的，就像一些文官认为太监是皇帝的耳
目一样。朝廷大臣们很可能制定了利用蒙古人地位的策略，就
像他们对太监所做的那样，但大多数现存的著作显示他们试图
尽可能地边缘化朱棣的蒙古臣民——就像他们经常边缘化其他
潜在的竞争对手一样，比如宫女、太监、僧侣和其他政权的使
节。文官们把蒙古人描绘成蛮夷或形象扁平的武士。也许朝廷
官员以民族或文明的视角来看待问题，但几乎没有证据表明他
们对世界的理解如此简单。相反，明代前期的大臣们利用他们
的写作技巧来满足皇帝的要求，同时增进自己的利益并遏制朝
堂上的潜在对手。本章利用这些满怀焦虑的资料，首先重现了
草原——特别是北征——和大元的历史遗产如何成为朱棣与朝

84

廷大臣间关系的重要组成部分，然后是新纳入的蒙古臣民在明朝政权中的地位，特别是他们与皇帝的关系。

回过头来看，前两章探讨了三个总体性的问题。第一，朱棣是如何与成吉思汗后裔世界发展出如此深刻的联系的？对于大元的人民、地点和权力，朱棣在做燕王的二十年间获得了超越其他任何明朝皇帝的亲身了解。通过与蒙古人和其他在北京的故元人员的定期交流，朱棣形成了与他父亲不同的统治理念和风格。朱棣作为燕王的二十年所产生的重大影响很大程度上解释了朱棣统治风格与成吉思汗模式的惊人相似之处，包括他引人注目的扩张主义通交政策。蒙古人在他的护卫队和其他驻扎在北京及周边的军队中服务。在他父亲的命令下，朱棣还在草原上与作为王朝敌人的蒙古人作战。在做燕王期间，朱棣学会了扮演内亚施恩者的角色，协调他父亲和蒙古贵族两方的要求。成为皇帝后，朱棣进一步发展了他作为草原人民的主人和施恩者的角色，这使得朱棣更深入地参与草原政治。他多次写信给在位的可汗，试图用提供援助和保护的提议、军事和政治打击的威胁，以及对尘世及宇宙变化的广泛解释来说服他们承认明朝皇帝的独特地位。朱棣军队中的蒙古人经常试图利用明廷巨大的军事和经济资源来追求他们在汉地和草原上的利益。像阿鲁台和马哈木这样的草原领袖也试图将朱棣的权力和野心用于自己的目的。他们索取荣誉、头衔、经济利益和军事援助，这些都是对他们在草原上的地位非常重要的资源。他们对让朱棣更深地参与广大的成吉思汗后裔世界有强烈的兴趣。推和拉的因素都在起作用。

第二，关于朱棣的海内外统治权，朱棣与草原的关系告诉了我们哪些信息？朱棣与草原领袖的联系显示了他对统治权的广阔设想，即试图既在空间上又在时间上扩展帝国的控制。朱棣力图控制属于成吉思汗的过去。他改变草原上的地名版图，赋予山川新的名字，有时还将之刻在石头上。他销毁了蒙古人漠南主权的证据，明确表示要防止这种石碑被用来支持成吉思汗后裔对疆土的要求。 85

朱棣也深深致力于塑造当下的叙事。他向瓦剌和鞑靼的首领们解释了本雅失里、阿鲁台等人的事迹。皇帝和他的大臣们向邻近的其他君主去信，向海内外的民众颁布诏书，并以散文和诗歌的形式描述大元、大元与当下草原各政权的关系，以及大元对朱棣和明朝的意义。这些描述往往重新编排了朱棣与蒙古领袖的关系以及大元的历史遗产。它们淡化乃至省略某些关系而去强调另一些。御用文人在承认本雅失里等人是成吉思汗后裔或拥有成吉思汗后裔授予的职位和封号时可能会含糊其词。我们偶尔可以看到朱棣对本雅失里与大元关系的明确认识，如保存于《朝鲜王朝实录》中的朱棣在1410年给朝鲜太宗的信。更多的时候，古典化的语言和主题把朱棣与同类统治者和有权势之人的交涉转化为一个仁慈的圣王和"远人"之间的刻板关系。御用文人们转而使用泛指词汇，如胡、虏、戎、夷、贼等。即使提到本雅失里和阿鲁台的名字，他们也更多地被认定为"虏酋"而不是可汗和太师。因此，本雅失里、阿鲁台及其他与大元有关系的人看起来不过是反叛的蛮夷，他们的杀人行为激起了朱棣的义愤，让他决定发动惩罚性征讨来责罚作恶者并恢复秩序。[81] 在描述明廷与当时其他政权的关系时这样的表述方式几乎可以通用。例如，胡广在他的《平安南碑》（安南即大越，今越南北部）中，写到了违反天命和虐待自己人民的"夷丑"。他的描述能让人轻易联想到上文提及的对明朝草原敌人的描述。[82]

86　　20~21世纪的历史学家最常在通交关系、贸易和战争的语境下探讨朱棣的北征。像一位学者描述1423年北征那样将朱棣的一系列北征视为"完全没有目标"的行动，可能会掩盖它们对朱棣的统治者观念的意义。[83]在他自己的时代，朱棣经常面临阻力和挫折。文官们一再以财政为由反对他的军事行动计划。家人和亲信密谋毒死他并伪造其遗诏，再用赵王取代他选定的继承人。[84]在率领军队离开京城时，朱棣下令让他的太子负责日常管理事务。除了最紧急的奏疏外皇帝不希望看到任何东西。[85]在征战中，朱棣的日常职责缩小了，也更集中了。当他的士兵抢夺当地人的粮食来喂养战马时，朱棣下令立即处决他们。[86]他重新与将帅们建立了个人联系。在一次为诸将举行的宴会上，他让试图为他遮挡夏季雨水的太监退下。[87]北征为朱棣提供了逃避令人厌烦的行政工作和约束性宫廷礼仪的机会。

同时，朱棣投入了国家资源、文化资本和他的个人感召力，这使他成为王朝边界以外之人的施恩者和统治者。他通过积极接触草原及其历史和人民来做到这一点。他举办宴会、颁赐礼物、举行阅兵并发动战争，以争取潜在的盟友并恐吓乃至摧毁敌人。[88]他继续执行其父鼓励蒙古族群移居明朝境内的政策，把超过十万名蒙古男女和儿童迁移到了边境和腹地，包括北京和南京。他调遣蒙古部队，从蒙古草原的北部边缘一直打到亚热带地区的大越，并用蒙古人作为前往鞑靼、瓦剌、蒙兀儿斯坦和帖木儿帝国的使者。[89]最后，他的大规模征伐成了其欧亚大陆首要政治施恩者之地位的盛大展示。

第三，关于明廷在更广大舞台上的地位，我们可以说些什么？朱棣的北征显示出明廷深入地参与欧亚大陆东部事务。这样的结论本身并不令人惊讶。朱棣把他的王朝投入了对大越的征服和吞并，这是一项极其复杂的军事、行政和文化事业。[90]他组织并供养了规模庞大的军队，将明朝的权力和声威投射到东亚、东南亚和南亚的大部分地区。[91]他试图稳定与邻近政权（从京都到撒马尔罕）的通交关系，并取得了很大的成功；考虑到这种关系在开国皇帝时期是多么不稳定，这可以被看作一个重大的成就。由此，朱棣掌控着欧亚大陆东部最强大的朝廷。北征特别清晰地揭示了朱棣是如何建立这种联系和影响力的。他与他的蒙古官员一起骑马和商议，同时在草原上征战以削弱蒙古敌人、赢得蒙古盟友。[92]我们可以通过朝廷的编年史重现一些此类活动，但最有启发性的描述往往来自陪同皇帝进入草原的朝廷重臣笔下。朱棣很可能希望在其他地方树立一个主人和施恩者的形象。零散的汉语和藏语资料强烈暗示他对青藏高原和边疆地区也实施了这类计划，但历史学家们还没有完全利用有限的现存记录来重现朱棣统治的这一面。即便是在相关记载更丰富的北征中，朝廷大臣对朱棣与新附蒙古臣民之间关系的担忧有时也造就了一些一笔带过或模糊皇帝行动和抱负的描述。然而，如果我们仔细阅读这些描述，就会发现它们既解释了明廷在欧亚大陆东部的地位，也说明了明朝内部的矛盾。

注　释

1.《北征录》，收入《国朝典故》卷 16，第 1 册，第 299 页；《国权》卷 15，第 1 册，第 1038 页。

2. 《北征录》，收入《国朝典故》卷 16，第 1 册，第 303 页；《国权》卷 15，第 1 册，第 1040 页。

3. 《北征录》，收入《国朝典故》卷 16，第 1 册，第 299 页。朱棣似乎是对的。金善在其后的宣德朝写作，他以诗歌追忆朱棣带兵进入草原的事迹、作为主人的皇帝的威严和王朝的所向无敌。见金幼孜（金善）《金文靖公集》卷 4.16a，第 1 册，第 257 页。他也在为杨允孚的诗集（关于元末的上都和杨允孚的草原之行）所作的序中提到了朱棣军队的纪律和力量。见金幼孜《金文靖公集》卷 4.16a，第 1 册，第 480 页。金善在序中写道，妥欢帖木儿的恶政已经给天下带来了混乱并使上都成为废墟，尽管元朝统治结束后才过了几十年，"故老殆尽，无有能道其事者"（卷 4.16b，第 1 册，第 481 页）。然而，陪同朱棣北征让金善有机会参观杨允孚在著作中提到的一些遗址。在这种情况下，金善同时强调了元朝的距离和他从个人经历及杨允孚诗作中获得的特殊亲近感。

4. 《北征录》，收入《国朝典故》卷 16，第 1 册，第 303 页。金善以胡广的字（光大）称呼他。尽管面对严寒、几周到几个月的鞍马劳顿和蒙古人攻击的威胁，陪同朱棣的高级官员都很重视这种经历带来的政治资本。在为金善的北征回忆录所作的序中，杨士奇明确指出，历史上几乎没有人享受过皇上对金善的那种宠爱。见杨士奇《东里文集》卷 7，第 97 页。1434 年，当七十岁的杨士奇陪同宣德皇帝巡视北方边境时，他把在陪皇帝出京的二十天里写的诗结集。见杨士奇《皇明经世文编》卷 15.2b-3b，第 1 册，第 119~120 页。金善创作了一部题为《北征记》的作品（似乎现已失传），叙述他在四次北征中跟随朱棣的经历。现存的三份金善对北征的记录只关注单次征战。

5. Robinson, *Martial Spectacles of the Ming Court*, pp. 49-54.

6. 为了表彰阿鲁台在 1414 年与瓦剌首领马哈木的军事合作，朱棣打算送给阿鲁台一副茜红肩缨，但被告知已经没有了。随后他让人送去了三面铁镜和十二斤红缨，用于制作红色肩缨。他还送了一个"黄绫红勇字号"。见《弇山堂别集》卷 88，第 4 册，第 1694 页。

7. 我假定"尊居"是"身尊居高"的简写。

8. 本句后半段和首句后半段相呼应。两者都确定了天下的辽阔。

9. "重熙"的表述常被用来赞颂连续几代的明君。杨荣可能想暗示这个含义，但他也把它作为一个与"日月"搭配的动词。当"日""月"这两个字组合在一起时就形成了"明"，意为"明亮"或"光明"，即明朝国号。

10. 拜和舞是觐见仪式的标准元素。虽然杨荣可能想用这个说法来笼统地表达对上级统治者的礼节性尊敬，但为娱乐统治者而跳舞的行为确实存在于契丹和女真的政治文化中。

11. 天山又称燕然山。关于它是否指的就是今蒙古国境内的杭爱山尚有争议。公元 89 年，汉朝将军窦宪在此地击败了一支匈奴军队。

12. 杨荣：《杨文敏公集》，第 1 册，第 261 页。

13. 据说朱棣特别欣赏杨荣把尊贵的君主治下的和平与草原内战相对比的对句："圣主尊居四海安，天教戎敌自相残。"见杨荣《杨文敏公集》，第 3 册，第 1220 页所附的《杨公行实》。

14. 高得旸：《节庵集》卷 7.15a，收入《四库全书存目丛书》，集部，第 29 册，第 247 页。在其他地方，金善同样强调"群丑"是响应"帝德广运"而臣服于朝廷的各方人民中的唯一例外。最终，"丑类"被制服。见金幼孜《金文靖公集》，第 2 册，第 967~968 页。杨荣也有类似的说法（《杨文敏公集》，第 2 册，第 356~362 页）。

15. 胡广：《胡文穆公文集》卷 9.32a，收入《四库全书存目丛书》，集部，第 28 册，第 618 页。

16. 在一篇为朱棣 1410 年北征所写的贺表中，胡广写道："彼小虏僻庭遐荒。"见胡广《胡文穆公文集》卷 9.40b，收入《四库全书存目丛书》，集部，第 28 册，第 622 页。

17. 陈循在两首诗中发展了这一主题，这两首诗的题目都是《平胡诗》。见陈循《芳洲诗集》卷 1.1a-7b，收入《续修四库全书》，第 1327 册，第 640~643 页。关于朱元璋朝廷中的边缘化话语，见 Robinson, *In the Shadow of the Mongol Empire*。

18. 高得旸：《节庵集》卷 7.15b，收入《四库全书存目丛书》，集部，第 29 册，第 247 页。

19. 在《进〈元史〉表》（《宋濂全集》，第 1 册，第 340 页）中，宋濂写道："大明出而爝火息。"明初大将沐英（1345～1392）在一首据说是他写的贺诗中，使用了同样的意象："龙兴云从，日出爝息。"见程本立《黔宁昭靖王庙碑》，载陈文修编《景泰云南图经志书校注》卷 10，第 491 页。

20. 其生平概述见 Tilemann Grimm, *Dictionary of Ming Biography*, pp. 1535-38。

21. 胡俨：《胡祭酒集》卷 10.3b-6a，收入《北京图书馆古籍珍本丛刊》，第 102 册，第 84～85 页。胡俨发展出了几乎相同的主题，强调对明朝的普遍承认并牢固确立了朱棣作为嗣君和朱元璋降服蒙古人事业之继承者的地位。

22. 杨士奇：《东里文集》卷 23，第 342 页。

23. 胡广：《胡文穆公文集》卷 20.21a，收入《四库全书存目丛书》，集部，第 29 册，第 176 页。

24. 胡广没有说明战役的年份，但诗中的年代表明他描述的是 1410 年的战役。

25. 胡广：《胡文穆公文集》卷 9.32a，收入《四库全书存目丛书》，集部，第 28 册，第 618 页。

26. 王绂：《友石先生诗集》卷 2.8a，收入《北京图书馆古籍珍本丛刊》，第 100 册，第 257 页。

27. 王绂：《友石先生诗集》卷 2.8b，收入《北京图书馆古籍珍本丛刊》，第 100 册，第 257 页。和王绂同时代的曾棨使用了类似的表述。见曾棨《巢睫集》卷 3.7a，收入《北京图书馆古籍珍本丛刊》，第 105 册，第 17 页；《刻曾西墅先生集》，收入《四库全书存目丛书》，集部，第 30 册，第 131 页。

28. 曾棨：《刻曾西墅先生集》卷 5.33b，收入《四库全书存目丛书》，集部，第 30 册，第 158 页。

29. 金实：《觉非斋文集》卷 1.15b-16a，收入《续修四库全书》，第 1327 册，第 24～25 页。引文出现在卷 1.16a，第 25 页。

30. 金实：《觉非斋文集》卷 1.16a，收入《续修四库全书》，第 1327 册，第 24 页。

31. 杨荣：《杨文敏公集》，第 1 册，第 356～362 页。

32. 胡广：《胡文穆公文集》卷 9.33b，收入《四库全书存目丛书》，集部，第 28 册，第 618 页。

33. 胡广：《胡文穆公文集》卷 9.33a，收入《四库全书存目丛书》，集部，第 28 册，第 618 页。1410 年 3 月实录（如上文所引）中的一份诏书也用了"其运已绝"的说法，所指即大元。见《明太宗实录》卷 101.2b。

34. 胡广：《胡文穆公文集》卷 9.35b，收入《四库全书存目丛书》，集部，第 28 册，第 619 页。

35. 明朝的大臣们经常贬低蒙古人的威胁。胡广在一首诗中写道："四海自混一，小丑乃不庭。"胡广：《胡文穆公文集》卷 20.22b，收入《四库全书存目丛书》，集部，第 28 册，第 176 页。

36. 《明太宗实录》卷 247.2b，第 2314 页；《国榷》卷 17，第 2 册，第 1190 页。

37. 《明太宗实录》卷 246.1b–2a，第 2308～2309 页；《国榷》卷 17，第 2 册，第 1189 页。

38. 《国榷》卷 17，第 2 册，第 1186 页。

39. 林霨（Waldron, *The Great Wall*, p. 76）和罗茂锐（Rossabi, "The Ming and Inner Asia," p. 230）称朱棣决定讨伐阿鲁台是为了回应后者对兴和边塞的一次袭击，但朱棣在兴和之袭的至少四个月前就开始了后勤准备工作。

40. 关于 1414 年北征，见晁中辰《明成祖传》，第 372～375 页；Rossabi, "The Ming and Inner Asia," p. 230。罗茂锐（Rossabi, "The Ming and Inner Asia," p. 227）提到了朱棣对蒙古人"分而治之"的策略。

41. 《明太宗实录》卷 249.1b，第 2322 页；《国榷》卷 17，第 2 册，第 1191 页。

42. 《明太宗实录》卷 248.2a，第 2319 页；《国榷》卷 17，第 2 册，第 1191 页；《明太宗实录》卷 249.1b，第 2322 页；《明太宗实录》卷 249.2b，第 2324 页。

43. 《明太宗实录》卷 249.1b，第 2322 页；《国榷》卷 17，第 2 册，第 1191 页。

44. 《明太宗实录》卷 249.1b，第 2322 页；《国榷》卷 17，第 2 册，第 1191 页。

45. 该句出自《尚书·咸有一德》。见 Legge, *Shoo King*, Book IV, pp. 213-14.

46. 《明太宗实录》卷 249.2a-b，第 2323~2324 页；《国榷》卷 17，第 2 册，1191 页。

47. 《明太宗实录》卷 249.3a，第 2325 页；《国榷》卷 17，第 2 册，第 1192 页。

48. 《明太宗实录》卷 249.3a，第 2325 页。

49. 班固：《汉书》卷 54，第 2 册，第 2454 页。

50. 陈循：《芳洲诗集》卷 3.33b，收入《续修四库全书》，第 1327 册，第 678 页。

51. 魏骥（1374~1471）：《南斋先生魏文靖公摘稿》卷 3.3b-4a，收入《四库全书存目丛书》，集部，第 30 册，第 342~343 页。

52. 陈敬宗：《尚书王文安公传》，附于《王文安公诗集》，收入《续修四库全书》，第 1327 册，第 243 页。另见《国朝献征录》卷 36.1b-2a，第 3 册，第 1466~1467 页。

53. 魏骥：《南斋先生魏文靖公摘稿》卷 3.3b-4a，收入《四库全书存目丛书》，集部，第 30 册，第 342~343 页。

54. 这个任务并不是秘密的。这位年轻学者的传记和墓志讲述了他的历史考察工作。此事过去二十年后，在一篇送某官员赴福建兴安府任驿令的赠序中，王英简要地描述了他在威房镇的任务。王英用这一事件来强调认真治理地方的重要性：即使是驿令这样的小职位也需要认真对待。连元代的塞外之人都明白这一点，"况中国乎？况今盛之时乎？况兴化为闽文物之邦乎？"见王英《王文安公诗集》卷 1.15b，收入《续修四库全书》，第 1327 册，第 300 页。

55. 史鉴（1434~1496）：《礼部尚书吕公震传》，载《国朝献征录》卷 33.16b，第 2 册，第 1364 页；又见史鉴《西村集》卷 6.30b，收入《文渊阁四库全书》，第 1259 册，第 826 页。

56. 史鉴：《国朝献征录》卷 33.16b，第 2 册，第 1364 页；又见史鉴《西村集》卷 6.30b-31a，收入《文渊阁四库全书》，第 1259 册，第 826 页。《四库全书》的编纂者把原文的"虏中"改为"其地"。

57. Allsen, "Spiritual Geography," p. 125.

58. Allsen, "Spiritual Geography," p. 126.

59. 《北征录》，收入《国朝典故》卷 16，第 1 册，第 297 页；《国榷》卷 15，第 1 册，第 1036 页。朱棣和军队已于 1410 年 3 月 15 日离开北京。

60. 陈循：《芳洲诗集》卷 3.34b，收入《续修四库全书》，第 1327 册，第 679 页。

61. 胡广：《胡文穆公文集》卷 20.42a，收入《四库全书存目丛书》，集部，第 29 册，第 186 页。

62. 胡广：《胡文穆公文集》卷 19.6b-7b，收入《四库全书存目丛书》，集部，第 29 册，第 145~146 页。胡广还关注到唐朝大臣们反对太宗皇帝对高丽的行动。见胡广《胡文穆公文集》卷 19.23b-25a，收入《四库全书存目丛书》，集部，第 29 册，第 154~155 页。在给未来的仁宗皇帝（1424~1425 年在位）的讲义中，翰林学士金实试图抨击对蒙古人的战争，并把它们和秦始皇的类似活动联系起来。秦始皇无视孔子以道德教化而非军事力量来影响周边人民的教诲。见金实《觉非斋文集》卷 25.6b-7a，收入《续修四库全书》，第 1327 册，第 206 页。

63. 《国榷》卷 17，第 2 册，第 1186 页；《国朝献征录》卷 33.15b-16a，第 2 册，第 1363~1364 页；史鉴：《西村集》卷 6.29b-30a，收入《文渊阁四库全书》，第 1259 册，第 825~826 页。

64. "花门"是初唐时期一座边关的名称，在今内蒙古额济纳旗居延海（嘎顺淖尔）以北。8 世纪中叶，回鹘军队占领了该堡垒。"花门"成为对回鹘人以及——正如胡广的诗所示——内亚人的称呼。

65. 胡广：《胡文穆公文集》卷 20.56a，收入《四库全书存目丛书》，集部，第 29 册，第 193 页。

66. 班固：《汉书》卷 68，第 9 册，第 2960 页。

67. 在 1414 年征瓦剌结束后班师的路上，胡广在一首诗中说"六师杂番汉"，可能是指在朱棣麾下的明军中效力的蒙古人。见胡广《胡文穆公文集》卷 20.59b，收入《四库全书存目丛书》，集部，第 29 册，第 195 页。

68. 胡广：《胡文穆公文集》卷 20.16b-17a，收入《四库全书存目丛书》，集部，第 29 册，第 173 页。

69. 写于 1414 年征瓦剌结束后回京的路上。见胡广《胡文穆公文集》卷 20.60b，收入《四库全书存目丛书》，集部，第 29 册，第 195 页。

70. 《北征录》，收入《国朝典故》卷 16，第 1 册，第 299 页。

71. 胡广：《胡文穆公文集》卷 20.26b-27a，收入《四库全书存目丛书》，集部，第 29 册，第 179 页。

72. 杨荣是唯一把他扶起来的人，还给了他自己的马。见黄景昉《国史唯疑》卷 2，第 37 页。

73. 王英：《王文安公诗文集·诗集》卷 4，收入《续修四库全书》，第 1327 册，第 279 页。

74. Allsen, "Guard and Government"；森平雅彦：「元朝ケシク制度と高麗王家：高麗·元関係における禿魯花の意義に関連して」；Grupper, "A Barulas Family Narrative," pp. 38-72.

75. 阿史那社尔成了唐朝统治者的忠实支持者，他在皇帝死后甘愿自杀。虽然唐太宗的继任者唐高宗拒绝了他的请求，但唐高宗在昭陵里给了阿史那社尔一块墓地和一块纪念性的石碑。见 Skaff, *Sui-Tang China*, p. 97.

76. 《明太宗实录》卷 136.2a，第 1655 页。

77. 王英：《王文安公诗文集·诗集》卷 4，收入《续修四库全书》，第 1327 册，第 279 页。

78. Abramson, *Ethnic Identity*.

79. 《北征录》，收入《国朝典故》卷 16，第 1 册，第 308 页。根据附在其文集后的杨荣传记，朱棣下令，这支队伍不受诸将指挥。朱棣转而指派杨荣掌管。见《杨文敏公集》，第 3 册，第 1219~1220 页。

80. 章敞：《明永乐甲申会魁礼部左侍郎会稽质庵章公诗文集》，收入《四库全书存目丛书》，集部，第 30 册，第 282 页。

81. 胡广、杨荣等作家使用了"赫怒"等词。见胡广《胡文穆公文集》卷 9.40b，收入《四库全书存目丛书》，集部，第 28 册，第 622 页。

82. 胡广：《胡文穆公文集》卷 9.26a-30b，收入《四库全书存目丛书》，集部，第 28 册，第 615~617 页。高得旸用类似的修辞方法来描述安南对明朝皇帝的行为。在其《平安南颂》的序言中，高得旸说："皇帝登大宝位，为天下主。内安中夏，外抚四夷。日月所照之处，莫不来庭。于其来也，一以诚意待之。"但最近"安南劣臣"黎季犛（1384~1435）破坏了这个秩序。见高得旸《节庵集》卷1.2a，收入《四库全书存目丛书》，集部，第29册，第201页。

83. 商传：《永乐皇帝》，第221页。

84. 《明太宗实录》卷259.1b~2a，第2380~2381页。

85. 《明太宗实录》卷261.4a，第2391页。

86. 《明太宗实录》卷261.3b，第2390页。

87. 《明太宗实录》卷261.3a，第2389页。

88. 到15世纪中叶后期，明朝皇帝就不太愿意也不太能够扮演这样的角色了。这种转变可能是由明朝内部政治文化变化造成的，但这也对明朝与草原的关系产生了重大影响。草原首领们希望天子能够成为林霨（Waldron, *The Great Wall*, p.88）所说的"积极的施恩者和补贴者"。

89. 有一个家庭曾为征讨大越、出使"迤西"（很可能是瓦剌或帖木儿帝国）和征讨阿鲁台的行动均提供了人员（均在朱棣统治时期），见《中国明朝档案总汇》，第49册，第178页（在"曹应魁"条下）。

90. Lo, "Intervention in Annam"; Swope, "Causes and Consequences of the Ming Intervention"; Whitmore, *Vietnam*.

91. Dreyer, *Zheng He*; Sun, "Chinese Gunpowder"; "Military Technology Transfers"; Wade, "Engaging the South"; "The Zheng He Voyages"; "Domination in Four Keys."

92. 林霨（Waldron, *The Great Wall*, p.57）指出，明王朝的安全"不依赖任何有形的防御系统，而是依靠早期统治者通过积极地在草原上作战而建立的军事威望"。他提出明代前期的军事政策类似于蒙古统治者的军事政策。

第三章　明廷中的蒙古贵族

引言

　　前面的章节论证了在 15 世纪，赢得有影响力的蒙古人的效忠可以提高明朝皇帝在草原和中原的地位，显示出明朝统治者对竞争者——包括可汗和其他蒙古领袖——的优越性。效忠关系的转移塑造了明朝的统治、军事力量和战略目标。同时，这也改变了蒙古人的社会地位、政治权力和生活环境。明朝的官方记载突出了蒙古人臣服于明朝皇帝的戏剧性时刻，但这类事件之前是几周、几个月有时是几年的协商，其后则是几年乃至几十年的蒙古人为明朝的效劳。在远人的效忠方面，皇帝个人的偏好很重要，但明朝也发展出了一些制度和规范以招募蒙古人并将他们纳入政权。

　　本章考察也先土干及其外甥把台在 15 世纪 20 年代至 50 年代五位皇帝统治期间的经历，用以说明蒙古各首领与明朝皇帝的联系。[1] 也先土干是明朝皇帝册封的最知名的蒙古首领之一。至少有十几份 16~17 世纪的史料以及《明实录》和朝廷官员的奏疏等同时代的记载称他在 1423 年被封为明朝的一个王。[2] 也先土干仕途的概况是很清晰的。《明实录》的纂修者们最先提到他是鞑靼最强大的首领阿鲁台麾下的一个都督。阿鲁台在 15 世纪前期不时向明廷进贡，后来与明廷决裂，他和也先土干的关系也破裂了（原因不详）。1423 年，被围困的也先土干利用朱棣在草原上的时机设法投降，部分原因是他担心阿鲁台的攻击。皇帝封他为忠勇王，并任命他为明朝军队的一员，他一直在军中任职，直到 1431 年去世。[3] 也先土干死后，其外甥把台继承了其封号和在朝廷里的地位。

本章使用的大部分史料是由明朝文人所写的。这些史料始终将皇帝作为故事的首要主角。皇帝的决定和行动推动了情节的发展。然而，仔细阅读这些材料后我们可以发现，蒙古人改变效忠对象是有其自身原因的。一旦融入明朝政权，他们既不是被动的旁观者也不是边缘人物，而是会积极追逐自己的利益。另外，与蒙古草原首领的互动对于确定皇帝作为施恩者和主人的角色至关重要。

本章除了引言和小结外有七节。第一节简要回顾了朱棣对远人的看法，尤其是对域内域外蒙古人的看法。第二节描述朱棣在 1423 年第四次北征时作为内亚施恩者的角色。第三节探讨也先土干和把台向朱棣效忠的决定，以及明朝作者如何描述他们的行动。我们再把视野扩大，通过高级文官杨荣和著名将领陈懋（1379～1463）的仕途，描述明朝招募蒙古人群体并将其纳入明朝政权的努力。然后我会接着考察也先土干在明廷历经四朝皇帝的仕途。最后，我想谈谈把台在一次王朝巨大动荡中的命运，那是 1449 年，在位的明朝皇帝被瓦剌蒙古人俘虏，把台作为蒙古人和明朝皇帝的仆人受到了密切审视。小结部分阐明了也先土干和把台的经历所揭示的远人在明廷中的地位，以及 15 世纪明朝统治的内亚维度。

朱棣和远人

90   1409 年 9 月丘福在胪朐河畔被击败后（见第一章），朱棣警告其将领们要保持警惕。皇帝写道："然虏新附，鞑靼闻之，恐或有异志。"[4] 朱棣推测如果他得到了丘福惨败的消息，那么定居在明朝境内的蒙古人也会得到消息。皇帝认为，新归顺的蒙古人会根据草原上的事态发展，不断重新评估他们的忠诚和选择。[5] 换句话说，边境并不代表草原与农耕世界之间、蒙古可汗与中原天子的疆域之间的绝对分界。

      为了应对持续的动荡和西北部甘肃蒙古人社群中的怀疑情绪，朱棣于 1412 年 8 月写道："甘肃土鞑军民终怀反侧。"[6] 皇帝的决定是将他们迁往兰县就粮。其含义似乎是：物质条件又或许是对生计的不安全感造成了焦虑，这进而导致了当地蒙古人社群的持续动荡。同样，针对远在东北的辽东新移民遭受粮食短缺的报告，朱棣也下令向他们提供粮食。他进一步指出："薄海内外，皆吾赤子。远人归化，尤宜存恤。"[7] "归化"指的是远人自愿来到明朝疆土或朝廷，并在接受汉人的社会和礼仪规范时经历转变，这使他们成为皇帝开化的臣民。在谈及于西南方的云南建立一所儒学学校时，朱棣同样说："人性之善，蛮夷与中国无异。特在上之人作兴之耳。"[8] 在这里，朱棣认为明朝臣民和其他政权臣民的差异不是来自生理的，而是来自环境的。上位的统治者可以教导从而开化远人。

      并非朱棣的所有臣下都同意这一点。1412 年末，陕西洮州卫——一个直接受蒙古人动乱影响的地区——的一个小官上疏，认为不应该允许外夷充当皇帝的侍卫。为了支撑自己的观
91 点，他援引了误信蛮夷几乎导致唐宋王朝灭亡的事例。他认为

"侍卫防禁宜严，外夷异类之人不宜填左右"。朱棣同意皇宫的安保应该严密，但他把重点转移到了统治者对人才的搜罗上。在向朝廷大臣们展示奏疏后，朱棣又阐述了辨识人才对统治的重要性：[9]

> 但天之生才，何地无之？为君用人，但当明其贤否，何必分别彼此？其人果贤，则信任之；非贤，虽至亲亦不可用。

朱棣接下来回到历史中去寻找为中原王朝提供宝贵服务的模范"夷人"的例子。他把目光投向古代，写道："《春秋》之法：夷而入于中国则中国之。"他提及更晚近的历史来完善他的反驳："近世胡元分别彼此，柄用蒙古鞑靼而外汉人南人，以致灭亡，岂非明鉴？"[10] 在此，能够识别人才——无论他们来自哪里——是卓越统治者和健康王朝的表现。

朱棣对招募蒙古人和女真人有明显兴趣，并且把他们安排到了政府的重要职位上，这些不仅是实际的措施，也是统治权的表现。朱棣说："朕为天下主，覆载之内，但有贤才，用之不弃。"他明确利用元朝统治者的失败来强调自己的成功，其中隐含的主张是自己是一个比元朝皇帝更拥有普遍权力的统治者。朱棣用人不论其出身（包括蒙古人），元朝皇帝却将汉人排除在外。这种说法尽管在历史上并不准确，但显示出蒙古帝国的经验对明朝统治者有持续的借鉴意义。

皇帝的这种说法淡化了各民族之间不可调和的差异，突出了统治者作为施恩者和指导者的中心地位。[11] 下面关于也先土干及其外甥把台的叙述表明，朱棣和他的继承人们都非常注重赢得著名草原首领的支持，并给予他们在自己朝廷中的显赫地位。

作为施恩者的朱棣：1423 年北征

如前几章所示，在 15 世纪初，明廷面对的是一个受成吉思汗后裔的朝廷及其盟友影响很大的世界。1416 年，答里巴成为可汗，但他的权力仅限于蒙古西部。在东部，最强大的人物是阿鲁台（1434 年卒）。阿鲁台的权力部分来自他的太师身份，太师指成吉思汗后裔君主（先是 1412 年被杀的本雅失里，后是 1425~1438 年在位的阿台）的忠实仆人。或许对他的成功更关键的是他有能力从几十个较弱小的草原精英那里获得军事支持，而这些精英又期望得到实际的物质利益。中原的记载就是在这个恩惠网络的背景下第一次提到了也先土干的名字。

有影响力的蒙古贵族和明朝皇帝通过紧密的受恩者-施恩者（client-patron）关系联结在一起，这种关系往往围绕对共同敌人的军事冲突展开。1416 年 4 月，阿鲁台告知朱棣说他击败了一群瓦剌人（或称西蒙古人），当时明朝正与瓦剌交战。他将俘虏献给了朱棣。皇帝为阿鲁台的使节举行了宴会，并派了一名锦衣卫指挥带着皇帝送给阿鲁台及其母亲的礼物护送他们返回草原。朱棣还给也先土干送去了礼物，以表彰他在打击瓦剌的战争中做出的贡献。也先土干在这里被称为"都督"，这个中原官职可能是明廷先前为承认他在蒙古人中的地位而授予的。皇帝总共给阿鲁台手下的二百三十多人发了奖赏。他还下令为那些在与瓦剌战斗中牺牲的蒙古人举行祭祀。[12] 战役汇报、献俘、宴会、赏赐和葬礼都表明了明朝和蒙古领袖之间的联盟关系。[13] 四年后，阿鲁台和也先土干派使臣向明廷赠送九百匹马，为此他们收到了礼物和买马的钱。[14] 换句话说，也先土干在进入皇帝的朝廷之前，就已经被纳入了一个以朱棣为中心的广阔政治和经济恩惠模式近十年之久。

到了 1423 年，也就是也先土干归顺明朝皇帝的那一年，草原上的政治形势发生了变化。阿鲁台断绝了与明朝的联盟关系，而他与也先土干的关系也日益紧张。[15] 1423 年 8 月下旬，向明朝寻求避难的蒙古人报告说阿鲁台正准备进攻明朝边境。我们不确定这些报告是反映了实际情况，还是朱棣的新臣民认为这是他们的主人希望听到的。[16] 朱棣召集将领进行商议。朱棣解释说，阿鲁台"敢萌妄念"、计划袭击明朝疆土，是因为他觉得明朝军队不会在上一次征讨后这么快就开始另一次，当时朱棣和他的手下已经攻占了阿鲁台的基地并重创了阿鲁台的盟友，即东边的兀良哈三卫。朱棣向诸将宣布他计划利用阿鲁台的误判。他将再次出击。[17] 朱棣为这一行动所做的准备可能早于他的声明。就在三天后的 8 月 28 日，他祭告天地、宗庙、社稷。[18] 次日，在祭祀了旗纛神后，朱棣率领号称有三十万人的军队离开了北京。[19]

在接下来的六个星期内，朱棣的军队稳步向北行进。朱棣经常与诸将会面，告知他们阿鲁台的动向，用宴会和赏赐（比如内厩的马匹和烹制过的老虎肉）来鼓舞士气，并解释远征的理由。[20] 朱棣还反复检阅他的部队，并告诫诸将要通过定期训练来保持骑兵部队的战斗力。[21] 皇帝还派遣了一支由高级将领陈懋率领的前锋部队进行侦察。[22]

不管朱棣的实际位置如何（有时甚至和他的意愿相抵触），朱棣仍然以知名施恩者和慷慨馈赠者的身份为人所知。朝鲜政府的使节和明朝皇室成员前往皇帝的营地并献上各种各样的贺表。朱棣不想从军事行动中分心，因此拒绝正式接受这些信函并命令这些使者立即返回。[23] 秋天，总共有来自南亚和东南亚十六个国家的近一千二百名使节来到京城。朱棣希望太子确保会同馆给他们提供合适的衣物，以应对即将到来的冬天。[24] 皇室宗亲更容易赢得朱棣的关注。在与一位受辱的藩王及其儿子面谈后，朱棣下令恢复他们的部分名誉，还为平阳王建造了一座宅邸。[25]

朱棣也是北方的施恩者。1423 年 10 月 19 日，两位蒙古首领及其家人归顺明朝皇帝。其中一个叫阿失帖木儿的人在《明实录》中被认定为"伪知院"。[26]"伪"这个字一般被文献作者用来表示一个头衔或政权不正统或不合法。在这里，它表明阿失帖木儿官职的来源不被明朝政府承认。"知院"是一个正式的官号，经常出现在 14 世纪末和 15 世纪大部分时间里有关瓦剌和鞑靼的汉文记载中。[27] 阿失帖木儿带来消息，说瓦剌首领脱欢在夏季击败了阿鲁台，夺取了后者几乎所有的人民和牲畜，并使其余的人在恐慌中四散奔逃。阿失帖木儿向朱棣保证，失去领袖的阿鲁台部众现在不会构成威胁，因为他们在得知明朝军队即将到来时就会逃走。朱棣赐给了阿失帖木儿食物、酒水和衣服，还任命他为明军中的千户，使阿失帖木儿从一个受其他君主指挥的军事人员正式转变为明朝政权的一员。[28] 尽管阿失帖木儿做出了保证，但朱棣还是告诫将领们不要放松警惕。阿鲁台可能正在逃亡，但他仍然构成隐患，于是皇帝派遣了六名将军加强边境防御。[29] 也许是因为脱欢取胜和阿鲁台败逃带来的混乱，据说大量被蒙古人虏获的汉人臣民涌入朱棣的营地。皇帝下令给他们提供食物和衣服。[30]

此外，朱棣还命令六名军官带领一支由三千名骑兵组成的部队，收集更多关于"虏"的情报。[31] 这六人中至少有五人是之前归顺朱棣、现在在其军中任职的蒙古人。[32] 他们熟悉草原的作战、地理、语言和政治，完全可以胜任这项任务。当他们准备出发时，朱棣将这些人召集起来，对他们加以告诫和赞许。他鼓励他们说："卿等从朕征伐，皆百战不挫者。"他们需要保持团结，抓住任何机会来攻击敌人。他把他们比作威震"北狄"的唐朝将军李靖（卒于649年）手下的一支三千人部队。朱棣问道："卿等岂可多让古人？"一部托李靖之名的经典兵书明确支持外夷士兵在王朝军队中拥有一席之地，并指出他们所处的恶劣环境有助于培养其军事技能。书中说："若我恩信抚之，衣食周之，则皆汉人矣。"[33] 换句话说，也先土干后来向朱棣表示效忠符合一种既定的恩惠和保护模式：这种模式向四面八方辐射，将明朝皇帝与其他统治者、蒙古贵族、皇室宗亲和卑微的臣民联系起来。

从下面这段神道碑文的开头几句中，我们可以了解汉人如何表达统治权、正当性和远人三者之间的联系。大学士杨荣为另一个活跃在陕西的蒙古人把都帖木儿（另有御赐的汉名吴允诚）撰写了这篇碑文，把都帖木儿于1405年归附朱棣：

> 皇明之兴，受天景运。太祖高皇帝开创洪图，混一华夷；太宗文皇帝嗣承大统，德教宏敷，四海刈宁，万方臣服。于是之时，遐方绝域之士，能识天命，致身归附，依托风云，树立勋绩，荐膺封爵，俾声光著于当时，庆泽延于后嗣者，岂非豪迈杰特之士哉！故恭顺伯吴公允诚其人也。[34]

96 　　杨荣强调了朱棣作为统治者的资格。朱棣的王朝是通过占有天命而成功建立的。朱棣接替了他的父亲，即统一天下的明太祖。世界处于和平状态，而明朝得到了普遍的政治认可，这进一步证明了朱棣的成功统治。有才干和卓识的人从远方前来投靠，这证明朱棣是一个能识别真正的贤能并且慷慨地奖赏有功者的模范君主。在神道碑的语境中，对皇帝的热情赞颂增加了其仆人——把都帖木儿——的功劳，但同时，对把都帖木儿的赞美也反映了朱棣更大的荣耀：他是一个以其品质引来"遐方绝域之士"的统治者，杨荣对他绝对忠诚。

　　杨荣的描述把皇帝放在了最重要的位置上，但实际上效忠对象的转移取决于把都帖木儿的决定。杨荣使用了天命和臣服的话语，但他承认把都帖木儿判断朱棣是一个值得效忠的统治者，并向明朝皇帝献上了忠诚。杨荣公开承认像把都帖木儿这样的新臣民的价值，认为他们是"豪迈杰特之士"。有关天命、皇帝极具影响力的德行和"遐方绝域之士"的臣服的辞藻似乎在暗示某种必然性。然而，同时代的人（包括把都帖木儿、杨荣和朱棣）都明白皇帝付出了很大努力去争取蒙古要人的认可和支持。

　　1423 年 11 月初，当一名信使从陈懋的营地赶来向朱棣报告也先土干希望"归顺"时，皇帝、重臣、沿边官员和蒙古贵族已经有一套应对"归顺"的现成惯例可用。这套惯例包括用于描述也先土干臣服的动机、他对朱棣的仰慕，以及皇帝无所不包的统治、他广泛发现人才的能力和他对贤能——无论来自何处——之开明对待的话语。这套惯例还包括那些将在下文描述的基础性细节问题：将成千上万的人重新安置在军事战略要地，赢得他们持久的信任，将他们纳入当地的行政结构，减少人们对他们是否真正忠于明朝的难以消除的疑虑并探索他们为王朝利益服务的最佳方式。

也先土干归附

《明实录》和后来的记载强调，1423年的北征缺乏重大的胜利。也先土干的自愿臣服提供了一个以胜利而非可耻的失败结束战争的机会。《明实录》将也先土干称为"迤北鞑靼王子"，这可能夸大了他的头衔，但没有夸大他的重要性。朱棣完全愿意突出也先土干的地位。也先土干显得越重要，朱棣就会因为其归附而显得越英明。《明实录》提供的信息暗示朱棣真心对也先土干来归感到欣慰，这是一场高级的政治表演。

也先土干向朱棣上书，其内容被摘录于《明实录》中：

> 臣也先土干穷处漠北，旦暮迁徙不常；又见忌于阿鲁台，几为所害者屡矣。危不自保。仰惟陛下体天心以爱民。今四海万邦皆蒙覆载生育之恩，岂独微臣不沾洪化？谨率妻子部属来归，譬诸草木之微，得依日月之下，沾被光华，死且无憾。谨昧死陈奏。[35]

朱棣在向朝中大臣展示这份奏疏后，既表现了清醒的务实作风，又展现出善意的态度。他说："鸟兽穷则依人，黠虏亦然。但彼既来归，我须怀之以恩。"[36]朱棣随后指示陈懋向也先土干和他的人民提供支持，避免做任何会导致对方不信任己方的事情。皇帝还给也先土干写了一份简短的敕书，赞扬他明智地承认皇帝是一个值得效忠的统治者，并减轻他对未来的担忧。"尔以诚心归朕，"皇帝承诺说，"朕以诚心待尔。"朱棣继续说："君臣相与，同享太平之福于悠久。已敕宁阳侯陈懋等偕尔同来。在途爱重，以副朕怀也。"[37]

大约两周后，也先土干见到了朱棣本人。《明实录》描绘了这位灰头土脸的蒙古武士酋长在天子面前崇敬又羞赧的样子。史书称："也先土干遥望天颜尚有惧色。上命稍前与语。"也先土干透露，他之所以无法实现长期以来向朱棣臣服的愿望，完全是因为阿鲁台的阻挠。他说："今幸见陛下，是天赐臣再生之日也。"[38]朱棣热情地回应道："华夷本一家。朕奉天命为天子，天之所覆，地之所载，皆朕赤子。"皇帝还向也先土干保证，他归附明朝的决定是正确的。朱棣许诺给也先土干及其部属财富和地位。于是，也先土干及其部属"皆叩头，呼万岁"。也先土干还向家人吐露："大明皇帝真吾主也。"[39]

我们不应该仅仅把这一戏剧化的投降视作官方史家急于突出皇帝能让最可怕的蛮夷酋长望而生畏、不敢作声之伟大的体现。半个多世纪以来，草原上从未出现过能和朱棣行营的规模、财富和排场相媲美的事物。在其政治生涯的这一阶段，朱棣已经与蒙古和女真的首领们直接交往了四十多年。他充分了解大张旗鼓地展示军事力量、物质财富和皇帝的慷慨有何等功效。即使是像也先土干这样坚定的领袖，在与朱棣一起踏上这样一个奢华的舞台时，也有可能感到些许惶恐不安。

皇帝和他的史家用一系列事件来证明皇帝作为一个欧亚大陆统治者的地位，包括如"华夷本一家……天之所覆，地之所载，皆朕赤子"这种对普遍统治权的明确宣告。朱棣还以他占有天命来解释他作为天子的地位。我们可以把这样的声明解读为朱棣在回应长期以来对其篡位后正当性的质疑。在这种情况下，此声明也是在更广阔的舞台上对统治权的宣示。朱棣和群臣了解成吉思汗后裔统治者在草原上的地位。他们也知道像也先土干这样的人一度效忠于本雅失里及其副手阿鲁台等成吉思汗后裔。由于现存资料有限，我们很难有把握地说天命在14世纪初成吉思汗后裔的政治文化中扮演了什么角色，但在14世纪末，元、明两个朝廷对天命的所有权展开了激烈竞争。朱棣宣布占有天命可能反映了他的朝廷和民众所关切的事物而非蒙古贵族的看法，但其重要性并没有因此降低。也先土干"大明皇帝真吾主也"的说法暗示了一个隐晦的对比：过去的主人——如阿鲁台和本雅失里——已被证明不配拥有这样的地位，而朱棣赢得了认可。[40]也先土干的宣告对欧亚大陆的其他统治者和明朝官员来说都很重要。他有能力从自身经历出发比较成吉思汗后裔和明朝的统治权。虽然对远人的记载可能看起来像对天子的阿谀奉承，但这些记载也提醒我们注意欧亚大陆上存在明朝以外的统治和恩惠关系。朱棣和他的大臣们强调像也先土干这样的人的臣服，正是因为他们证明了明朝统治者在争取认可和地位的广泛竞争中具有优势。[41]

　　无怪乎朱棣封赏也先土干的诏书一开始就点明帝王需养育民众。然后，诏书更全面地叙述了"夷狄"对中原王朝造成的伤害，这种伤害最终导致了宋朝的灭亡。诏书完全没有提到成吉思汗后裔和元朝，但讲述了"腥膻"（对蒙古人的蔑称）如何传到上天。上天的反应是创造朱元璋并授予他"天明命"，以"主宰生灵，削平祸乱，扫荡腥膻"。由此开创的太平盛世和朱元璋的贤明"开辟以来未有之也"。[42]朱棣紧跟父亲榜样的步伐，继承了天命，努力为人民带来和平，并在"丑虏"背叛了他的信任后被迫发动战争。最后，他转向了也先土干和其部落以及无数牲畜的臣服。皇帝说也先土干：

99

> 骁悍勇猛，乃胡虏中之最狡黠者，虏兵畏服。今既稽首军门，敷陈诚悃，以为天命在朕，不敢违越，敬率部落，上顺天道，亲来朝见。眷兹忠诚，宜加抚劳。[43]

为表达对也先土干品质的赞许，朱棣赐他汉名"金忠"并封他为忠勇王。[44]

朱棣不遗余力地展示也先土干作为朝中值得信赖一员的新身份。他任命也先土干的外甥把台为都督，此人在推动其舅归顺朱棣方面发挥过作用。他赐给两人带扣和织金袭衣。在御赐宴会上，也先土干得到了极大的礼遇，"坐侯之下、伯之上"。公、侯、伯都属于由皇帝授予的最高世袭爵位，用来表彰对王朝的特殊贡献。宴会座次是一种显示在朝中地位的明确方式。朱棣做了更多个人姿态。他把宴会上自己剩余的菜肴送给了也先土干。类似地，在宴会结束时，皇帝将自己的金杯送给了也先土干。[45] 这些行为意在巩固朱棣个人和也先土干之间的联系，似乎完全符合也先土干先前关于朱棣"真吾主"的说法。

与亲密姿态相配合的是接触皇帝本人的机会。几天后，朱棣允许也先土干与他一起骑马。皇帝利用这个机会进一步了解了蒙古人的情况。也先土干告诉他，其他人也希望归顺"天朝"，但为"凶渠"——大概是像阿鲁台这样的人——所阻挡。当天晚上，朱棣又举行了一次宴会，为也先土干等人提供了食物和酒水。[46] 皇帝还颁给也先土干一份敕书，其中提到了分别归入汉朝和唐朝的匈奴和突厥首领（见第二章）。朱棣承诺，像对过去的那些草原首领一样，上天将永远保佑也先土干及其子孙。朱棣夸张地称赞说也先土干的名声甚至会超越过去的那些功臣。在皇帝的话被以蒙古语朗读后，也先土干及其部下"皆拜，举手加额，呼万岁"。

在宣布结束对阿鲁台的行动后，朱棣班师回朝，同行的还有也先土干及其部下等新臣民。1423年12月6日，他们进入了北京北部的居庸关，在那里举行了盛大的阅兵仪式：

> ［上］按辔徐行。军容甚盛，金鼓喧阗，旗旄辉焕，连亘数十里。中外文武群臣皆盛服，暨缁黄之流、耄耋之叟、四夷朝贡之使，百十万人骈跪道左。大驾至，欢呼万岁，声震天地。忠勇王金忠在后，于马上遥望，顾其所亲曰："今日真随从天上行也。"[47]

也先土干提高了皇帝作为能招徕远人之内亚统治者的威望，而朱棣明白他作为施恩者的责任。1423年12月10日，就在回到皇宫的几天后，朱棣宣布授予八十多名也先土干的部下军职，从都指挥到千户、百户、所镇抚。[48]第二天，朱棣赐予了也先土干新身份——朝中受特别优待的臣子——的象征：诰券、金印（可能刻有其忠勇王封号）、朝服、玉带、织金文绮衣和公服。也先土干也得到了一百两黄金、四百两白银和两千锭钞币。朱棣还将两匹配有马具的马赠给了也先土干。[49]朱棣为也先土干提供了物质财富，以维持他和家人在汉地的生活，包括一百头牛、五百头羊、一百石米，一个带有被褥、柴火、饲料和家用器具的住所，以及每年一千石米的俸禄。[50]类似的礼物也被送给了也先土干的妻子和其他下属，尽管数量较少。《明实录》的纂修者把安顿也先土干视为一件大事，分为四个不同等级详细列举了也先土干八十一名在明军中获得官职的部下所获得的赏赐。

101

也先土干在朱棣的朝廷中发挥了积极作用。在归附之后，他几乎立刻请求朱棣对他的前主人阿鲁台采取军事行动。根据杨荣的回忆录，也先土干上书皇帝，论证发动战争的理由："阿鲁台弑主虐人，违天逆命，数为边患。"他请求朝廷派军队去惩罚阿鲁台。为了报答朱棣的恩情，他愿为军队的前锋。[51]在这里，也先土干采用了托马斯·巴菲尔德（Thomas Barfield）所说的内部边疆战略（inner-frontier strategy），借助中原王朝的援助来消灭草原上的对手。[52]在其最宏大的形式下，这种战略可以用来重建一个帝国。在其更为温和、常见的表现形式中，它意味着巩固区域权力。此处也先土干似乎在寻求个人复仇。尽管朱棣赞扬了他所理解的也先土干的意图（为皇帝尽忠而不是寻求复仇），但朱棣表示反对，说他已经厌倦了反复的北征，他的军队更是如此。在杨荣的复述中，朱棣召集群臣听取了也先土干的观点，然后征求他们的意见。他们坚持要皇帝自己做决定。① 2月初，朱棣开始为他的最后一次北征做准备。[53]

在此我们不必详述这次北征，只需记住朱棣对阿鲁台的征讨直接影响到周边的民族和政权。[54]1423年12月初，朝鲜外交使团的一名成员从辽东回来，他在当地得到了一份朱棣关于普遍统治权的诏书。[55]一周后，朝鲜世宗（1418~1450年在位）向明朝皇帝上了一份贺表。世宗在其中接受了朱棣对全面统治权的宣示，谴责蒙古人对明朝的慷慨缺乏应有的感激之情，并

① 杨荣《北征记》云："忠言不可拒，逆贼不可纵，边患不可坐视，用兵之名不得避也。惟上决之。"（见本章注释53）"惟上决之"表达的并不是让皇帝自己做决定，而是劝说皇帝接受也先土干的意见、做出北征的决定。——译者注

赞扬了天子通过展示武功而成功地使"虏"臣服。[56]世宗对朱棣统治理念的贡献并不仅限于言辞上的肯定。他刚刚完成了向辽东运送最后一千匹马的工作，从而满足了朱棣最近对一万匹朝鲜马的需求。[57]

正如朝鲜朝廷与朱棣在话语和物质两个层面上交往，杨荣等朝廷重臣精心设计了关于普遍统治权的宣言，同时负责处理实现这些宣言所必需的后勤细节。

改变效忠对象背后的协商

让蒙古首领改变效忠对象需要复杂的协商，部分原因是他们不仅要对自己的家庭和牲畜负责，还要对几十、几百，有时甚至是几千名下属及其亲属负责，这些人的利益都必须予以考虑。当朱棣第一次收到也先土干有意臣服的消息时，皇帝派了受宠的大臣杨荣去敲定细节。此时的杨荣已经积累了十五年的边防事务经验。在朱棣于1407年派他去调查甘肃西北边境地区的军事防御情况以前，他已经作为皇帝的近臣之一和翰林学士工作了数年。两年后，即1409年8月，皇帝再次派杨荣前往甘肃，给当地的总兵官何福带去关于处理"鞑靼脱脱不花王"、把秃王和另外五人（每个人都有自己的部下）归附问题的指示。[58]这一大群蒙古人与可汗的朝廷有直接联系，他们从那里得到了王、国公、司徒、都督、都指挥、知院等头衔；而通过像把都帖木儿这样的早先移民，他们又与明廷间接地联系在一起。[59]

尽管蒙古人来到明朝边境打算改换效忠对象，但他们停留在了哈拉浩特（或称亦集乃）。这曾是一座繁荣的绿洲城市，位于今内蒙古西南部，连接着哈剌和林、上都和哈密。[60]朱棣

103

指示何福和杨荣以长远的眼光来安排蒙古人的迁徙。皇帝解释说，边境的几个首领最初和把都帖木儿（此时汉文史料称他为吴允诚）一起来归顺，但很快又逃回了蒙古。朱棣断定他们对迁往明朝境内感到不安。皇帝告诉何福（他无疑也已经通知了在北京的杨荣），他已经派把都帖木儿和其他几名官员去减轻他们的担忧。紧张的神经、沟通中遇到的问题、各个群体之间的矛盾，以及涉及的人数本身——明朝政府估计有三万多蒙古人——这些因素造成了一种不稳定的局面。[61]蒙古人在边境徘徊、不确定是否接受朱棣做他们君主的时间越长，发生爆炸性冲突的可能性就越大。这就是朱棣下令让何福和杨荣招抚蒙古人从而"安边陲"的紧张背景。[62]

与远人的协商可能是令人难以捉摸的，而且有时涉及大规模人口迁移。1409年9月初，一些正与杨荣和何福协商的蒙古首领向明朝臣服，皇帝赐给他们礼物并为他们举办宴会。与此相反，脱脱不花逃跑了，而朱棣命令何福既不要追捕拒绝迁徙的蒙古人，也不要试图收回皇帝给脱脱不花等人的礼物。[63]朱棣重视对这一复杂工作有第一手经验的人，因此他在一个月后封何福为宁远侯。在封爵敕书中，皇帝叙述了何福多年来对王朝的杰出贡献，特别是他为处理来归附之人所做的努力。伴随着封爵的是关于如何应对伯克帖木儿等最近从草原来归之人的指示，他们将先被送到北京扈从皇帝，然后被安置在一个更靠南的适合畜牧的地区。[64]

1412年，皇帝再次派遣杨荣前往甘肃，去化解近期降明的蒙古群体的紧张情绪。[65]此前，在1409年春，由于怀疑明朝计划强行迁移他们，凉州和永昌的一群至少一万五千名蒙古人"叛"。[66]其中一个首领在被明代文献称为赤斤蒙古卫的地方避难，该地位于今天的甘肃省玉门关附近。[67]赤斤蒙古卫是一种更普遍措施的例子——明朝政府尝试以这种措施来理解边疆地区的蒙古和女真群体。此处的"卫"是一个行政的术语或类别，明朝当局用它来描述明朝中央政府无法有效控制的群体。明朝皇帝承认地方首领——这里指蒙古将领——的地位和权威并授予他们官号、官印和诰券。这些权力的象征提高了首领们在当地的地位，这在很大程度上是因为官号、官印和诰券充当了一种凭证，让他们能与明朝皇帝进行有利可图的边境互市和礼物交换。这些卫是明朝政府试图理解和规范地方权力的一种方式。

当凉州和永昌的蒙古群体"叛"并依附于赤斤蒙古卫时，明朝当局很可能担心自己对蒙古人的影响力在整个区域内都在下降。尽管效力于明朝的著名蒙古家族（如把都帖木儿或者说吴允诚的儿子吴管者的家族）表现出引人注目的忠诚并且赢得了朱棣的赞扬和奖赏，但紧张局面和暴力仍持续了几年。1412年3月，皇帝确实命令当地总兵官将所有新附蒙古移民运送到京师，而不是将他们安置在边境地区。[68]1412年的整个春季和夏季，边将们都在镇压宁夏、甘肃和肃州的骚乱，并将几个头目送到京师处决。他们还将甘肃的一部分蒙古人群体强行迁移到兰县，置于驻扎在附近（凉州）的两千骑兵的严密监视下。[69]在此期间，朱棣经常直接向甘肃、宁夏和陕西行都司的将领下敕。[70]1412年12月初，朱棣派遣杨荣去评估局势，到了1413年1月下旬，杨荣已回到京师，并亲自向皇帝报告。[71]杨荣认为老的罕确实该杀，但警告说在无情的冬季发动一场远征会在后勤方面造成可怕的困难。在考虑了杨荣的建议后，皇帝放弃了对蒙古"叛寇"或赤斤蒙古卫指挥采取军

105

事行动的计划，转而派使者向该指挥送去礼物，赞扬其过去的忠诚，并威胁说如果他继续窝藏老的罕，就会对他进行激烈的报复。[72]

杨荣从第一手经验中了解到把新附蒙古人整合进明朝政权的困难以及出现猜疑和暴力的可能性，[73]而能够使新移民群体顺利融入帝国的人赢得了特别的赞誉。1412 年，辽东一位官员的《实录》本传称赞死者对"远夷款附者绥辑备至"；[74]地方志也同样指出，成功招抚蒙古人是宁夏等地文武官员的一个值得称道的成就。[75]杨荣和其他官员也明白，草原蒙古人和降明蒙古人之间不存在任何真正的明确界限。在宁夏、甘肃等西北地区的蒙古人骚乱期间，一名边将告诉朱棣，阿鲁台正计划以纳贡或让蒙古人假装归附明朝为掩护，搜集关于明朝边防的情报。[76]

106

一位将领在怀柔远人中的作用

和杨荣一样，陈懋也拥有在明朝疆土上安置蒙古人的丰富经验。[77]其实陈懋自幼就经常和那些与他父亲（陈亨，一名武将）同在朱棣军中、驻于北京城内或以北的蒙古人打交道。[78]陈懋可能在朱棣取得皇位的内战中与这些蒙古人并肩作战。[79]后来，陈懋直接负责了许多蒙古首领在西北地区的定居，特别是在宁夏——他从 1408 年起在当地担任各种职务。[80]1409 年 1月，朱棣命令陈懋和甘肃地区的总兵官部署军队，协助把都帖木儿（吴允诚）的另一个儿子吴答兰维持被重新安置的蒙古人群体间的秩序。[81]大量"来归"的蒙古人报告说新上位的可汗本雅失里难以获得支持，许多人可能认为朱棣是一个可取的选择。[82]陈懋直接向皇帝报告了明军中蒙古人的表现。1409 年

107

3月，陈懋告诉朱棣，都指挥柴苦木帖木儿在"塔滩山后"（该地区位于宁夏，在黄河鄂尔多斯拐弯处附近）抓获了十一个蒙古人。[83]皇帝指示陈懋重赏柴苦木帖木儿；[84]不久之后，朱棣自己又给了柴苦木帖木儿赏赐，并命令都督何福为他举办一场宴席。[85]接待和护送蒙古首领们需要费用。因此，在1409年3月，朱棣送给陈懋两万贯钞、五十头牛、一百头羊和一百石米以抵扣这些费用。一个月后，何福得到了三万贯钞和两百石米。[86]

朱棣急于加深柴苦木帖木儿与明朝联系的原因之一是要在草原上获取信息并传达皇帝的意图。1409年4月，把都帖木儿俘虏的二十二名蒙古人被押送到京师，在那里他们证实了本雅失里是新任可汗。他们还"言虏中人情甚悉"，即蒙古人对近期政治、军事和经济发展的态度。[87]对朱棣来说最有价值的也许是有关本雅失里支持度的信息。如第一章所述，相对来说本雅失里在蒙古草原东部是一个局外人，他曾在撒马尔罕的帖木儿宫廷和别失八里的蒙兀儿汗宫廷里待过，最近才回到东部的草原上。

蒙古臣民经常充当明朝皇帝在草原的代表。1409年4月，担任都指挥的蒙古人金塔卜歹递送了似乎是朱棣与本雅失里的第一次正式直接通信。[88]三个月后，明朝军队中的另一个蒙古人带回了本雅失里杀死朱棣的一名使者的消息。[89]这可能解释了为什么把都帖木儿在1409年4月中旬俘虏本雅失里的副手之后，朱棣重赏了他：皇帝颁给他一份嘉奖的敕书，并赐予五军都督府（掌管朝廷军事）之一当中的职位、一百两银子、六千贯钞、十五表文绮、四袭织金绮衣、一百石米、五十头牛和两百只羊。[90]

108

1409 年 7 月，朱棣命令陈懋负责安置"迤北伪国公阿滩卜花、朵来"。[91]"伪国公"这一表述暗示明廷明白这两人拥有来自北元的显赫头衔，但不想承认这个头衔的正当性，因为它是由一个敌对的统治者及其朝廷授予的。[92] 但与此同时，明朝官员也希望突出他们所招徕的首领们的精英地位。朱棣给陈懋的命令反映了这种改变效忠对象的行为对明朝的重要性。朱棣刚刚得知本雅失里蔑视他的友好提议并杀死了他的一名使节。[93] 朱棣告诫陈懋不要给阿滩卜花和朵来制造困难，不要允许道德有问题的人接近他们，也不要让除了朝廷使节以外的人走出边境。[94] 皇帝想必不希望把潜在的盟友赶进本雅失里和阿鲁台的怀抱。在阿滩卜花和朵来归顺的几个星期后，朱棣宣布他们将得到丰厚的赏赐。此外，陈懋还会为他们举办宴会。[95] 阿滩卜花为了报答朱棣，提供了有关草原近期政治动向的宝贵信息。他派了手下的一个人去找朱棣，说本雅失里和阿鲁台曾攻打马哈木，但被击败并损失了牲畜，他们随后逃往相对安全的胪朐河地区。[96] 朱棣立即向马哈木派出自己的使节。这既是为了让瓦剌首领知道天子掌握关于草原事态的最新准确信息，也是为了警告他在向西返回瓦剌领地时不要袭扰哈密。[97] 阿滩卜花和他的将领们前往北京面见朱棣。1409 年 9 月，朱棣任命阿滩卜花为右军都督府佥事。他的副手们获得了（卫所的）指挥、千户、百户、镇抚等职位。这些人——其中似乎也包括国公——都会返回宁夏。[98]

朱棣利用蒙古移民作为草原上的信息来源、自己面对草原首领时的代表和北征中的将领。皇帝还看到了蒙古人能够促进其利益的其他方式。1409 年 8 月下旬，朱棣宣布征讨本雅失里，不久后他命令陈懋用公帑从近期被安置在宁夏的蒙古人那里购买马匹。皇帝建议"良马勿吝"。[99] 随着 1410 年征讨本雅失里的计划成形，朱棣命令把都帖木儿、柴秉诚等人手下的蒙古人中"但能战者"都要操练，为战争做准备。[100] 朱棣在此前征讨大越的过程中就已经部署过蒙古军官和士兵。[101]

有时，蒙古移民的规模给陈懋这样的边将带来了严峻挑战。如上所述，1409 年 9 月，约有三万名蒙古人至边境"来归"。[102] 明朝的记录提到六个头目拥有从丞相、国公、司徒到同知、同佥的头衔，这些头衔肯定是由北元朝廷授予的。这些人期待他们的新主人能够承认他们的精英地位，并给予他们和以前一样或更多的荣誉和财富。朱棣满足了他们的期望，他派遣使者送去织金袭衣和其他织物作为礼物，并命令陈懋为他们举行宴会，然后为他们的家属提供酒、羊和米。[103] 朱棣和朝廷大臣们了解这些首领的地位。10 月，皇帝下令根据他们的级别授予他们官位（但没有实际职务）和俸禄。[104] 所有这些都表明，在争夺效忠和恩惠的过程中，远人和明廷对地位、头衔和赏赐的问题是多么熟悉。

10 月初，朱棣再次命令陈懋"抚纳"鞑靼知院迭儿必失和其他表示有兴趣归顺的蒙古首领。[105] 朱棣指示陈懋不仅要为迭儿必失的使者举行宴会，而且要亲自率领一队骑兵前去迎接迭儿必失，以表示特别的尊重。朱棣再次警告陈懋不要惊扰蒙古人。[106]

考虑到下面一点，陈懋促进蒙古人群体融入明朝政权这一工作的重要性就更加突出：在为朱棣征讨本雅失里和阿鲁台而进行的全国动员期间，他的任务仍在继续。陈懋要从当地诸卫中招募和训练近两万人（这涉及与该地区两个明朝藩王的护卫进行可能比较棘手的合作）。他要加强边防，并防止在宁夏的蒙古移民群体中发生叛乱。同时，他还负责确保新来的蒙古人群体被安全送到北京。[107]与朱棣会面后，这些人将被安置在宁夏。在那里他们仍由陈懋负责，陈懋的职责包括为他们举行宴会和提供牛、羊、米。[108]

1410 年 1 月，朱棣肯定了陈懋的功劳，将他从伯爵升为侯爵，并给他每年一千三百石的俸禄。[109]皇帝说到了陈懋和他现已去世的父亲在那场让朱棣掌权的内战中的功绩。陈懋最近曾担任过边将。朱棣特别提到了他在"殚心奋力招徕远人、剿戮叛逆"方面的成功，这指的是陈懋在重新安置蒙古人群体方面的工作，以及他最近对鞑靼平章都连的追捕。都连曾在1409 年 12 月"叛去"——这个说法表示他背叛了明朝的信任、从王朝的疆土内逃走，但也暗示他拒绝接受明朝皇帝作为施恩者。朱棣下令让陈懋带着他俘获的都连及其部下——大约有一万五千人——前往京师。[110]也许是希望借鉴陈懋与蒙古贵族谈判的经验，1410 年 2 月初，皇帝宣布陈懋将跟随他参加不久之后对本雅失里和阿鲁台的征讨。[111]

简而言之，朱棣任命了政府中一些拥有最高级别武职和文职的人去负责蒙古人的安置工作。陈懋有世袭爵位，他的一个女儿是朱棣的妃子。[112]当陈懋开始在边境从军时，杨荣是地位显赫的翰林院中一名受宠的小官，后来他陪同朱棣参与其北征。杨荣仕途的大部分时间都被用来通过颂词等作品增加皇帝的尊荣。

以上两节重点关注杨荣和陈懋在把蒙古人纳入明朝政权这一复杂任务中的作用，但其他许多人也为此事做出了贡献，并且同样与皇帝联系在一起。[113]赢得草原首领的效忠、重新安置

111

他们的人民、建立信任和保持对方的忠诚需要朝廷最高层做出实质性的、持续的承诺。皇帝调动了其经济、政治、人力和军事资源，因为他相信这种投资会带来长期利益。朱棣和亲信们的亲自参与促进了王朝都城和帝国边地之间的联系。下一节将讲述也先土干和他的外甥把台在新家——北京——的经历。

朝中的也先土干

在 1423 年效忠于朱棣后，也先土干立即推动了一次攻打阿鲁台——之前杀死本雅失里的人——的军事行动。也先土干提出"阿鲁台弑主虐人，违天逆命，数为边患"。他宣布"愿身为前锋自效"。[114] 在随后的 1424 年北征期间，也先土干和他的汉人将军陈懋是前锋部队中的关键人物，朱棣派遣他们进行了几次侦察任务，以进一步了解阿鲁台的位置。[115] 在 1424 年朱棣的最后一次北征中，也先土干和他的部下再次于明朝军队的前锋部队中效力。[116]

在朱棣死后的几周内，朱棣的儿子和继任者朱高炽（1424～1425 年在位；他常被称为洪熙皇帝）继位，此时也先土干的突出地位更加引人注目。在登基后的日子里，朱高炽对朝廷里的关键人物给予了丰厚的赏赐；而且，在 1424 年 9 月的一份诏书中，这位新的明朝皇帝确认了曾陪同朱棣进行最后一次北征并护送他的遗体回到京师的二十六名将领的身份。在这份奖赏名单中，也先土干的位置仅次于级别最高的将领张辅（1375～1449）。朱高炽在试图获得其父的高级将帅及朝廷大臣的效忠时表现得十分诚恳。他写道："卿等皆先朝勋旧，故托以股肱。"[117] 历史学家认为这种重新建立忠诚关系的努力是继承过程中的标准要素，但也先土干是朱棣朝廷里的后进者。此

112

外，作为一个归顺先君的蒙古人首领，他与洪熙皇帝所讨好的其他人有所不同。一个月后，皇帝任命也先土干为太子太保。这是一个极为尊贵的官衔，通常只授予少数几个文官。

新皇帝用一种表明自己站在欧亚舞台上而不仅仅是中原舞台上的方式，解释了给也先土干加官和"支二俸"的决定。他认为也先土干应该像其汉人同侪一样被对待。因为"文武大臣皆有进"，也先土干也应该得到晋升。不过，与此同时，皇帝和高官们毫不避讳地讨论新朝廷对待也先土干的方式会如何向其他人展示蒙古人在新秩序中的地位。针对皇帝的诏书，吏部尚书蹇义（1363~1435）认为：

> 漠北归附之人居京师者甚众，今皆瞻望朝廷待此人如何。虽赐赉已厚，然名爵亦宜略示优待，此怀远之道也。[118]

朱高炽对这个问题的解释如下：

> 然其他职名，渠所不谙。虏人所谙者惟三师为重。可与太子太保，但不令预职事。[119]

人们可能会把这一事件解读为像也先土干这样的蒙古人在朝廷中处于边缘地位，这个位置是为了取悦一个无知的、只模糊了解明朝职官制度的远人。如果我们假设蒙古贵族在明代朝廷中并不重要，那么我们就可以把这个故事理解为成年人正在迁就一个孩童，一个心照不宣的眼神向所有人保证：该位置没有任何职权，因此确实不重要。这样的观点似乎与我们对朱高炽的认识相吻合，即朱高炽是文治德教的有力支持者，与朱棣对武力征伐的嗜好相对立。然而，我们也可以说，皇帝认为也先土干和其他在京蒙古人的支持对他统治的成功至关重要，并且他估计太保这一极其尊贵的头衔是一个合理的等价交换物。但是，他意识到自己必须安抚嫉妒的文官们，并让他们知道这项任命是因为蒙古人无知而不是因为他们重要。我们不禁要问这样的姿态是否说服了朱高炽的朝廷大臣们。[120]

不到两周后，作为正在进行的权力交接的一部分，皇帝重新册立了后妃。每份金册上都有新皇帝的题词，这些金册由一位朝廷高官和一位勋贵结对送给后妃。也先土干现在的头衔是太子太保和忠勇王，他与朱棣手下级别最高的官员之一杨荣结对。[121] 考虑到仪式的高规格，也先土干的出现似乎很难被忽略。　114

朱高炽统治时期的第一个整年的第一日——1425 年 1 月 20 日，开始于君臣在新皇登基所需典礼的规格上达成妥协。出于对其去世不久的父亲的尊重，新即位的皇帝倾向于举行一个低调的仪式。与此相对，有一位高官敦促他屈服于多数人的要求——为"文武之臣及海外诸国"举行盛大的庆典。朱高炽和大臣们同意不作乐，并行比平时次数少的跪拜礼。《明实录》称在同一天，也先土干和外甥把台向皇帝进献了马匹，为此他们被赏赐了钞币。[122]

几个月后，皇帝确认也先土干会以其忠勇王和太子太保的身份得到俸禄。也许同样重要的是，这些俸禄将以粮食支付。[123] 这是一个政治上的敏感问题，因为朝廷越来越多地将薪俸的一部分折算成钞，而这种安排几乎总是导致接受者的经济损失。[124] 完全以米和麦支俸的决定似乎引发了一些争议，这个问题在八个月后被再次提出。新皇帝再次为也先土干的俸禄辩解。朱高炽解释说：

> 彼挈家来归，待之宜厚。且他无所营，所恃者俸禄
> 耳。米麦宜以时给之，勿令不足。庶称称皇祖怀柔远人
> 之意。[125]

朱高炽的短暂统治结束于1425年5月，他死于自然原因。他的儿子、长期被作为统治者培养的朱瞻基（1425~1435年在位）在经历了相对平静的过渡后掌握了权力。也先土干在新的朝廷中保持甚至可能还巩固了自己的地位。1426年4月，朱瞻基在位几个月后，也先土干成功地向皇帝求得了新的土地。他抱怨说之前得到的土地地势较低且不适合饲养牲畜。[126]

115 《明实录》中的简短记载没有提到原地或新地的位置。明朝皇帝经常将直隶的农田和牧场赐予皇室成员、功臣贵族、宫廷太监和蒙古将士。[127] 我们从后来的资料中得知，也先土干在京师以南的永清县拥有土地。[128]

1426年6月，在朱瞻基统治第一年的中期，也先土干为随他入明的几十个下属家族之一争取到了一个军职。一个曾任都指挥佥事的蒙古人最近去世，也先土干希望能让这个人的儿子获得那个职位。然而，兵部反对说，根据先例，这种职位不能世袭。像以前的皇帝一样，朱瞻基坚持认为，像也先土干这样的蒙古人及其部下应该得到特殊待遇。皇帝告诉他的官员："远人来归，不必拘定制。"[129] 朱瞻基还提醒官员们，他拒绝在行使统治权——其中包括施与政治和经济恩惠——的时候受过去成法的约束。

如果说这个决定是朱瞻基在统治初期展示其独立性的一个

机会，那么它也有利于也先土干居中协调并帮其他蒙古人获得官职。年老体弱的汉人官员和蒙古人官员通常会请求让他们的儿子承袭自己的职位。在随后的二十一个月里，也先土干至少三次成功请求让已故蒙古人官员之子继承其父的军职。[130] 也是在这个时候（1427 年 11 月），朱瞻基赐予也先土干的外甥把台汉名蒋信。[131] 如下文所示，不久之后，把台也会代表随也先土干降明的蒙古家族向皇帝进言。1428 年 4 月，可能是为了回应也先土干和把台的要求，朱瞻基下令在其居住的北京支给两人和其他一道来降之蒙古人的俸禄。在此之前，他们一直在南京领取俸米。朱瞻基申明："外夷来归者当优之。"[132]

116

　　像他的祖父一样，朱瞻基期望他的蒙古将士在战场上效力，以作为其慷慨恩惠的交换。同样，也先土干继续将战争视为一种晋升的途径。1428 年 10 月中旬，也先土干和把台向朱瞻基请求"自效"。此事的背景是皇帝亲往北方边境，意在阻止兀良哈在东北的袭击。经过一个月的准备，明朝军队于 10 月 6 日离开京师，在经过几天的行军后抵达了石门驿的边境前哨。在那里，朱瞻基得到消息说一支超过万人的兀良哈部队已经深入到宽河。[133] 皇帝宣称"是天遣此寇投死耳"并告知将领们他打算使用出其不意的策略。[134]1428 年 10 月 11 日，朱瞻基挑选了一支由三千名"铁骑"——精锐骑兵部队——组成的队伍，每人配备两匹坐骑和十天的野外口粮。[135] 朱瞻基和他的士兵们几乎抛下了所有文官以及军队主力，于 10 月 14 日抵达宽河，离蒙古人的营地只有二十里。[136]

　　蒙古人认为明朝的部队不过是帝国的边军，便与皇帝和他的三千名士兵交战。《明实录》称蒙古人"不能胜"，表明战斗最初基本上是平手。同一记载说朱瞻基亲自参与了战斗，他用弓箭射杀了三名蒙古前锋。考虑到他们是一支骑兵部队，明军可能用了手持火器来射击。《明实录》称："人马死者大半余。"

这时，蒙古人撤退，而朱瞻基和几百名骑兵紧追不舍。《明实录》记载，当蒙古人看到龙旗时，他们才意识到自己的对手不是一支普通的边防部队，而是皇帝和他的精锐战士。他们立即下马表示投降。朱瞻基下令将他们俘虏。他和士兵们还带走了大量蒙古人的牲畜作为战利品。[137] 回到宽河后的第二天，朱瞻基处决了其中的头目（没有留下名字），又命令部队在山沟里搜索并摧毁蒙古人的营地。[138]

117　　　　就是在这个时候，也先土干和把台向朱瞻基请求"自效"。他们大概是朱瞻基率领的明军主力的一部分。其他蒙古人高级将领，如在 1394 年加入明朝、1422 年被封为伯爵的薛贵，也在这支队伍中。[139] 事实上，薛贵领导的前锋部队包含了几百名蒙古军官。[140] 也许是因为比薛贵更晚归附，也先土干和把台成了朱瞻基随行人员特别怀疑的对象；他们肯定地警告皇帝，也先土干和他的外甥也是"虏"，和皇帝刚刚打败的蒙古人一样。他们警告说也先土干和他的外甥可能会抛弃朱瞻基，大概会去加入兀良哈。[141]

皇帝回应说，也先土干和把台可以依他们所愿自由去留。作为天下的统治者，朱瞻基当然不会吝惜两个人。怀疑者认为，最好是派一个人去而把另一个人留下来，以确保他们对明朝的忠诚。皇帝展现出他在管理人才方面的卓越智慧。他反驳说，留下一个人只会在另一个人的心中埋下怀疑的种子。最好的办法是让两个人都去作战。他表示自己真诚地对待部下，对也先土干和他的外甥也一直很慷慨。皇帝认为，如果犬马都能认可主人的善意，难道也先土干就做不到吗？[142] 一周后，也先土干和他的外甥得胜归来。他们俘获了几十个蒙古人和几百头牲畜，并将之献给了朱瞻基。皇帝很高兴，他命令一个太监从自己的内厨中拿出食物和酒给他们两人。他们被允许用大爵饮酒，这显示出皇帝对他们的宠爱。

皇帝无法抗拒这个炫耀自己作为统治者之智慧的机会。他与他的文官们讨论了他者、效忠和信任的问题。朱瞻基认为：

> 王者任人，亦诚而已。既用之，即勿疑。上疑之，则下思保身免祸，谁复尽心？昨者如惑于人言，岂不失此二人心？

他的大臣们仍然持怀疑态度，坚持认为不应过分信任"外夷之人"。皇帝回答说，注意区分具体情况远比一概不信任"外夷之人"要好。毕竟，他问道："汉用金日磾，何不可也？"[143]

在这次交流中，朱瞻基展示了他对人，特别是对"外夷之人"的卓越判断力。金日磾（前134~前86）是匈奴休屠王的儿子，他被汉朝军队俘虏后被释放，然后获得了帝国政府中的一系列官职，最终升至政府的最高层且作为强大的三人集团中的一员治理汉朝。[144] 他的儿子和孙子都跻身汉朝的政治精英之列。朱瞻基善待他的手下；作为回报，他们也尽忠输效。朱瞻基用一种超越华夷之辨的统治权模式，表现出自己是一个万人之上的帝王。同样，朱瞻基也拒绝了将所有十岁以上蒙古俘虏处死的提议。他说："虏诚可恨，悉诛非帝王之仁。"他几乎饶恕了所有人，只处决了头目。皇帝下令解除俘虏的束缚并给他们食物。[145] 一个不赞成屠杀的皇帝应该受到赞扬——这赤

118

裸裸地揭示了明朝军事行动中可能出现的残酷行为。

朱瞻基的班师诏也使用了普遍性的话语。他写道："恭天抚民，无华夷远迩之间；除残去暴，本帝王仁义之心。"然而，就在同一份诏书中，他又说："腥膻荡涤，边境肃清。""腥膻"是一个公认的对蒙古人的蔑称。刻板的民族观念和民族间的紧张关系影响着政治话语和行动。

但是，对朱瞻基来说，更为根本的是政治忠诚而非民族出身。也先土干及其外甥和军队中的许多高级官员（或许还有三千"铁骑"中的大多数）都在草原上出生和长大，他们曾是某个蒙古政权的成员。可他们现在为明朝效力，多次在代表明朝的战斗中证明了自己，并与天子建立了个人联系。对皇帝来说，他们完全可以占据金日磾等人在一千五百年前建立的那种文化和政治生态位。那些挑战明朝政治权威的蒙古人则被轻巧地归入"丑虏"和"虏贼"的范畴，他们的存在被恰当地描述为"腥膻"。朱瞻基可能会根据政治忠诚度划出明确的界限，但许多官员认为真正重要的界限是华夷之分。事实证明，统治者和他的臣工（以及广义上有文化的臣民）之间的这种矛盾长期存在。

119 在叙述了他对子民的关心和蒙古人的掠夺之后，朱瞻基强调了自己的作用："朕躬率铁骑三千驰赴之。"[146] 然而，在此处和其他地方，朱瞻基都注意公开赞扬他勇敢将领们的努力，以及上天和祖宗的庇护。[147] 朱瞻基说他并不打算与蒙古人作战，只想加强边境防御；但是，面对蒙古人的进攻，皇帝不能坐视其臣民受苦。朱瞻基没有明说但上面的叙述已表明的是：皇帝经常求助于为他效力的蒙古人来保护他的子民。

朱瞻基也明确表示他赞赏也先土干的贡献。1429 年 2 月下旬，皇帝宣布奖赏在皇帝对蒙古人作战中的有功之人。也先土干在功臣名单中占据了重要位置，居于张辅（1375～1449）和朱勇（1391～1449）之后，位列第三。另外十几个蒙古人将校的名字也被提及。[148] 次月，皇帝封也先土干为太保。[149] 伴随这些头衔的是经济上的好处：1429 年 5 月，皇帝命令户部完全以米支付也先土干的俸禄，很少有文职官员享有这种特权。[150]

参加皇帝的外出活动也标志着也先土干在朝廷的受宠地位。在朱瞻基执政初期，"数百"蒙古人军官陪同皇帝在京城外进行皇家狩猎和军事演习，这让一些文官感到不安。有一份上疏点出了也先土干的名字并担忧皇帝可能在与"也先土干与其徒数百人"辛苦骑行时受伤甚至更糟——这显示出文官对皇帝身边蒙古人的持续不安。[151] 1430 年 3 月，也先土干是陪同后妃到北京城外皇陵的将领之一。[152] 15 世纪初，前往皇陵的行程包含盛大的游行，伴随着数万人的军队、盛装乘坐华丽马车的后妃、皇家狩猎，以及精心制作的有关孝道和王朝运势的叙述。[153]

1431 年 9 月，也先土干去世。皇帝表现出巨大的悲痛，并下令举行国葬和祭祀活动。从 15 世纪 30 年代末的角度来看，当朱瞻基一朝的《实录》完成时，在纂修者眼中也先土干的重要性足以让他拥有一百一十六个字的小传，其中列举了他从皇帝那里获得的荣誉和为皇帝做过的贡献。[154]

明廷在也先土干死后也没有忘记他。1423 年与他一起归顺朱棣之人的后裔一直在继承他们祖先的职位。虽然后来是把台上奏皇帝请求这种继承，但《明实录》的纂修者称这些"鞑官"原本是也先土干的部下。[155] 朝廷继续维护也先土干的利益。1440 年，也就是下一位皇帝（朱祁镇，1435～1449 年、

120

1457～1464 年在位）掌权的五年后，也先土干的遗孀（白氏）向皇帝告状说一个卫的士兵擅自夺取了赐予其丈夫在永清县（京师以南）的六顷九十七亩土地。皇帝责成户部和锦衣卫进行调查。大概是根据他们的建议，皇帝下令不把土地交给也先土干的遗孀，而是交给他的外甥把台——如上所述，他已接替其舅的角色，成为那些随也先土干入明的家族的代言人。[156]

危机中的把台

把台继续维持他与明朝皇帝的关系。其中有一些小恩小惠，例如 1436 年把台的母亲去世时，刚登基的朱祁镇命令政府官员为她举行葬礼，[157] 或是 1446 年皇帝派一名御医为生病的把台治病。[158] 在其他情况下，把台是在复杂的地缘政治冲突中为王朝活动的成千上万人之一。1444 年 2 月初，明廷动员了四万人，包括从禁卫军中抽调的士兵，兵分四路对进攻辽东边境的兀良哈部队发动攻击。[159] 1444 年 3 月，把台在今内蒙古东南部西辽河的一条支流一带击败了敌人。[160] 由于把台的功劳，皇帝将他的岁俸增加到一千一百石，并特批他在北京完全以米的形式支取岁俸。如前所述，大多数文官都没有这种特权。[161] 也是在这个时候，把台继承了也先土干的封爵，但皇帝授予他的是忠勇伯而不是忠勇王。[162] 在增加把台俸禄的一个月后，可能是为了表彰他在对兀良哈作战中的军功，把台（以及战役中的其他三位将领）的三代祖先被追授了诰券和封号。[163] 追授诰券和封号是皇帝嘉许对王朝的杰出贡献的另一种象征性和物质性的方式。诰券一般写在长长的着色丝绸上，它经常作为珍贵的传家宝被保存下来，以证明接受者与皇帝的关系以及这种关系带来的好处。

　　在朝中的显赫地位是有代价的。1448 年 7 月，把台与九个伯爵、侯爵和高级将领因未"朝参"而被弹劾。朱祁镇赦免了他们的罪行，但下令停发他们一年的俸禄。[164] 没有迹象表明这一处罚是否真的被实施了，但把台的地位足够重要，这使他的缺席成了一件严重的事情。[165]

　　1449 年 8 月初，王朝准备迎接一个非同寻常的事件——在位的皇帝朱祁镇决定亲征。此时自朱棣最后一次出征以来已经过去了二十五年，自宣德皇帝在北部边境与一支蒙古部队交战以来也已经过去了二十一年。现在，天子将率军征讨也先——一个强大而雄心勃勃的瓦剌（西蒙古人）领袖（见第四章和第五章）。朱祁镇和他的大臣们确定了皇帝离开时镇守京师的文臣武将和陪同天子攻打也先的人员。把台和其他数百名蒙古人随皇帝骑马北上。[166] 许多这样的人——从吴克忠和吴克勤兄弟（把都帖木儿的儿子）等著名的蒙古人将领到姓名无传的蒙古人骑兵——在北京西北约一百二十公里的一个有防御工事的驿站土木堡（位于今河北省怀来县）为保卫他们的君主朱祁镇而死。[167]

　　然而，把台获得了一个可疑的荣誉——他是被瓦剌活捉的明朝最高级别蒙古人将领。他返回北京的情况并不清楚。《明实录》1450 年 10 月底的一条记录称把台陪同皇帝出征后被俘，而现已返回。[168] 1450 年 9 月 20 日，皇帝朱祁镇在被瓦剌人囚禁在草原上近一年后回到了京师。[169] 把台可能曾陪同皇帝返回京师，但没有来自那个时期的现存记载提到他的回程。我们也不知道也先为什么释放他。这是一桩一揽子交易——朱祁镇和他的所有部下[170]——的一部分，还是一个单独的安排？如第五章所示，也先认为如果朱祁镇在北京重新获得皇位，则朱祁镇将成为一个有用的盟友。也先是否希望把台在受到良好待遇后，在未来也能帮他施加影响力？

对于把台在瓦剌中的一年，《明实录》的描述前后不一。在他 1454 年的小传中，纂修者写道："太上皇帝在迤北，信周旋拥护，多效勤劳。"[171] 尽管纂修者坚称把台曾努力保护皇帝，但没有说明他是如何做到的。[172] 与此形成鲜明对比的是，1449 年 11 月的一条记录显示，把台的一名下属（安猛哥）和其他两人充当了把台和也先派来的间谍，收集有关明朝境内事态的情报。同一条记载明确指出，把台已向瓦剌投降，现在为也先服务。[173] 间谍活动的证据是在法司的审讯中收集的，审讯可能是在京师进行的，很可能动用了酷刑。这三个人被立即处决。按照标准程序，朝廷会没收罪犯家族的财产和人口，但把台的家族逃脱了这一命运。为什么？《明实录》的纂修者解释说："恐降胡惊疑者众也。"[174] 这显然意味着，把台是北京蒙古人社群中的重要成员，公开攻击他会带来疏远京师社会之重要部分的风险。鉴于把台的背叛行为缺乏有力证据，我们怀疑法司和朝廷的行动依据极有可能是通过刑讯从把台的一个下属那里获得的供词，而不是直接证据。

只有三份现存的明代一手史料提到了把台在瓦剌的活动。第一份是由经常接触皇帝的锦衣卫成员袁彬所作。[175] 第二份由杨铭所作。据称他是讲蒙古语的中亚人或蒙古人穆斯林，是朱祁镇最亲密的随从。土木之变前，也先曾扣留过杨铭和他的父亲，后者是明朝的翻译。袁彬的叙述很有用，但在一些地方有失公允、包藏私心，而且它是与"捉刀人"合作的产物。杨铭的版本更详细，也更能反映话语中的细微差别，但有时候在关键问题上不置一词。现存的第三份关于朱祁镇在瓦剌情况的一手史料，是明朝派去跟也先和谈的使节李实编写的一份报告。[176] 袁彬两次提到把台，杨铭提到八次，李实则完全没有提。由明朝高级官员刘定之所作的最早的综合性记录《否泰录》也完全忽略了把台。

根据这些稀少的文献线索，关于把台在瓦剌时的情况我们能说些什么呢？第一，袁彬和杨铭都完全承认把台在明廷中的地位。他们用其正式头衔"忠勇伯"来称呼他。他们认为把台的活动很重要，而且朝中的重要人物想知道把台做了什么。第二，把台享有朱祁镇的信任。11月初，也先试图与大同的官员协商释放朱祁镇，朱祁镇派把台（以及袁彬）到城墙脚下，劝守军接受这一提议。[177] 考虑到利害关系，朱祁镇不会派他认为有可能出卖自己利益的人去。后来，明廷派来促进和谈的太监喜宁向把台表达了他对袁彬的不满。他还明确表示要杀死袁彬，这促使把台派人提醒朱祁镇，而朱祁镇命令喜宁放弃任何此类计划。[178] 这种信任关系在朱祁镇被俘之前就已经存在。至此，在超过二十五年的时间里，把台已经服侍过三位明朝皇帝。把台被关在与皇帝分开的营地里，我们尚不清楚这是不是为了进一步孤立朱祁镇、增加他对俘获他的瓦剌人的心理依赖。也先将把台和喜宁交给他的弟弟大同王看管。[179] 把台并没有借助困境中的亲近来与朱祁镇形成信任关系，而是通过信件和偶尔的看望来维持这种关系，尽管两人缺乏日常接触。

袁彬和杨铭的记述中提到把台的内容大多很简短，多半只是表明把台与大同王（也先的弟弟）和喜宁在一起。归于把台之口的一段最长言论与朱祁镇的地位有关。把台反对简单地派几个人去送还朱祁镇，他指出这种姿态缺乏与皇帝地位相称的礼节或严肃性。[180] 相反，他建议在回到瓦剌营地后，也先应该向明廷派遣使节，要求朝廷遣使更正式地迎接朱祁镇。把台总结说："［这］才是礼。"我们不完全清楚把台是在对谁发表意见。这段话暗示把台是在向大同王和喜宁讲话，很可能他还认为他的意见会被传达给也先。[181] 如上所述，李实的出使记录没有提到把台，但它包含了也先的意见——在没有明朝官员来迎驾的情况下送朱祁镇回去会显得礼数不周，这与把台的想法和具体表述完全一致。[182] 把台是在做也先的政治参谋吗？也先是否只是以他认为明廷能理解的方式用把台的话来表达自己的愿望？抑或这仅仅是个巧合？

无论如何，明廷对把台的忠诚度表示怀疑。一条后来的记载提到了把台的一个部下的证词。这个部下设法去了北京，他告诉兵部尚书于谦把台希望回来。熟悉也先营地的人报告说，把台经常造访朱祁镇的帐篷，抽泣着说只有在皇帝能回来时他才会回来。他们说："其心常在中国。"[183] 于谦则向皇帝给出了截然不同的评价，他写道："信从房肆恶。"于谦指出："皇上曲全其家，信或未知。"于谦劝说皇帝让把台的部下回去给把台带封密信，说他的家人很安全。[184] 此外，于谦坚持认为把台必须想出一个计划来终结瓦剌的袭击。如果把台能够抓住或杀死也先然后"来归"，他就可以被封王。于谦解释说，即使阴谋败露，这也会在瓦剌人中埋下怀疑的种子，因此依然有用。[185] 所有这些都强烈地表明，像于谦这样有影响力的大臣相信把台已经向瓦剌人倒戈。

把台在瓦剌人中的地位模糊，我们很容易在其他与也先、伯颜帖木儿等瓦剌精英交往的明朝臣民身上看到类似情况。朱祁镇回到北京后立即被软禁在皇宫中；袁彬、杨铭等曾经跟随他的人被冷落到一边，这是关于太上皇存在的令人不安的提

125

醒。上面提到几次的太监喜宁在宣府城墙脚下被明朝官员抓获，他被押送到京城后被处死；他的尸体被示众，以儆效尤。[186]明朝当局称喜宁充当了也先的政治参谋，辜负了朝廷的信任和宠爱。[187]

毛忠也受到了类似的指控，他是一个有蒙古血统的明朝高级将领，在甘肃任职，其家族四代都为明朝皇帝服务。毛忠身体强壮，是一名出色的骑射手，曾多次在战场上与王朝的蒙古敌人作战。为了表彰他的功绩，朱祁镇赐他汉名毛忠。[188]李实指责毛忠遣使到也先处提议协助瓦剌进攻明朝疆土。朝廷逮捕了毛忠并将其押送到京师审讯。[189]皇帝赦免了他，但在巨大压力下将他远远地调往南方，让他在福建与王朝的敌人作战。[190]

除了人们对把台勾结瓦剌的普遍担忧，以及他与朱祁镇的密切关系所带来的危险，他还面临人们对全体为王朝效力的蒙古人的敌意。批评者将土木之变后京师附近各卫蒙古人的劫掠行为作为所有入明蒙古人都不忠诚的证据。[191]反蒙古的言论逐渐白热化。在1449年12月2日的一份题本中，李实写道，他希望"执其酋首，获其丑类，碎其脑而剜其心，啖其肉而粉其骨"。李实坚称即使如此，"犹不足以平天下人之怒也"。[192]1450年11月初，于谦要求将明朝军队中另一名重要的蒙古军官①"碎尸万段，以昭法令，以戒将来"。[193]

尽管情况如此糟糕，把台还是于1450年秋天在北京受到了热烈欢迎。皇帝恢复了他在被俘期间停发的俸禄。[194]11月中旬，在返回后不到一个月的时间里，把台就开始指挥他被俘前所统领的人员。另一位蒙古军官吴瑾（把都帖木儿的孙子，

---

①　此军官即毛忠。——译者注

他在土木之役中幸存下来）此时受命"督操三千营官军"。[195]
把台恢复了他作为蒙古军事人员代言人的角色。1452年，他
成功为"鞑官鞑军"向皇帝请愿，得到了一项豁免：免除蒙
古人补充在自己照料下死亡的马匹这一义务。[196]

1454年6月，把台去世，皇帝下令为他营建坟墓并举行
葬礼。此外，皇帝还将他升为忠勇侯，并赐谥号僖顺王。[197]朝
廷命把台八岁的儿子儿孛忽继承其父的忠勇伯封号，并获得其
父每年一半的俸禄。[198]现存的记录没有说明儿孛忽是否继承了
他父亲的角色，即充当1423年与也先土干和把台一起归顺明
朝的蒙古人之后裔的庇护者和发言人。在重新取得皇位不久
后，朱祁镇赐儿孛忽汉名"善"并将他的岁俸从一半增加到
全额。[199]儿孛忽死后没有继承人，他在《明实录》中消失了近
五十年，直到1500年《明实录》提到先前归也先土干和把台
所有的土地的处置方式：在位的皇帝同意了儿孛忽的一个家丁
的请求，即用土地的收入来支付家族中死者的祭祀费用。[200]

小结

在16世纪的大部分时间里，明朝皇帝都在通过与蒙古人
互动来说明他们适合做统治者。在用每一朝皇帝《实录》的
材料编纂的、作为典范统治指南的《宝训》中，编纂者也利
用皇帝与也先土干的关系来阐明给未来天子的教训。《宝训》
中《怀远人》一卷讲述了也先土干宣称朱棣是他真正的君主，
还指出了蒙古人对朱棣及其军队的敬畏。[201]同样，朱高炽和朱
瞻基的《宝训》都说明了也先土干为什么应该得到两份俸
禄。[202]在《推诚》一卷中，朱瞻基通过也先土干和把台的例
子，耐心地教育那些持怀疑态度的大臣，让他们明白君主的信

任和臣子的奉献之间的关系。[203] 与为王朝效力的蒙古人的关系是明朝皇帝身份的一个组成部分。

同时，像也先土干、把台这样的人并非统治者形象的区区装饰而已，他们在整个 15 世纪上半叶的军事和政治历史中都占据着重要地位。如上所述，他们是军官团队的重要成员，担任战略（和战术）决策的顾问，并以自己的名义充当政治施恩者。考虑到将蒙古人纳入明朝政权的重要性，朱棣任命他最信任的一些人——比如陈懋和杨荣——负责商定蒙古人的归顺和迁移。把都帖木儿、也先土干等蒙古将领也通过爵位、参加重要典礼和特殊的经济待遇（如丰厚的俸禄和被授予土地），融入朝廷精英阶层。皇帝和他们的大臣认为，也先土干和把台这类人对权力在君主和继任者之间的有序交接至关重要。与其他许多高级文官和武将一样，也先土干和把台获得了额外的头衔和俸禄，这表彰了他们的忠诚和效劳。

蒙古妇女与明朝皇室有密切的联系。把都帖木儿的小女儿是朱棣的妃子，他的一个孙女是朱瞻基的妃子。[204] 朱祁镇的一个外孙娶了有蒙古血统的明朝将领施聚（1462 年卒）的女儿。[205] 与蒙古人一样，明朝皇室利用这种关系将其影响力投向边疆。把都帖木儿家族在具有战略意义的凉州地区（位于河西走廊）有相当大的影响力，与把都帖木儿家族联姻有助于明朝皇帝对抗成吉思汗后裔家族及其欧亚大陆东部盟友的势力。[206]

如果说也先土干和把台与明朝皇帝的关系表现出时间上的连续性，那么它们也显示出变化。15 世纪的前三十年，蒙古人大量涌入甘肃；大量的蒙古首领——往往带领着混杂的部众——向明朝皇帝效忠并被安置在宁夏、凉州、永昌等地。[207]

129

在这几十年里，明廷对蒙古首领的招揽最为积极：如司律思（Henry Serruys）所说，为他们举办的正式宴会是"中原礼仪的一项创新"。[208]同样引人注目的是，朱棣和朱瞻基直接参与了关于重新安置西部边地蒙古人社群的协商和安排。到了15世纪40年代，把台和其他投靠明朝的首领已经将重心从宁夏和凉州转移到了北京，并在当地与禁卫军中的将领通婚。在没有军事任务的时候，他们住在京师。蒙古人从草原到甘肃的迁移并没有完全结束，但从边境到皇帝身边的道路已经大大收窄。朱祁镇和朱祁钰都毫不犹豫地起用把台或把都帖木儿后裔这样的人对抗瓦剌，但这些后来的皇帝不太可能派他们去促进新附蒙古人的融入，因为他们已经成为京师建制的一部分，从而降低了他们作为优秀中间人的价值。[209]把台后裔的命运需要进一步研究，但直到王朝灭亡甚至更久以后，把都帖木儿的后裔都继续作为北京社会的一部分而存在。

对蒙古人为明朝服务的看法和表现因时间和个人而异。当时许多人反对皇帝——从朱棣到朱祁镇——给予蒙古人信任和地位。这种情绪的根源包括长期存在的文化优越感、对蒙古人的不信任、对蒙古人优惠经济待遇的嫉妒、对蒙古人世袭职位的怨恨，还有对武人统治及这种统治与蒙古人之密切联系的抗拒。出于种种原因，一些汉族文人拒绝接受皇帝对蒙古人在政权中地位的理解。

我们很难将任何明朝对蒙古人——无论是草原上的还是王朝内的——的看法视作铁板一块，因为这些看法会随着时间的推移而变化。正如人们能想到的那样，在一两百年后的评论者看来，王朝的第一个世纪常常会有多种面貌。从17世纪中叶的视角出发，学者黄景昉将当时对周边蒙古人（包括也先土干）的"赏赉无算"解释为"以明中国广大气奋而已"。[210] 他在描述也先土干和明朝介入草原的总体模式时完全没有提到明朝皇帝与蒙古精英的个人互动。黄景昉通过遗漏改写了历史。然而，在断定这不过是因为晚明人士不了解明代前期情况之前，我们必须记住：在明廷中贬低蒙古人重要性的努力早已开始。刘定之的《否泰录》基本上在同一时期记载了朱祁镇在土木堡被俘（将在下一章讨论），该书完全忽略了许多在皇帝军中征战并为保卫皇帝而死的蒙古人的情况；徐学聚于1635年编写的政治百科全书《国朝典汇》则收入了也先土干的那个故事，其中也先土干证明了朱瞻基信任远人是正确的。[211] 对于愿意承认帝国统治这一层面的历史学家来说，明代前期皇帝与远人的密切关系是显而易见的。

注　释

1. 学者们在重构汉文转写"也先土干"的蒙古语时有多种意见，包括 Esen-tügän、Esen-tughan、Esen-Toghan、Esen-Tughal 和 Esen-Tügel。我接受柯立夫（Cleaves，"Lingǰi of Aruγ，" p. 53，fn. 20）的观点。

2. 宋端仪：《立斋闲录》，收入《国朝典故》卷41，第976页；黄瑜：《双槐岁钞》卷4，第80页；郑晓：《今言》，第54条，第30页；高岱：《三犁虏庭》，载《鸿猷录》卷8，收入《纪录汇编》卷74，第754页；朱国祯：《涌幢小品》卷1，第8页；王世贞：《凤洲杂编》，收入《纪录汇编》卷154，第1589页；丘濬：《驭夷狄》，载《丘文庄公集》，收入《皇明经世文编》卷73，第3册，第627页；《北征记》，收入《国朝典故》卷18，第1册，第322页；王圻：《续文献通考》卷124，第7538页；

陈仁锡：《皇明世法录》卷 11.33b-35b，第 1 册，第 290～291 页；徐学聚：《国朝典汇》卷 3.19b-20a，第 1 册，第 109 页；朱健：《古今治平略》卷 32.7b，收入《续修四库全书》，史部，第 757 册，第 689 页；不详：《国朝典章》（无页码），收入《四库全书存目丛书》，史部，第 268 册，第 45 页；郑晓：《皇明北虏考》（北平，1937 年重刊本，第 25 页），收入《明代蒙古汉籍史料汇编》，第 1 辑，第 197 页；不详：《明功臣袭封底簿》卷 3，第 452 页；何乔远：《名山藏》卷 42，第 2 册，第 1153 页；薛应旂：《宪章录校注》卷 19，第 242～243 页；《国史唯疑》卷 2，第 43 页；邓球：《皇明泳化类编》卷 129.18a，第 8 册，第 337 页。在给金善作的墓志铭中，杨荣费心地指出在"名王子也先土干"前来归顺时金善正与朱棣在一起。杨荣：《杨文敏公集》，第 2 册，第 833 页。

3. Serruys, "Mongols Ennobled," pp. 228-33；王圻：《续文献通考》卷 212，第 12569 页；卷 238，第 14175 页。

4. 此外，朱棣还表示担心草原上的蒙古人可能会利用这次胜利来攻击明朝的边地。与他对话的将领是何福和陈懋。

5. 《明太宗实录》卷 96.2b，第 1270 页。

6. 《明太宗实录》卷 130.2b-3a，第 1610～1611 页。

7. 《明太宗实录》卷 129.1b-2a，第 1598～1599 页。

8. 《明太宗实录》卷 126.3a，第 1577 页。

9. 相反，在得知丘福在胪朐河河畔战败后，朱棣承认无辜士兵的死亡是由于"朕不明知人之过"。见《明太宗实录》卷 96.2b，第 1270 页；《国榷》卷 14，第 1 册，第 1028 页。

10. 《明太宗实录》卷 134.4a-b，第 1641～1642 页。

11. 关于朱棣评论蒙古首领个人的奸诈或概括性地说到"戎"的背信弃义，见《明太宗实录》卷 129.4b，第 1604 页；《明太宗实录》卷 135.1b，第 1645 页。

12. 《明太宗实录》卷 174.1a-b，第 1915～1916 页。

13. 其他例子见《国榷》卷 14，第 1 册，第 1019；《明太宗实录》卷 91.1a，第 1185 页；《明太宗实录》卷 128.1a，第 1591 页。

14. 《明太宗实录》卷 220.2b，第 2187 页。

15. 和田清：「明初の蒙古經略」，『東亞史研究（蒙古篇）』，第

61~79页。

16. 商传（《永乐皇帝》，第221页）推测投降的蒙古人编造了这个故事，以证明他们对明朝皇帝的忠诚。

17. 《明太宗实录》卷261.2b，第2388页。

18. 《明太宗实录》卷261.3a，第2389页。另见《明太宗实录》卷261.1b，第2386页。

19. 《明太宗实录》卷261.3a，第2389页。

20. 《明太宗实录》卷261.3a，第2389页；卷262.1a，第2393页；卷262.1a，第2393页；卷262.1b，第2394页；卷262.4a，第2399页。

21. 《明太宗实录》卷261.3a，第2389页；卷262.1a，第2393页；卷262.1a，第2393页；卷262.2b，第2394页。

22. 《明太宗实录》卷262.4a，第2399页。

23. 《明太宗实录》卷263.1a，第2401页。赵王和太子曾派人上表祝贺"寿星"的出现。

24. 《明太宗实录》卷263.2a，第2403页；《国榷》卷17，第2册，第1205页。

25. 《明太宗实录》卷262.3a-4a，第2397~2399页。

26. 《明太宗实录》卷263.1b，第2402页；《国榷》卷17，第2册，第1205页。

27. 它很可能是"知枢密院事"的省称。枢密院曾是元朝行政结构的一个重要组成部分。该官名表明尽管官僚架构已经缩减，但元代的行政词汇仍被沿用。

28. 《明太宗实录》卷263.1b，第2402页；《国榷》卷17，第2册，第1205页。

29. 《明太宗实录》卷263.1b，第2402页。

30. 《明太宗实录》卷263.1b-2a，第2403~2304页。《朝鲜王朝实录》提到三个星期后明朝臣民逃脱囚禁，但没有说明抓捕他们的人是谁。朝鲜政府为难民提供了衣服。见《朝鲜世宗实录》卷22.4b。

31. 《明太宗实录》卷263.2a-b，第2403~2404页；《国榷》卷17，第2册，1205页。

32. 这些军官包括恭顺伯吴克忠、安顺伯薛贵、都督吴成、苏火耳灰和柴永正。关于这些人，参 Serruys, "Mongols Ennobled"。

33. 《唐太宗李卫公问对》，转引自 Skaff, *Sui-Tang China*, p. 59。

34. 杨荣：《明故恭顺伯吴公神道碑》，载张澍编《凉州府志备考》卷 8，第 751 页。

35. 《明太宗实录》卷 264.1a，第 2405 页。

36. 《明太宗实录》卷 264.1b，第 2406 页。

37. 《明太宗实录》卷 264.1b，第 2406 页。

38. 《明太宗实录》卷 264.2a，第 2407 页。

39. 《明太宗实录》卷 264.2b，第 2408 页。

40. "真吾主也"的表述让人联想到关于王朝创立者的说法。刘基、宋濂等朝廷重臣早在朱元璋登基前就承认他是"真主"，这展现了他们的卓识。另一种将朱元璋与对手区分开来的说法是"真人"。

41. 朱鸿（《明成祖与永乐政治》，第 251 页）断定给也先土干的慷慨待遇只是"满足了成祖的虚荣心"，这种观点抹杀了存在竞争对手的事实。

42. 《皇明诏令》卷 6.27a-b，收入《续修四库全书》，第 458 册，第 148 页；《明太宗实录》卷 264.3a，第 2409 页。

43. 《皇明诏令》卷 6.27b-28a，收入《续修四库全书》，第 458 册，第 148 页；《明太宗实录》卷 264.3a，第 2409 页。

44. 《皇明诏令》卷 6.28a-b，收入《续修四库全书》，第 458 册，第 148 页。另见《明太宗实录》卷 264.2b，第 2408 页。

45. 《明太宗实录》卷 264.2b，第 2408 页。

46. 《明太宗实录》卷 264.3b，第 2410 页。

47. 《明太宗实录》卷 265.1a，第 2411 页；《明太宗宝训》卷 5.30b-32b，第 398~402 页。这幅图景激发了后来的明朝史家的想象力。朱国桢（《涌幢小品》卷 1，第 8 页）将朱棣光荣的胜利进军与唐太宗秦王时期的辉煌相提并论。

48. 《明太宗实录》卷 265.1b，第 2412 页。

49. 《明太宗实录》卷 265.1b-2a，第 2412~2413 页。

50. 一石相当于 3.1 蒲式耳或 130 磅。Mote and Twitchett, *Cambridge History of China*, vol. 7.

51. 《北征记》，收入《国朝典故》卷 18，第 1 册，第 322 页。后来的作者经常提到也先土干劝说朱棣攻打阿鲁台。见高岱《鸿猷录》卷 8，收入沈节甫编《纪录汇编》卷 74，第 28 页 a；谭希思《明大政纂要》卷 16.26a-b，第 3 册，第 1031～1032 页。1413 年，阿鲁台曾提出完全相同的建议并请求朱棣发起对瓦剌首领马哈木的征讨，因为马哈木谋杀了在位的本雅失里可汗并立答里巴（1395～1415）为汗。见《明太宗实录》卷 140.3b，第 1684 页。不久之后，另一个"北虏"卜颜不花也要求朱棣举兵惩罚马哈木，因为马哈木愈加骄横，阻塞草原使节前往明廷的路径。见《明太宗实录》卷 140.5b，第 1687 页；《国榷》卷 15，第 1 册，第 1091 页。

52. Barfield, *The Perilous Frontier*, pp. 63-67.

53. 《北征记》，收入《国朝典故》卷 18，第 1 册，第 322 页；《明代蒙古汉籍史料汇编》，第 1 辑，第 58 页。

54. 和田清：「明初の蒙古経略」，第 79～86 页；商传：《永乐皇帝》，第 216～229 页；晁中辰：《明成祖传》，第 384～388 页；Tsai, *Perpetual Happiness*, pp. 174-76。

55. 这名官员是通事朱扬善。见《朝鲜世宗实录》卷 22.10a。

56. 《朝鲜世宗实录》卷 22.12b。

57. 《朝鲜世宗实录》卷 22.14a。在 1421 年和 1423 年，朝鲜朝廷共向辽东交付了两万匹马（通常以每次一千匹分期交付的方式）。见『訓讀吏文（附）吏文輯覽』卷 2，第 80～82 页。在 1410 年 2 月，为准备对本雅失里和阿鲁台的战争，朝鲜朝廷交给辽东的马被运送到了北京。朱棣正在北京集结军队、囤积物资。见《明太宗实录》卷 100.1b。这是明朝的一贯政策：在减少其他势力所拥有的马匹的同时，确保自己能有尽可能多的坐骑以便向草原大举进军。关于洪武年间对朝鲜半岛国王的这种做法，见 Robinson, "Rethinking the Late Koryǒ," pp. 94-95。关于 15 世纪 50 年代的这类做法，见北岛万次「永楽帝期における朝鮮国王の冊封と交易」。

58. 《杨文敏公集》，第 3 册，第 1219～1220 页。和田清（『東亞史研究（蒙古篇）』，第 269～271 页）用牵强的史事编年说明了这个脱脱不花就是在几十年后的 1439 年成为可汗的那个人。1409 年 9 月下旬，另有十一个拥有元廷授予的高级官职的人归顺明朝。见《明太宗实录》卷95.4b，第1262页。

59. 《国榷》卷14，第1册，第1025页。

60. 哈拉浩特在汉文记载中被称为亦集乃城，名称源于西夏的黑水城（马可波罗所谓的Etzina）。关于14世纪末和15世纪初的哈拉浩特，见Robinson, *In the Shadow of the Mongol Empire*，第四章。

61. 《明太宗实录》卷94.4b-5a，第1250页；《国榷》卷14，第1册，第1025页。

62. 《明太宗实录》卷94.3b，第1248页。

63. 《明太宗实录》卷95.1b-2a，第1255~1256页。

64. 《明太宗实录》卷96.1a，第1267页。

65. 杨士奇：《国朝献征录》卷12.23b-24a，第1册，第398页。

66. 就这一事件的讨论见Serruys, "Mongols of Kansu," pp. 282-88。如司律思所说，朱棣最终下令将一部分蒙古人流放到广东廉州。

67. 《明太宗实录》卷134.1a，第1635页。这个人是老的罕。更多关于赤斤蒙古卫的叙述见本书第五章。

68. 《明太宗实录》卷125.2b，第1568页。

69. 《明太宗实录》卷124.3a，第1559页；《国榷》卷15，第1册，第1072页；Serruys, "Mongols of Kansu," p. 286；《明太宗实录》卷131.4a，第1621页；卷126.2a，第1575页；《国榷》卷15，第1册，第1073页；《明太宗实录》卷127.1b-2a，第1592~1593页；《国榷》卷15，第1册，第1075页。《明太宗实录》卷130.2b-3a，第1610~1611页；《国榷》卷15，第1册，第1078页；《明太宗实录》卷127.2b，第1586页；卷127.3a，第1587页。

70. 在一份1412年9月给陕西行都指挥使的敕书中，皇帝明确提到了他与该地区其他几名将领的通信。见《明太宗实录》卷131.3a，第1619页。

71. 《明太宗实录》卷134.1a，第1635页；《国榷》卷15，第1册，第1083页。

72. 《明太宗实录》卷134.1a，第1635页；《国榷》卷15，第1册，第1083页；《明太宗实录》卷135.4a，第1651页；《国榷》卷15，第1册，第1085页；《明太宗实录》卷140.2b，第1682

页。杨荣的小传也提到了他在处理 1412 年反叛时发挥的作用，见《明仁宗实录》卷 69.4b，第 1330 页。

73. 附于其文集的杨荣传记称皇帝询问他接受也先土干归附的合适礼仪，见《杨文敏公集》，第 3 册，第 1238 页。

74. 《明太宗实录》卷 129.4a，第 1603 页。这名官员是孟善。他曾在元朝任职，参与过几次军事行动，并在内战中站在朱棣一边作战。他在被召回朝中之前在辽东任职七年。朱棣在 1402 年封孟善为保定侯。见《明功臣袭封底簿》卷 1，第 93～95 页。

75. 王珣：《宁夏新志》卷 2.19a，第 283 页。同一方志中提到了耿忠在这方面的成功。耿忠是在洪武年间建立宁夏卫并且"招徕[蒙古]降抚"的指挥（卷 2.17b，第 280 页）。太监海寿在宣德年间担任宁夏镇守时"招降夷虏甚众"（卷 2.22a，第 289页）。招降远人在行政方面的相对重要性直到 16 世纪仍不明确。在某些情况下，因招降远人而获得的职位可以传给子孙，但也并不总是如此（因为这一职位并非由"军功"而获得）。关于 1516 年一条禁止子孙继承此类职位的法规，见《条例备考》卷 5.74a-b。

76. 《明太宗实录》卷 128.2a，第 1593 页。几周后朱棣也如此警告辽东诸将。见《明太宗实录》卷 129.4b，第 1604 页。

77. 这种经验也包括巧妙地管理经由北方沿边卫所前往京师的蒙古使团。这类使团规模很大，而且有数千头牲畜同行。郭玹的墓志铭称他在宣府执行这项任务的三年中取得了巨大的成功，赢得了蒙古人和当地人的认可。见罗亨信《觉非集》卷 4.9a，收入《北京图书馆古籍珍本丛刊》，第 103 册，第 116 页。

78. 《明史》卷 145，第 13 册，第 4093～4094 页。这些蒙古人中最突出的也许是来自大宁卫的人。他们生于兀良哈三卫。陈懋的父亲陈亨曾经在燕山左卫任职，并在内战前与朱棣一起在草原上征战。

79. 《明功臣袭封底簿》卷 3，第 441 页。

80. 《国朝献征录》卷 7.45b，第 1 册，第 244 页。李贤称陈懋"凡胡人降附者，亲抚绥之，务得其欢心"。在洪武朝的大部分时间里，将军宋晟在陕西特别是凉州卫承担过类似的职责，即抗击、俘虏和招降蒙古人。14 世纪 80 年代初，据说他招抚了多达一万八千名的蒙古人——其中包括从元朝皇帝那里得到国公封号的吴巴图——并使他们转而效忠于明朝皇帝。宋晟在 1405 年把都帖木儿（吴允诚）的归附中也起到了一定作用。然而，宋晟似乎把更多时间花在了战胜蒙古人而非安排他们归附和重新安置上。见《东里文集》卷 12，第 171~172 页。

81. 吴答兰有时被误认为是吴克忠。关于该说法，见 Serruys, "Mongols Ennobled," p. 219, fn. 37. 另外两个兄弟是吴管者和吴克勤。吴克忠和吴克勤都在土木之变中为保卫皇帝而战死。

82. 《明太宗实录》卷 87.2b-3a，第 1154~1155 页。

83. 司律思（Serruys, "The Location of T'a-t'an"）提出塔滩最初可能是指黄河拐弯处以西的一座佛塔，但到了明朝，其用法已经变得更加宽泛。

84. 《明太宗实录》卷 88.7b，第 1174 页。

85. 《明太宗实录》卷 90.1a，第 1185 页。

86. 《明太宗实录》卷 88.8a，第 1175 页；卷 90.2a，第 1187 页。

87. 《明太宗实录》卷 89.3b-4a，第 1182~1183 页。

88. 《明太宗实录》卷 90.1b-2a，第 1186~1187 页。

89. 《明太宗实录》卷 93.4b，第 1234 页。被激怒的朱棣感觉自己遭到了背叛，他说："朕以至诚待之，遣使还其部属，乃执杀使臣，欲肆剽掠。"

90. 《明太宗实录》卷 90.1a，第 1185 页。

91. 《明太宗实录》卷 93.5a-b，第 1235~1236 页；《国榷》卷 14，第 1 册，第 1023 页。《明实录》在提到当时安南的职官时也常常用"伪"字。艾骛德（Christopher Atwood）认为该文本可能有脱字。

92. 《明实录》的纂修者在使用"伪"这个字时没有遵循一致的标准。不是所有由蒙古朝廷授予的头衔都被冠以"伪"字。后来，阿滩卜花的国公头衔并没有带着"伪"这一限定语。这种前后不一的用法可能反映了将各种文书混合成《明实录》中的记载时产生的编纂失误。

93. 《明太宗实录》卷 93.4b，第 1234 页。

94. 《明太宗实录》卷 93.5a-b，第 1235~1236 页。

95. 《明太宗实录》卷 93.5b，第 1236 页。

96. 《明太宗实录》卷 93.6b，第 1238 页。

97. 《明太宗实录》卷 93.6b，第 1238 页。朱棣在出使本雅失里的幸存者那里证实了这个消息。见《明太宗实录》卷 93.7a，第 1239 页。

98. 《明太宗实录》卷 95.2b，第 1258 页。不久之后，另一批一百四十四名蒙古首领前往北京觐见朱棣，朱棣给了他们从都督佥事到百户的官职。他们也返回了宁夏。见《明太宗实录》卷 95.6a，第 1265 页。

99. 《明太宗实录》卷 94.3a，第 1247 页。

100. 《明太宗实录》卷 96.4a，第 1273 页。朱棣也同样指示陇西的一位卫所将领从当地的西藏、蒙古军民中挑选最能战斗的人参加北征。见罗亨信《觉非集》卷 4.25b，收入《北京图书馆古籍珍本丛刊》，第 103 册，第 124 页。

101. 《明太宗实录》卷 99.3b，第 1300 页。1410 年 1 月，朱棣将几位将领从大越召回京师，为即将到来的对本雅失里和阿鲁台的战争做准备，其中包括像把都帖木儿这样的蒙古官员。

102. 《明太宗实录》卷 94.4b-5a，第 1250～1251 页；《国榷》卷 14，第 1 册，第 1025 页。约三万名蒙古人赶着十万头牲畜一起抵达。后一个数字似乎低得离谱，这或许反映了蒙古人面临的严峻经济形势。

103. 《明太宗实录》卷 94.4b-5a，第 1250～1251 页。

104. 《明太宗实录》卷 96.2a，第 1269 页。

105. 艾骛德提出"迭儿必失"很可能是波斯语"dervish"的突厥 - 蒙古语形式。

106. 《明太宗实录》卷 95.6a，第 1265 页；《国榷》卷 14，第 1 册，第 1028 页。

107. 《明太宗实录》卷 96.3a，第 1271 页；卷 96.5a，第 1275 页；卷 97.2a，第 1281 页；《国榷》卷 14，第 1 册，第 1030 页。例如，陈懋率领一支部队前往京师时遇到了鞑靼知院秃赤和他的弟弟司徒伯颜不花带领的一群蒙古人，他将他们引向北京。

108. 《明太宗实录》卷 97.2b，第 1282 页。1409 年 11 月，朱棣命令陈懋为鞑靼太尉阿的阿剌撒儿（Adi-Ala-[Qa]sar?）举办一次宴会。感谢艾骛德提供该人名的可能读法。

109. 《明太宗实录》卷 99.1b－2a，第 1296～1297 页；《国榷》卷 14，第 1 册，第 1032 页。

110. 《明太宗实录》卷 98.1a，第 1289 页；胡濙：《明宁阳侯夫人严氏墓志铭》，收入中国文物研究所、北京石刻艺术博物馆编《新中国出土墓志·北京》，第 1 卷，上册，第 85 页。在葬礼的记载中，都连被称为失保赤都连（意为养鸟人都连）。感谢艾骛德的转写和翻译。

111. 《明太宗实录》卷 100.1a，第 1303 页。陈懋负责指挥左翼。何福也参加过北征并指挥左翼。见《明太宗实录》卷 102.1a，第 1323 页。弘治年间编纂的《宁夏新志》也部分因为陈懋"招降抚叛"的能力而纪念他。王珣：《宁夏新志》卷 2.19a，第 283 页；杨守礼：《宁夏新志》卷 1.8a。16 世纪的一份记述宁夏帅府的碑文将招抚蒙古人的能力作为陈懋最大的成功。见杨守礼《宁夏新志》卷 1.34b。明廷非常重视"地方官"引导蒙古和西藏首领归顺明朝的能力。

112. 胡濙：《明宁阳侯夫人严氏墓志铭》，收入《新中国出土墓志·北京》，第 1 卷，上册，第 85 页；《国朝献征录》卷 7.46a，第 244 页。陈懋的女儿被封为恭顺荣穆丽妃。

113. 仅举一例：朱棣将他的两个女儿嫁给了另一个在甘肃任职的勋贵宋晟的儿子。宋晟的两个儿子宋琥和宋瑛分别由两个不同的母亲叶氏和许氏所生。两人墓志拓片的黑白照片刊于南京市博物馆编《郑和时代特别展图录》，第 94～95 页。宋晟的女儿们嫁给了当地卫所的指挥。

114. 《北征录》，收入《国朝典故》卷 18，第 1 册，第 322 页；《明代蒙古汉籍史料汇编》，第 1 辑，第 58 页。

115. 《北征录》，收入《国朝典故》卷 18，第 1 册，第 325 页；《明代蒙古汉籍史料汇编》，第 1 辑，第 62 页。

116. 《明太宗实录》卷 270.2b－3a，第 2448～2449 页；卷 272.1a，第 2461 页；卷 272.1b，第 2462 页；卷 272.2a，第 2463 页。

117. 《明仁宗实录》卷 1 下.1a，第 23 页。

118. 《明仁宗实录》卷 2 下.12a，第 85 页。

119. 《明仁宗实录》卷 2 下.12a，第 85 页。

120. 17 世纪初，沈德符（《万历野获编》卷 4，第 3 册，第 932 页）

写道，即使是颇受青睐的也先土干也没能被立即授予此官。他认为这证明了朝廷十分重视这一官职。

121. 《明仁宗实录》卷 3 上.5b，第 96 页。见 *Dictionary of Ming Biography*，pp. 1519-22 中贺凯（Charles Hucker）所作的杨荣传记。

122. 《明仁宗实录》卷 6 上.1a，第 195 页。

123. 《明功臣袭封底簿》卷 2，第 289 页；《明仁宗实录》卷 9 下.6b，第 300 页。

124. Robinson, "Military Labor," pp. 58-60.

125. 《明宣宗实录》卷 12.8b，第 334 页。1427 年，朱瞻基同样下令，因为把台"自远来归，非有资产可仰给"，他的俸禄也完全以米支付。见《明宣宗实录》卷 34.3a，第 861 页。

126. 《明宣宗实录》卷 15.4a，第 397 页。

127. 周松：《明朝北直隶"达官军"的土地占有及其影响》；Robinson, *Bandits*, pp. 36-37.

128. 《明英宗实录》卷 67.10a，第 1299 页。

129. 《明宣宗实录》卷 17.1b，第 448 页。

130. 《明宣宗实录》卷 19.9a，第 509 页；卷 31.1a-b，第 795~796 页；卷 37.3b，第 914 页。该时期一个蒙古军官请求让儿子继承自己职位的案例见《明宣宗实录》卷 46.8a，第 1125 页。在此事中那个人的儿子后来在蒙古人高级将领吴诚手下服役，负责巡逻北部边境。

131. 《明宣宗实录》卷 33.4b，第 842 页。与此同时，一个先前由翻译得官的锦衣卫指挥哈只被赐了汉名李诚。

132. 《明宣宗实录》卷 40.8a，第 987 页。

133. 《明宣宗实录》卷 46.11b，第 1136 页；卷 46.11b-12a，第 1136~1137 页；卷 47.1a，第 1139 页。

134. 《明宣宗实录》卷 47.1a，第 1139 页。

135. 《明宣宗实录》卷 47.1b，第 1140 页。

136. 《明宣宗实录》卷 47.1b，第 1140 页；卷 47.2a，第 1141 页。

137. 《明宣宗实录》卷 47.2a，第 1141 页。

138. 《明宣宗实录》卷 47.2b，第 1142 页。

139. 《明功臣袭封底簿》卷 1，第 129 页。

140.《明宣宗实录》卷 46.11a，第 1136 页。

141.《明宣宗实录》卷 47.2a，第 1141 页。

142.《明宣宗实录》卷 47.2a-b，第 1141~1142 页。

143.《明宣宗实录》卷 47.3a-b，第 1143~1144 页。

144. Loewe, "The Former Han Dynasty," pp. 170, 178.

145.《明宣宗实录》卷 47.3a-b，第 1143~1144 页。

146.《明宣宗实录》卷 47.3b-4a，第 1144~1145 页。

147.《明宣宗实录》卷 47.3b-4b，第 1144~1145 页。

148.《明宣宗实录》卷 50.3b，第 1204 页。把台也得到了奖赏，尽管少很多。

149.《明功臣袭封底簿》卷 2，第 289 页；《明宣宗实录》卷 51.10a，第 1231 页。

150.《明宣宗实录》卷 53.11a，第 1283 页。几个月后，朱瞻基临时同意部分授予把台所请求的土地。当把台请求获得潞县（京师以南）的一个村子里的四十顷土地时，皇帝答复说，如果该地是闲置的，就可以给把台十五顷土地，否则就完全不给。见《明宣宗实录》卷 59.13a，第 1419 页。

151.《明史》卷 137，第 13 册，第 3959~3960 页。我（Robinson, *Martial Spectacles of the Ming Court*, pp. 62-63）翻译并讨论了这段话。

152.《明宣宗实录》卷 63.10a，第 1493 页。同为蒙古人的薛贵也是将领之一。

153. 我（Robinson, *Martial Spectacles of the Ming Court*, pp. 63-67）讨论了 1430 年的游行。

154.《明宣宗实录》卷 82.10a，第 1909 页。

155.《明宣宗实录》卷 103.3b-4a，第 2298~2299 页。周松（《明朝对近畿达官军的管理》，第 84 页）在讨论明朝皇帝对蒙古人的优待时提到了这个案例。

156.《明英宗实录》卷 67.10a，第 1299 页。

157.《明英宗实录》卷 18.2b，第 352 页。

158.《明英宗实录》卷 148.6b，第 2914 页。

159.《明英宗实录》卷 112.5b-6a，第 2256~2257 页；《国榷》卷 26，第 2 册，第 1659 页。

160. 《明英宗实录》卷 113.9b-10，第 2284~2285 页；《国榷》卷
　　 26，第 2 册，第 1661 页。

161. 《明英宗实录》卷 115.3b，第 2318 页。把台是因为这次战争
　　 而获得提拔和赏赐的几十个人（包括其他效力于明朝的蒙古
　　 人）之一。见《明英宗实录》卷 114.9a，第 2303 页；《明英
　　 宗实录》卷 115.4a，第 2319 页；《国榷》卷 26，第 2 册，第
　　 1663 页；卷 26，第 2 册，第 1664 页。与此同时，户部弹劾主
　　 将朱勇未能取得决定性的胜利，而且浪费了粮草和其他资源。
　　 见《明英宗实录》卷 114.7a-b，第 2299~2230 页；卷 114.9a，
　　 第 2303 页；《国榷》卷 26，第 2 册，第 1663 页。

162. 《明实录》中没有把台受封的记载。把台第一次被称作忠勇伯
　　 是在 1444 年 3 月 16 日的一条记录里（《明英宗实录》卷
　　 113.9b，第 2284 页）。他在正统初年出现时是右军都督（如
　　 《明英宗实录》卷 18.2b，第 352 页）。1530 年的《明功臣袭封
　　 底簿》将受封日期定在 1444 年 4 月 4 日（《明功臣袭封底簿》
　　 卷 2，第 277 页）。宋端仪（《立斋闲录》卷 1，收入《国朝典
　　 故》卷 41，第 2 册，第 976 页）称把台在 1449 年的农历二月
　　 被封为忠勇伯。

163. 《明英宗实录》卷 116.4b，第 2340 页。

164. 《明英宗实录》卷 167.8a，第 3239 页。

165. 《明英宗实录》卷 180.5b，第 3488 页。在其他被弹劾的人中
　　 有几个蒙古人，包括恭顺侯吴克忠、永顺伯薛绶、都督陈友和
　　 都督吴克勤。

166. 这些蒙古人中的三个（吴克忠、薛绶和陈友）在前一年因缺席
　　 朝会而受到惩罚。

167. 吴克忠被追赠了荣誉，他的头衔被授予了他的儿子吴瑾。后者
　　 在 1461 年的失败政变（"曹钦之乱"）中为保卫王朝而死。
　　 见《明功臣袭封底簿》卷 3，第 426 页。

168. 《明英宗实录》卷 196.7a，第 4159 页。

169. 李实：《李侍郎使北录》，收入《国朝典故》卷 30，第 1 册，
　　 第 470 页。

170. 或者至少是那些最接近朱祁镇的部下。也先和脱脱不花手里有
　　 大量其他明朝俘虏，但没有证据表明在朱祁镇返回的时候他们

也被普遍释放。

171. 《明英宗实录》卷 242.1b，第 5266 页。

172. 18 世纪的《明史》等很久之后的资料说也先将把台交给自己的弟弟赛罕王看管。《明史》还说把台与朱祁镇一起返回。《明史》中的记载直接取自徐乾学《明史列传》卷 31，第 1 册，第 245~246 页。

173. 《明英宗实录》卷 185.3a，第 3669 页。司律思（Serruys，"Mongols Ennobled," p. 235）翻译了整条记载。据说另外两个人是喜宁的家奴。喜宁是一个蒙古人。他被明朝军队俘虏，并且被阉割、充作太监。他在土木堡被俘，后来被指控充当也先的谋士。他后来被移交给了明廷并被作为叛徒处决。见川越泰博『明代長城の群像』，第 131~168 页。

174. 《明英宗实录》卷 185.3a，第 3669 页。

175. 川越泰博（『明代長城の群像』，第 169~185 页；『明代異国情報の研究』，第 141~179 页）讨论了袁彬和他的记述。

176. 该书题名不一，包括《北使录》和《使北录》。见《国朝典故》卷 29，第 1 册，第 462~476 页；沈节甫编《纪录汇编》卷 19。北京大学图书馆藏的嘉靖刻本题为《虚庵李公奉使录》，重刊于《续修四库全书》，史部，第 433 册。

177. 尹直：《謇斋琐缀录》，第 120 页；袁彬：《北征事迹》，收入《纪录汇编》卷 18，第 172 页。

178. 尹直：《謇斋琐缀录》，第 130 页；袁彬：《北征事迹》，收入《纪录汇编》卷 18，第 172 页；杨铭：《正统临戎录》，收入《国朝典故》卷 28，第 1 册，第 448 页。

179. 杨铭：《正统临戎录》，收入《国朝典故》卷 28，第 1 册，第 444 页。

180. 把台用了"轻易"一词，我将其解释为礼数不周或不尊重。这是在朝廷上展开的一场更大辩论的一部分。当时的都给事中林聪也认为，朱祁镇是为了王朝而与瓦剌作战的；如果只派一辆马车和几名骑兵来迎接他，那将是对他的侮辱。见彭华《太子少保刑部尚书赠荣禄大夫少保谥庄敏林公聪墓志铭》，收入《国朝献征录》卷 44，第 111~152 页。

181. 杨铭：《正统临戎录》，收入《国朝典故》卷 28，第 1 册，第

447页。把台在阳和表达了他的意见。毕奥南（《也先干涉明
朝帝位考述》，第174~175页）认为把台的说法反映了也先的
想法。朱祁钰称，为太上皇帝配备一支大型卫队会带来安全风
险，因为也先可能会利用卫队来掩护突袭部队行进。见《明英
宗实录》卷183.17b-18a，第3588~3589页；卷184.6a-b，第
3621~3622页。

182. 李实：《虚庵李公奉使录》卷1.10a，收入《续修四库全书》，
史部，第433册；《李侍郎使北录》，收入《国朝典故》卷29，
第1册，第467页。李实用了和把台一样的说法——"轻易"。

183. 《明英宗实录》卷188.26b-27a，第3858~3859页。

184. 郑晓：《吾学编》卷10.50b，收入《续修四库全书》，史部，
第424册，第338页。郑汝璧在他写的把台传记中用了郑晓的
材料。见郑汝璧《皇明功臣封爵考》卷6.71b，收入《四库全
书存目丛书》，史部，第258册，第586页。

185. 整个段落的翻译见 Serruys, "Mongols Ennobled," p. 236。另见
郑晓《吾学编》卷10.50b，收入《续修四库全书》，史部，
第424册，第338页；郑汝璧《皇明功臣封爵考》卷6.71b，
收入《四库全书存目丛书》，史部，第258册，第586页。

186. 刘定之：《否泰录》，收入《国朝典故》卷30，第1册，第482
页。明代史料强调喜宁的主要罪行是谋叛，他背叛了明朝对他
的厚爱。与此相反，毕奥南（《也先干涉明朝帝位考述》，第
176页）认为喜宁忠实地代表了朱祁镇的利益，因此引起了反
对释放太上皇的朱祁钰及其谋臣的愤怒。

187. 边将抓到过几次被他们咬定是也先间谍的明朝臣民。见《明英
宗实录》卷188.26b-27a，第3858~3859页。

188. 马建春：《凉州历史上的两位西域人——西宁王忻都、伏羌侯
毛忠》，第87页。

189. 于谦：《于谦集》，第270页；《明英宗实录》卷196.12a，第
4169页。勾结瓦剌很可能是一种方便抹黑政敌的说辞。1450
年，至少有两名驻守边疆的军官被控与瓦剌人勾结。见《明英
宗实录》卷189.9a，第3879页；卷189.16a，第3893页。叶
盛弹劾中军都督府右都督杨俊"有结交胡虏之意"，这里可能
是指他赞成与也先和亲。见叶盛《西垣奏草》卷5.1b，《叶文

庄公奏议》，收入《续修四库全书》，第 475 册，第 274 页。

190. 《明英宗实录》卷 196.12a，第 4169 页；徐乾学：《明史列传》卷 31，第 1258～1259 页。毛忠最终洗脱了背叛明朝的指控，并返回军中任职。关于他的仕途和后人，参张磊、杜常顺《明代河西走廊地区达官家族的历史轨迹——以伏羌伯毛氏家族为例》，第 92～94 页；马建春《凉州历史上的两位西域人——西宁王忻都、伏羌侯毛忠》，第 87～88 页。

191. Robinson，"Politics，Force，and Ethnicity，" pp. 85–88；Mote，"T'u-mu，" p. 271，特别是脚注 34，pp. 368-69。牟复礼（Mote，p. 271）写道："当时产生的反蒙古情绪持续存在，这给明朝和其最重要邻近政权的关系永远蒙上了阴影。"该说法夸大并过分简化了这个问题。明朝的官员们知道，由军纪败坏的士兵进行的掳掠并不只发生于蒙古人中。一份于 1449 年 8 月 21 日呈上的题本见李实《李实题本》，第 5 页 b～第 6 页 a。事实上，李实担心当地的官员们会以征兵作为借口从民众那里非法汲取资源。见李实《李实题本》，第 10 页 b（1449 年 9 月 24 日）。此外，官员报告说有不知名的"无赖子"也参与了掠夺。见《明英宗实录》卷 184.17b，第 3644 页；卷 184.19b，第 3648 页。

192. 李实：《李实题本》，第 39 页 b。这种语言并不只用于描述降明的蒙古人。土木之变后，一个官员认为汉人高级将领（朱勇）该对战败负责，他说："食其肉不足以慰四海臣民之心，戮其尸不足以纾三陵祖宗之愤。"见叶盛《叶文庄公奏议》，收入《续修四库全书》，第 475 册，第 249 页。

193. 《明英宗实录》卷 196.13a，第 4171 页。

194. 《明英宗实录》卷 196.7a-b，第 4159～4160 页。

195. 《明英宗实录》卷 197.3b-4a，第 4180～4181 页。

196. 《明英宗实录》卷 221.9a-b，第 4791～4792 页。

197. 《明英宗实录》卷 242.1b，第 5266 页。明廷将这一谥号授予了几个藩王。

198. 《明功臣袭封底簿》卷 2，第 277 页；《明英宗实录》卷 244.6b，第 5306 页。

199. 《明功臣袭封底簿》卷 2，第 277～278 页。

200.《明孝宗实录》卷 160.1a，第 2867 页。

201.《明太宗宝训》卷 5.30b-32b，第 398~402 页。

202.《明仁宗宝训》卷 3.37b-38a，第 146~147 页；《明宣宗宝训》卷 5.33b-34a，第 368~369 页。

203.《明宣宗宝训》卷 2.17b-18a，第 102~103 页。

204. 奇文瑛：《碑铭所见明代达官婚姻关系》，第 174 页；《明代卫所归附人研究》，第 197 页。

205. 朱祁镇的这个外孙是杨玺，崇德公主之子。奇文瑛：《碑铭所见明代达官婚姻关系》，第 175 页；《明代卫所归附人研究》，第 200 页。

206. 奇文瑛：《碑铭所见明代达官婚姻关系》，第 174 页；《明代卫所归附人研究》，第 198~199 页。

207. Serruys, "Mongols of Kansu," p. 271.

208. Serruys, "Mongols of Kansu," p. 272.

209. 关于另一个蒙古裔军人家庭类似的地位变化，见张磊、杜常顺《明代河西走廊地区达官家族的历史轨迹——以伏羌伯毛氏家族为例》，第 92~95 页。

210.《国史唯疑》卷 2，第 43 页。

211. 徐学聚：《国朝典汇》卷 3.26b-27a，第 1 册，第 112~113 页。

第四章 竞逐成吉思汗的遗产

引言

　　接下来的两章将重新审视中国历史上的一个标志性事件，关注它揭示了哪些关于欧亚大陆东部舞台上明朝统治权的信息。如上一章所述，1449 年秋，明朝君主朱祁镇（又称正统皇帝）亲征，他试图遏制野心勃勃的也先（1454 年卒）——袭击明朝北疆的瓦剌领袖——的部队。结果反而是明朝军队被击败、皇帝被俘虏。明廷陷入了暂时的混乱，一个新的皇帝（朱祁钰）登基，一年后原来的皇帝回到了北京。[1] 这个备受学界关注的戏剧性事件经常被称为土木之变，得名于也先击溃明军的地点土木堡，那是明朝的一个驿站（位于今河北省怀来县，在京师西北约一百二十公里）。

　　土木之变在明代政治史的背景下被研究得最为深入。朱祁镇被也先的部队俘虏，给明朝带来了前所未有的制度问题。谁来领导？领导多长时间，以什么身份领导？皇帝在政权中的作用是什么？[2] 皇太后和于谦（1398～1457）等文官将皇帝的同父异母弟扶上了皇位，解决了代替被俘的君主这一紧迫问题，但这为新旧两帝支持者之间的派系斗争埋下了隐患。[3] 由此产生的政治阴谋持续了十年之久。[4]

　　除了眼前的政治问题和长期的制度问题外，古今论者从土

木之变中得出了更宽泛的结论。在与瓦剌人发生冲突前的几天 132
和几周内，明朝的文官们反对这次军事行动。他们坚持认为这
次行动考虑不周、不负责任、与正确的统治方式不相容，这种
观点在最近的许多研究中得到了呼应。[5] 当时的文官和后来的
历史学家都将皇帝决定亲征归咎于影响力很大且深受朱祁镇信
任的太监王振。[6] 这样一来，土木之变就成了太监负面影响和
统治阶级衰落的证据。同样，两万蒙古骑兵可以摧毁五十万人
的明军的印象，也常常被认为是军事力量急剧衰退的证据。[7]

　　历史学家们还考虑了土木之变对明代思想史的更广泛影响
和它对亚洲地缘政治动态造成的后果。一项研究认为，土木之
变震撼了文人，使他们对原本坚信的知识和道德产生了怀疑。
什么地方出了问题，如何才能弥补？[8] 还有人认为，土木之变刺
激官员们去要求在治理和政策决定中拥有更大的发言权。[9] 在一
些学者看来，也先俘虏皇帝的主要影响在于激发了文人群体中
深刻而持久的仇外心理。[10] 少数研究考虑了土木之变对东北亚通
交关系的广泛影响。[11] 最后，对一些人来说，土木之变是东亚乃 133
至全球历史上一个划时代的事件，标志着当明朝在欧亚舞台上
地位下降时，明廷开始对蒙古人采取愈加被动的姿态；或者是
中国决定性地转向内在，为西欧的全球扩张让开了道路。[12]

　　本书第四章和第五章并没有试图重新确定朱祁镇在1449
年被俘对明朝政治史或对外关系的意义（这些问题在过去的
研究中已经有了深入的讨论），而是要筛查在危机时刻产生的
异常丰富的历史记录，来思考皇帝与蒙古贵族关系折射出的明
朝统治权的变与不变。我使用"土木之变"（Tumu crisis）这
一术语——它不仅指1449年的事件，还包括朱祁镇被俘前后
的事态发展——来探讨成吉思汗的衣钵对欧亚大陆领袖们持

久的重要性、明朝皇帝和蒙古贵族之间的恩惠和效忠模式，以及政治正当性和通交礼仪等共同概念。正如绪论中提到的，明代前期朝廷、瓦剌人、鞑靼人、女真部落和朝鲜朝廷的政治领袖都把成吉思汗的统治作为共同参照点和拥有强大影响力的政治遗产。[13] 尽管他们的具体做法不同，但 15 世纪的明廷和瓦剌都在努力应对如何让成吉思汗的遗产为自己所用这一共同挑战。[14] 由土木之变产生的文献资料也揭示了明廷通过劝说、军事压力、经济激励和展示皇帝的慷慨来赢得其他领袖效忠的持续努力。这两章展现出欧亚大陆东部各个政权的相互关联性，它们对政治正当性、通交礼仪和同盟的不稳定性有重合但并不完全一致的理解。

和明廷一样，鞑靼和瓦剌贵族也继承了蒙古帝国的遗产。

134　朱元璋及其继承人力图应对蒙古帝国及其崩溃所造成的局面，马哈木（1416 年卒）、脱欢（1439 年卒）、也先（1439～1454 年在位）等几代瓦剌领袖也是如此。他们有选择地借鉴了成吉思汗时代的政治行为和象征。1433 年，脱欢把一位成吉思汗后裔（名为脱脱不花）立为可汗，后来也先与欧亚大陆东部许多地方的成吉思汗后裔贵族建立了姻亲关系。他们利用了成吉思汗的统治工具，比如政府机构、官号、印章、诏书、册封、联姻以及与穆斯林商人的密切联系。明廷选择在一些领域与之竞争，在其他领域则放任不管。

鞑靼、瓦剌和明朝对成吉思汗政治文化的共同占有带来了共通性。当脱脱不花授予赤斤蒙古卫的首领封号和官位时（见第五章），明廷完全明白他在做什么。同样，当脱脱不花把自己描绘为成吉思汗、忽必烈和他们所有附庸的继承人时（见下文），明朝皇帝立刻明白了这一主张中的利害关系。造成这种共通性的部分原因是，在 14 世纪末，明代前期朝廷已经将其影响力扩大到蒙古帝国不稳定的残余部分，即从蒙古东部草原和东北地区到青藏高原和蒙古西部草原的边缘。在这一过程中，明廷渐次取代了地方精英——其中有些人一方面是成吉思汗后裔或与之结盟的蒙古贵族，另一方面又与现在的掌权者缔结同盟。这些地区都经历过蒙古人的统治，熟悉成吉思汗时代的方式和符号。从更广义上说，竞争、对抗和征服也促成了某种程度的趋同。[15]

中国的历史学家经常强调瓦剌和明朝之间密切的经济联系。有些人认为，瓦剌（和鞑靼）接受了明朝的统治，并承认中原文化的优越性。[16] 与其用这种以明朝为中心的方式来思考问题，不如说明朝本身已经被纳入了更大的贸易网络，并有其自身的权威与正当性来源。土木之变揭示了对成吉思汗秩序的一场跨越多个世代、多个政权的重塑，它直接牵涉到瓦剌、蒙兀儿、鞑靼、女真、朝鲜和汉人的政治精英们。换个角度思考问题，能让我们更准确地描绘欧亚大陆东部各个政权的动态相互作用。

本章包括五节。第一节简要考察明朝军队及其伤亡的规模，提醒我们直到最近，即便是土木之变的最基本事实也没有得到仔细的研究。第二节勾勒瓦剌政权在 15 世纪上半叶的崛起过程。第三节探究明廷和瓦剌领袖关于家族世系的互相冲突的叙述。我接下来在第四节考察明廷如何应对也先日益增长的要求，并特别关注正式通交信函中的官名问题。第五节探讨也先利用成吉思汗在中亚的遗产来赢得支持和权力的努力。本章最后介绍土木之变所揭示的明朝皇帝与整个欧亚大陆东部的蒙古贵族在 15 世纪头六十年的关系。

135

数字

为了强调土木之变的重要性，学者们经常谈到明朝军队惊人的伤亡。尽管几个世纪以来的历史学家都声称明军有五十万人被杀，[17]但这种说法的证据很薄弱。[18]17世纪的史家谈迁（1594~1658）在其重要的明代编年史《国榷》中两次提到了五十万人的数字。他提到了一支由五万名骑兵组成的先锋部队，以及"吏卒私属可五十万人"，这里的"私属"可能是指转运民夫、厨师和个人随从。[19]第二个例子见于他对土木之变的史评中。他说："孰知填五十万人之骨，未足筑穷荒而润塞草也。"[20]谈迁没有说明他这样估计明朝军队规模和阵亡人数的依据，但这部分符合关于这次战役、朱祁镇被俘和最终获释的现存最早记载，即15世纪50年代中期右庶子刘定之（1409~1469）编纂的记录。刘定之在其《否泰录》中说明军有"官军私属共五十余万人"。[21]刘定之说："其实虏众仅二万，我师死伤者过半矣。"[22]这与几十年后于1449年纂修的《明实录》中的记载相吻合，其中称"死伤者数十万"。[23]"数十万"仍然是一个巨大的数字，但《否泰录》和《明实录》中的数字既包括死者也包括伤者，且没有说明比例。

一些常识判断在这里很有用。1916年的索姆河战役是第一次世界大战中最血腥的战役之一。在战役进行的四个月里，大约有二十六万人被杀或被宣布失踪。[24]在战斗的第一天，大约有两万名英国士兵丧生。[25]在凡尔登，九个月内估计有七十万人被杀，他们主要死于大规模炮击。鉴于土木之役的主要战斗发生在1449年9月1日这一天，我们即便把大量的民夫、厨师、仆人等军事劳工包括进来，也很难想象明朝方面怎么会有五十万人被杀。[26]

考虑到明军的总规模或为土木之役动员的人数，面对五十万的数字，我们也应该停下来仔细思考。[27]如上所述，对于明朝派去攻打也先的部队的规模，我们只有最粗略的估计——"五十万"，其中包括仆人、厨师、民夫和其他辅助人员。我们不清楚有多少人在主力部队离开京师后加入或离开队伍。土木堡能容纳五十万人的说法也让人难以相信，除非我们假设一小部分部队在堡垒墙内驻扎，而绝大多数人在周围地区露宿。那么，如果上面提出的反对意见可信，我们是否有可能提出更合理的估计呢？鉴于这场战役的重要性，这似乎值得一试。

15世纪的几份重要史料表明，在土木之变前夕，京营的人数大约在二十三万到二十五万，朱祁镇在土木堡的军队规模大约为二十万——这个数字接近15世纪中期朝廷官员李贤的估计。[28]考虑到20世纪初的战争伤亡率和明朝军队的规模较小，一个近期被提出的估计是在土木之役中大约有十万人伤亡，其中三万人阵亡。这看起来是可信的，但很可能依然太高。[29]如果这一估计准确，那么明军的伤亡率为50%，死亡率为15%，这几乎是灾难性的战败。在土木之役后的几个星期里，宣府、居庸关和土木堡附近的其他地区的官员报告说他们从战场上收集了五千多套废弃的盔甲、九千余顶头盔、三万余支火器、四十四万支神箭以及十八桶火药。[30]七千名士兵被动员起来埋葬土木之役的死者。[31]总而言之，以批判的眼光看待夸大的数字并不会消解明朝在土木堡之损失的严重性。

正如学者们开始提醒人们注意几个世纪以来的史家都倾向于不加考辨地接受过高的数字，川越泰博指出了《明实录》中保存的事件编年有很大的误导性。《明实录》的记载暗示发动这场大规模亲征的决定在很大程度上是皇帝一时兴起的，朝廷对军事动员、后勤或战略的考虑微乎其微。川越则指出为军事行动所做的大量准备工作早已在进行中。他问道：否则我们如何解释支持二十万大军一个月的粮草能在几天之内到位？此外，朝廷还发放了约八十万件军事装备，并部署了来自云南、陕西和山西的卫所部队。川越认为，朱祁镇在王振的鼓励下，希望效仿朱棣的军事成就。1449 年夏天的瓦剌寇边仅仅提供了直接刺激。通过大规模军事力量来改变明朝与草原关系的计划早已制订好。[32] 川越表明，明廷对与蒙古人作战的信心来自近期的一次成功战役，即 1444 年对兀良哈的远征。[33]

重审派去攻打也先的明军的规模、估算明军的伤亡，以及描述后勤准备工作可以说明两件事。

第一，简单接受 15 世纪中叶政府官员和官方史家的说法是危险的。在一个前所未有的王朝危机时刻，时人迫切需要一个有说服力的解释来说明发生了什么和一个令人信服的替代方案来防止其再次发生。他们的基本叙事——邪恶的太监、被误导的年轻皇帝，以及挥霍宝贵军事资源和王朝威望的糟糕指挥——实现了这两个目的并且充分利用了所有的表达技巧，包括夸张的数字、审慎的忽略和持久的刻板观念。这种叙事支持了一种新的统治模式。在这一模式下，皇帝要安全地待在皇宫的围墙内，在域内事务和对外关系政策上听从坚持原则、受过良好教育的文官，并将文官的潜在政治对手——如宦官和武将——排挤到边缘。这一叙事并不能反映明廷掌握的关于瓦剌政治、明朝战备状况或个别军事单位及其将领表现的全部情报，但更原始、更细致的记载没有保存下来。第二，当时的明朝写作者最关心的是朝廷的事态，那是他们精神和政治世界的中心。他们问题的答案都在北京：明朝的统治权在很大程度上依旧通过与草原政权的互动来确定，而他们的作品略过了这一事实。正如前几章所示，之前的 15 世纪的皇帝曾御驾亲征，与敌对的蒙古政权作战，展示王朝的权力，并获得蒙古人的效忠。同时如以下几节所示，明代前期的统治权仍然与欧亚大陆东部更宽泛的各种事态密不可分，特别是成吉思汗遗产的持久重要性。

瓦剌的崛起和感召力的建立

虽然他们的具体做法不同，但明廷和瓦剌、鞑靼等草原政权都在努力应对一个共同的挑战——如何最好地利用成吉思汗的遗产。13 世纪初，成吉思汗的长子术赤征服了瓦剌，瓦剌人被吸收进日益壮大的蒙古政权。像其他许多被征服的群体一样，瓦剌人出现在亚洲各地的军事行动中，从西方的叙利亚到东方的中国，而且往往被安置在远离其故地的地方。[34] 一支参与旭烈兀攻打巴格达战斗的瓦剌部队被迁移到今天的土耳其和埃及。[35] 在被吸收进帝国后，瓦剌精英家族很快与成吉思汗家族的所有分支通婚，其中包括术赤的儿子（斡儿答和拔都）和拖雷的四个儿子（蒙哥、忽必烈、旭烈兀和阿里不哥）的家族。[36] 瓦剌人与阿里不哥的关系显得特别密切，而且他们在阿里不哥的军队中扮演了重要角色。[37] 在阿里不哥被忽必烈击败后，许多人向新的大汗效忠，但各种与阿里不哥家族的联系仍然存在。

蒙古帝国的瓦解为瓦剌人创造了新的机会。人们认为瓦剌贵族支持也速迭儿在 1388 年刺杀在位的大汗，为阿里不哥家族夺取了权力——至少是暂时的。[38] 在 15 世纪上半叶，通过联

139

姻、贸易协定和军事行动，一群有能力、有野心的瓦剌贵族建立了一个强大的政权，其范围从今天新疆维吾尔自治区的东部边缘延伸到朝鲜的西北边境。最有影响力的领袖是绰罗斯氏的祖孙三代：马哈木、脱欢和也先。

他们通过多种途径在欧亚大陆追求政治和社会声望。[39]1409 年，马哈木请求并接受了明廷的册封，被封为顺宁王。[40]1412 年，马哈木废黜了一位成吉思汗后裔可汗；1413 年，他向明廷派出了一名使者，声称最近在甘肃和宁夏臣服于明廷的大部分鞑靼人都为"其所亲"，要求将他们作为"部属"交给他。[41]换句话说，他声称自己对那些他认为错误地落入明朝控制之下的人拥有统治权。明朝官员认为他的语气令人不快并拒绝了他的请求，但双方并没有断绝来往。1418 年，脱欢继其刚去世的父亲马哈木之后成为太师。他也通过利用成吉思汗的感召力，以及与草原上有权有势的人物建立战略关系来努力巩固权力。根据后来的蒙古编年史的传统说法，脱欢在成吉思汗的遗物前举行了即位仪式。[42]他很快就与太平和把秃孛罗——两个拥有明廷封号的强大瓦剌领袖——结成联盟。[43]

140 脱欢似乎继承了其父由明廷授予的封号。在西边，早在 1420 年，脱欢就试图将伊犁河谷（位于今天的新疆）的蒙兀儿斯坦的察合台贵族纳入麾下。为此，他从东部和北部施加军事压力，[44]同时寻求联姻。[45]1421 年，脱欢将他的一个女儿（也先的姐姐）嫁给了成吉思汗后裔贵族哈密王卜答失里。[46]在哈密这个重要的交通和贸易节点，脱欢不断扩大的影响力促进了瓦剌与西边撒马尔罕的经济联系。

他还把成吉思汗后裔脱脱不花[47]——忽必烈系的脱古思帖木儿的曾孙——吸引到他身边。脱欢立脱脱不花为汗，并将自己的另一个女儿嫁给了他。同时，脱欢对鞑靼太师阿鲁台和阿台可汗（1425～1438 年在位）发动了战争。[48] 他打败了阿鲁台和阿台，夺得其土地和人口，消灭了瓦剌之中的强大对手，并通过脱脱不花获得了一定的政治正当性。在此之后，脱欢在整个蒙古草原上实现了一种暂时而不稳固的统一。[49]

学者们对脱欢的目标存在争议。一些人认为，脱欢计划创建一个草原新秩序，以他的绰罗斯氏为中心、取代成吉思汗后裔，但蒙古贵族的顽强抵抗迫使脱欢退而求其次，任脱脱不花的太师。[50] 与此相反，一些人认为没有证据表明脱欢希望从根本上颠覆成吉思汗的秩序。脱欢在 1439 年的死亡让这个问题失去了意义，至少在也先消灭脱脱不花并自立为可汗之前是这样的（详见后文）。

竞争中的政治世系

15 世纪中叶，不止瓦剌人和蒙古人意识到了成吉思汗的遗产对草原的重要性。上文提到了汉人大臣刘定之，他的《否泰录》——一部记述土木之变和随后十年动荡的著作——以一段引人注目的文字开始：

> 昔我太祖高皇帝膺受天命，驱逐胡元遁归沙漠。其末帝妥欢帖木儿既殂，太祖以其君临华夏，特谥为顺帝，可谓盛德至仁矣。顺之遗胤，据其故穴，仍君长其丑类，世数莫考。惟知其地名瓦剌，其君立于宣宗皇帝时者，名脱花。此称为可汗，而彼自称不可知，计必仍僭其先世大号也。故其臣亦悉用故时将相称号。[51]

141

　　明廷对草原政治的了解并不透彻，但在这里刘定之显示出对成吉思汗族谱的合理认知。普花指的是脱脱不花，即上文提到的由脱欢立为可汗的成吉思汗后裔。刘定之说脱脱不花的朝廷继续使用元朝的官名和国号。妥欢帖木儿及其继承人的朝廷在 14 世纪末确实如此。15 世纪初的情况比较模糊，但刘定之的评论暗示了很强的延续性，尽管他认为这样做极不得体。

　　这段话经常被用来发掘 15 世纪瓦剌政治史和大元在蒙古草原上的遗产的相关信息，但思考刘定之如何表述 1449 年的事件更能揭示明廷如何理解成吉思汗的衣钵。[52] 他从一个元明分道扬镳的时刻开始：朱元璋（"太祖高皇帝"）膺受天命，而元朝统治者被赶入草原。刘定之细心地指出，妥欢帖木儿是元朝的最后一位皇帝，宽宏大量的朱元璋给了他顺帝的谥号。刘定之没有解释朱元璋谥妥欢帖木儿为"顺"的原因。但是，他和他的读者都熟悉《元史》提供的、明代前期有关成吉思汗后裔的宣告中经常复述的解释：妥欢帖木儿顺应天命，自愿将皇位让给了新的合法主人朱元璋。换句话说，妥欢帖木儿是一个"顺从的皇帝"。这种对比很明显：一个王朝的结束和下一个王朝的开始——没有任何重叠或共存的可能性。刘定之将顺帝的后裔置于"穴"中，在那里他们的统治仅限于"丑类"，这与明朝统治者经常声称的统驭"华夷"形成对比。刘定之还对比了当时的蒙古统治者和明朝统治者的地位。他称在位的蒙古统治者脱脱不花为可汗而不是皇帝。明代写作者普遍承认大元统治者妥欢帖木儿曾经是个皇帝，直到他在 1368 年放弃位于今北京的都城、逃往草原。换言之，朱祁镇身为皇帝和朱元璋的后代，占有天命；脱脱不花作为妥欢帖木儿的后代则没有。

刘定之为什么要回顾明朝皇帝和成吉思汗后裔统治者的世系并让读者回忆天命的转移这件大约八十年前的事？刘定之在一个明显断裂的时刻做出了一系列鲜明的对比，这很可能是在回应他所理解的一种令人不安的连续性，这种连续性由脱脱不花及其朝廷所主张。正如刘定之自己承认的，脱脱不花是妥欢帖木儿的后裔，他"仍僭其先世大号"。我们不清楚刘定之指的是国号还是统治者的称号——很可能是皇帝。最后，脱脱不花的朝廷保留了元朝的各种称号。刘定之想把元朝的统治者地位和之后的一切彻底分开，但被草原上的政治事态所阻挠。

15世纪中期的朝鲜史料显示，脱脱不花希望其他政权知道他是成吉思汗后裔，其父系包括成吉思汗和忽必烈。1442年，他向朝鲜世宗发去了一份敕书，其部分内容是：

> 太祖成吉思皇帝统驭八方，祖薛禅皇帝即位时分，天下莫不顺命。内中高丽国交好，倍于他国，亲若兄弟，世衰遭乱，弃城依北，已累年矣。今我承祖宗之运，即位今已十年。若不使人交通，是忘祖宗之信意也。今后若送海青及贺表，则朕厚赏厚待。[53]

脱脱不花在这里将自己描述为其先祖成吉思汗和忽必烈（薛禅汗是忽必烈的蒙古语称号）及其政权的直接继承人。他承认自己运势衰落、撤回了草原，但除此之外没有提到他们的政权解体或合法统治的谱系传承中断。

对大元国号的忽略非常引人注目。一些学者对此进行了研究和讨论。[54]

脱脱不花意识到成吉思汗王朝和高丽王朝之间存在不同寻 143

常的密切关系。他把瓦剌和朝鲜王朝建立联系说成是实现他们祖先的意图。[55] 明廷十分重视这种诉求。三个月后，朝鲜官员从北京回来，给世宗带来一份耐人寻味的敕书。在表示收到世宗关于瓦剌的报告后，朱祁镇（或者更准确地说，是他的高级官员以他的口吻写的）贬低并边缘化脱脱不花。朱祁镇解释说脱脱不花只不过是脱欢所立的一个傀儡，而也先"继其众，擅权如故"。直到最近，也先每年都会纳贡，明廷也派遣过使节寻求良好的关系。这是一种不承认脱脱不花和也先任何独立正当性的方式。他们中一个是没有权力的傀儡，一个是胡作非为的朝贡头目——至少明廷希望能如此说服世宗。

如果瓦剌使节再次造访世宗的宫廷，世宗应"但坚此诚，若其虚张大言，只应严固边备"。[56] 这里的"大言"可能指的是关于元朝政权和恢复元朝–朝鲜关系的宏伟构想。由于担心脱脱不花的诱惑可能会动摇朝鲜朝廷，明廷明确指示世宗要对朱祁镇"坚此诚"。除了唤起世宗的忠诚感，明廷还通过赠送织金锦缎和其他织物来体现皇帝的宠爱和在欧亚大陆东部的崇高地位。

在与女真诸部的关系中，也先和脱脱不花也同样诉诸元朝遗产。1449 年 2 月下旬，当脱脱不花的使者抵达北京时，朱祁镇给瓦剌人写了几封冗长的信。在其中一封信中，朱祁镇使用了一年前瓦剌和兀良哈使节递送的一封信里的内容。这封信是也先写给许多女真部族主要首领的，他们随后将信交给了明廷。《明实录》提供了以下摘要："前元成吉思及薛禅可汗授彼父祖职事，要令彼想念旧恩，及要彼整备脚力粮饭。"[57] 朱祁镇告诉脱脱不花，女真首领已将信交给了明朝官员。

明朝皇帝从两方面回应了这些对元朝统治权和过去同盟关

系的主张。第一，他试图离间脱脱不花和也先。明朝皇帝问道：这份傲慢的书信是否真的代表了可汗的想法，还是说这只是由一个鲁莽的下属（也先）所写的？而其挑衅行为会给可汗及其人民带来灾祸。第二——这点和我们关心的问题更相关——皇帝正面回应了对元朝统治权的主张：

> 且自古国家兴衰，皆出天命，非人力之所能为。由尧舜禹汤文武以来相传为治，皆有明效。若天命在汉在唐，则汉唐诸君主之；汉唐运去，则宋元诸君相继主之。今元运久去，天命在我大明，则凡普天率土大小臣民皆我大明主之。[58]

明朝的建立者一再断言大元的国运已终、明朝拥有天命，而且这种转移是不可逆转且非人力所能及的。现在，1449 年，在明朝建立约八十年后，当也先以脱脱不花的名义宣称拥有大元的衣钵时，朱祁镇和他的大臣们同样认为明智之举是承认元朝感召力的存在并拒斥它，而不是简单地忽视它。他们担心与成吉思汗和忽必烈建立纽带的吸引力仍然会得到女真首领的响应，就像他们担心这种吸引力可能会在 1442 年动摇朝鲜朝廷一样。由于现存文献证据匮乏，我们不清楚脱脱不花和也先是否在整个 15 世纪 40 年代一直明确地利用成吉思汗、忽必烈和元朝。至少，他们认为这种诉求有足够的吸引力且可以用上很长一段时间。

1449 年 8 月发生的一个小事件为我们提供了蒙古正当性之持续吸引力的另一种证据。在袭击辽东时，也先的部队俘虏了朝鲜人和女真人。瓦剌部队宣称："汝等，本皆予种也。"

也先的部下命令俘虏把头发剃成蒙古人的样式并穿上蒙古服装，但与之形成鲜明对比的是，有传言称蒙古人割掉了汉人俘虏的鼻子和耳朵。[59]朝鲜朝廷从一位自辽东返回的通事那里得到了这个消息，而通事的情报得自明朝军人（可能是朝鲜裔）。这些被归于也先部下之口的言论不同于那些让女真人和朝鲜人在政治上效忠的要求——后一种措辞谨慎且基于成吉思汗帝国的历史主张。从表面上看，这些话是由战场上的士兵说的，他们没有提到蒙古帝国和过去的伟大蒙古领袖。但是，这种说法表明也先的一些部下认为女真人和朝鲜人是盟友，他们的关系可以追溯到更早的时期，而且尽管当下的条件不利，这些关系也应该得到恢复。

一些明朝的记载认为也先是被对强盛大元的幻想所驱使的。一份史料（由杨铭所写；如本章所述，此人在朱祁镇被俘期间照顾他）记录了这种情绪。1449 年夏初，也先告知杨铭和其他到访的明朝使节要扣留他们，因为瓦剌对明朝的贸易政策感到失望。也先随后明确提到了元朝对中原的控制，说："比先大元皇帝一统天下，人民都是大元皇帝的来。我到边上看了，大明皇帝知道我回来，打发你每回去。"[60]这段话在几个方面都很耐人寻味。为什么也先要提醒听众大元对中原领土和人口的统治？也先说朱祁镇会知道他回来了，这是指也先要回到故元的土地——明朝的疆土——还是仅仅回到边境地区？[61]如果是后者，为什么要提到过去元朝对这些地区的控制？无论我们如何解析这段话，大元似乎都是也先及其听众的一个重要参照物。

几个月后，也先得知他的部队在土木之役中俘获了朱祁镇。也先回忆说："我每问天上求讨大元皇帝一统天下，来今得了大明皇帝到我每手里。"[62] 学者们通常将这段话解读为也先个人野心的体现，但这句话强烈暗示脱脱不花——而不是也先——将实现复辟。杨铭说，在商讨如何处理俘虏朱祁镇时，一个蒙古人认为："大明皇帝是我每大元皇帝仇人。今上天可怜见，那颜上恩赐与了到手里。"[63] 这里的措辞略显含糊。我们可以把它理解为一个一般性的表述——明朝统治者是元朝统治者的敌人，也可以理解为一个更具体的说法——朱祁镇是脱脱不花的敌人。[64] 无论是哪种情况，杨铭的叙述都表明了瓦剌和大元之间的密切联系。也先和瓦剌贵族们要么是在把瓦剌朝廷说成大元的继承者、有责任为过去的屈辱复仇，要么是认为他们自己是北元的现任领袖。

元朝的遗产也继续在明廷的观念中占据重要地位。土木之变的几周后，新登基的朱祁钰（景帝）向朝鲜世宗下敕，其中再次显露出对大元王朝持久感召力的担忧： 　147

> 自古胡虏畜狡黠之心，为西北之患，然其顺天者昌，逆天者亡，揆之古今，皆未尝有出斯理者。自我圣祖受天明命，扫除胡元之乱，而其丑类之遁居沙漠者，或相吞噬，或相戕害，凋敝之甚，此虽天之降祸，亦自作孽之不可逭也。[65]

在这里，明廷的官员提醒了世宗一些基本事实。"胡虏"（最近的例子就是也先和脱脱不花）完全不可信任，而且很危险。更简单地说，他们不是也不可能成为好的盟友。此外，世界上还有不可改变的法则在起作用。明朝可能遭受了一场令人耻辱的、前所未有的失败，但正与误、忠与奸依然没有改变。

这段关于顺天和逆天的文字有双重作用。一方面，它意在向世宗保证，也先将在适当的时候因悖逆天道而受惩。另一方面，繁荣还是灭亡这一严峻的选择被摆到世宗自己面前。在这个危急时刻，他是忠于明朝和上天，还是抛弃自己的忠诚？明朝的通交话语常常把明廷和上天联系在一起。此前，当瓦剌按照王朝的指令向北京进贡时，明廷称他们"敬顺天道，尊事朝廷"。[66] 在这种说法中，背叛明廷就会违反天道并承受其后果。后来朱祁钰的敕书又回到了顺从和选择的主题。皇帝认为世宗"洞明顺逆之理"。

接下来，明朝官员以灰暗的笔调讨论元朝的遗产。获得天命的朱元璋已"扫除胡元之乱"。明代前期，朝廷论述一个新的时代在朱元璋膺受天命时已经开始。蒙古统治的混乱和苦难结束了，一个复兴、清理和净化的时代开始了。明朝官员在这里隐晦地把朱元璋及其继承者（包括朱祁镇和朱祁钰）统治下井井有条的中原王朝和"其丑类"居住的、充满破坏性冲突的荒凉草原进行对比。

也许最引人注目的是明廷对大元遗产长久力量的认可度。明廷把元代描绘成一个混乱的时代，把草原的环境描绘得很恶劣（名副其实的天罚），但承认了瓦剌与大元的直接联系。明廷回应了瓦剌的论点，而试图重新确定讨论的措辞。无论明廷多么不情愿，它都回应了也先和脱脱不花是大元继承人的主张以及他们恢复大元的野心。

最后，这些关于元朝遗产、忠诚和选择的问题并不是抽象的。朱祁钰要求世宗不要与也先和脱脱不花合作。皇帝警告说，他们无疑会提议结盟，而且很可能试图胁迫朝鲜人合作，但皇帝坚持认为瓦剌只会利用这样的联盟来欺侮朝鲜朝廷。朱祁钰写道："欺侮毒害，甚于豺狼。"[67] 相反，皇帝提议世宗组建一支十万人或人数更多的军队，加入朱祁钰声称正在动员的明朝大军（十万或二十万人）及几万名女真战士。在土木之役后的几个月里，明廷催促世宗提供三万匹马。这个数字异常庞大，堪比几十年前朱元璋和朱棣那些测试忠诚度的要求。[68] 朱元璋和朱棣曾迫使朝鲜朝廷按要求的数量提供坐骑，但朱祁钰没能说服世宗提供哪怕两千匹马——不到其要求的十分之一。[69]

也先的称号

如上所述，也先无法回避成吉思汗的遗产，他继续与被其父立为可汗的那个成吉思汗后裔贵族合作。过去元朝的伟大形象影响着他理解当下事态的方式，但这种认识并不一定意味着崇敬。明代史料称也先在1453年杀死了脱脱不花并采用了一个新称号——大元可汗。一位学者认为，也先采用大元可汗而非蒙古可汗的称号是为了规避成吉思汗定下的非黄金家族不能称汗的准则，不过这一企图未能成功。[70] 事实上，也先一度试图残酷地清洗成吉思汗的后裔，以此来清除竞争对手（见下文）。[71]

关于也先新地位的现存最详细记载见于《明实录》。其文曰：

> 戊戌，瓦剌也先遣使臣哈只等赍书来朝，贡马及貂鼠银鼠皮。其书首称大元田盛大可汗。田盛犹言天圣也。末称添元元年。中略言往者元受天命，今已得其位，尽有其国土、人民、传国玉宝。宜顺天道遣使和好，庶两家共享

太平，且致殷勤意于太上皇帝。帝命赐使臣宴，及赐彩币表里有差。[72]

以下关于时人如何看待也先称号和大元遗产的讨论大部分是推测性的，我试图解析现存历史记录中令人沮丧的遗漏和含糊之处。如上所述，脱脱不花在 1442 年给朝鲜朝廷的敕书中宣布自己是成吉思汗和忽必烈的继承人。但是，在《朝鲜王朝实录》保存的版本中，他并没有提到大元。十几年后，血统上既不是忽必烈后裔也不属于黄金家族的也先就自称大元可汗。我们应该如何理解自 14 世纪 80 年代以来第一次有记载的对这种地位的主张？到了 15 世纪初的混乱时期，这个称号是否已无人再用？大元的遗产是不是显得太遥远，从而在草原上的政治伎俩中没有用处？是什么变化导致也先打出大元的旗号？

学者蔡美彪认为，也先宣称自己是大元可汗，是因为草原传统否定了他成为蒙古可汗的权利。[73] 也先的“用意并不在重建大元的统治，而在摆脱蒙古立汗的传统”。蔡美彪认为这一努力严重失策，因为瓦剌的权力基础不是在汉地而是在草原，而蒙古贵族没有兴趣复兴“汉制”。蔡美彪认为也先的失策使他失去了支持，他在自立为大元可汗后不到一年就死于蒙古贵族之手。虽然也先之死的许多细节并不清楚，但蔡美彪断言：“以非黄金家族而匆忙建号称汗，应当是他败亡的最根本的原因。”[74]

也先恢复大元王朝称号的决定并不能证明这个称号在蒙古草原上一直被使用，但大元的遗产可能保留了一种带有巨大权力和正当性的气质。也先和他的参谋们不是傻瓜，通过军事力量、复杂的协商和建立联盟，他们几乎把自己的控制范围从中亚扩展到太平洋沿岸。不仅统治着各个瓦剌部落，也先治下还有许多鞑靼人。他对大元的利用最终可能是灾难性的，但这种利用建立在几十年来与大元旧疆北半部分各色势力打交道的经验之上；也先很可能认为其中许多群体都会欢迎大元的复兴。

最后，我们该如何看待《明实录》呈现几个关键词的方式？如果其目的是掩盖也先的主张，为什么要提到大元？如果明廷因为也先使用"天"这个通常专属于皇帝和朝廷的字而感觉受到威胁，为什么要先写"田盛"，而后又将其解释为自己一直试图规避的词语——"天圣"？类似的问题也出现在也先的年号上。这是自1388年脱古思帖木儿可汗去世后第一个有记载的蒙古统治者使用年号的情形。与15世纪初期和中叶蒙古草原政治史的大多数问题一样，年号的问题也很麻烦。缺乏有记载的例子是否意味着成吉思汗后裔为了恢复更纯粹的蒙古身份认同而废除了这一制度？一些明代史料是这样解释的，这也为近几十年的学者所接受。[75]然而，在这一时期的政治混乱中，他们是否只是任由该制度逐渐消失而不是有意废除？一些历史学家认为，为了掩盖当时成吉思汗后裔实际的政治地位，朱棣的朝廷改写了最近的历史记载，用"鞑靼"代替"大元"一词，因此蒙古统治者在《明太宗实录》中被称为鞑靼皇帝或鞑靼可汗。[76]总之，考虑到这几十年的文献资料匮乏，蒙古可汗有可能继续使用年号，但能证明这种做法的证据已不复存在。

如果年号像大元的名称一样，在脱古思帖木儿死后的六十年里已经不再被使用了，是什么促使也先恢复年号？再者，《明实录》的纂修者将年号译为"添元"，这可以被理解为

"添加到元"，即大元王朝的延伸。著名学者和田清曾提出这个年号体现了巩固统治的愿望，因为草原的最后一次统一发生在脱古思帖木儿统治之下的"天元"年间。[77] 其他历史学家认为这是纂修者在故意掩盖他们设想的原词——天元。[78] 不过，《明实录》的纂修者是非常博学的人，而且对政治上的细微差别非常敏感，他们肯定能想出更优雅的掩盖手段。

司律思为最后这个问题提供了一个漂亮的简单解答。他提出也先的信以蒙古文书写，"田盛"和"添元"两个词被转写为蒙古文并附有汉字。这就解释了上述两组同音词的出现。[79] 明朝的译者实际上翻译了第一对蒙汉词语里的蒙古文转写，对于第二对则简单复制了附带的汉字。这似乎比断定《明实录》的纂修者们极其笨拙地隐瞒原词更为合理。但我们还是需要处理更大的问题——15 世纪上半叶草原上政治文化的延续和断裂，以及明廷对公开援引大元遗产的反应。在回到明朝对也先之宣告的接受情况之前，让我们简要地看一下《朝鲜王朝实录》是如何对待也先的主张的。1454 年 3 月 7 日的一条记载如下：

> 也先弑达达皇帝，自称皇帝，建元天成，使千余人到燕京，请遣使陈贺。[80]

152　　　这个消息是由一个通事报告给朝鲜端宗（1452～1455 年在位）的，这个通事在明朝太子去世时被派去慰问明廷。这一简短的记录只提到此事已提交给朝鲜朝廷的议政府进行审议。从这条记载来看，朝鲜人最关心的是慰问团：他们本来是带着为死者焚烧的香出发的，但现在根据明朝皇帝的明确指示，他们只提交了一封慰笺。[81]

《朝鲜王朝实录》没有反映朝鲜人如何理解也先的主张，而且其纂修者用了"达达"而不是"大元"、"皇帝"而不是"可汗"的表述。和田清对为什么《朝鲜王朝实录》中也先的年号是"天成"（朝鲜语发音为 chʼŏn-sŏng）做了解释。"盛"字在现代汉语普通话中可以读作 chéng 和 shèng。他推测，朝鲜人在传递信息时出了错。"天成"不过是"天盛"的笔误。[82] 考虑到也先主张之大胆、对土木之变的近期记忆，以及朝鲜朝廷在北京、辽东、女真地区和蒙古东部的情报搜集能力，这条记载简短得令人怀疑。端宗和他的大臣们掌握的关于也先的信息肯定比这条记载所显示的要多。

也先的宣告给明廷带来了几个挑战。其中之一是在官方通信中如何称呼也先这一棘手的问题。在某些情况下，明朝愿意灵活处理人名和称号。在与也先的讨论中，明朝使者（如李实）称明朝为"南朝"——这种表达方式至少承认了瓦剌的存在。[83] 但是，统治者之间正式通信中的称号更为麻烦。[84] 由于此事牵涉到边境的安全、更大的地缘政治问题和意识形态问题，明廷就此事进行了细致的讨论。林聪（1415~1482）[85] 等官员不希望皇帝承认也先的新称号，以致看起来像是在认可其弑君行为，[①] 其他官员则担心对也先要求的公开回绝——比如继续称其为太师——会刺激他挑起新一轮的军事冲突。林聪建议皇帝给也先下敕，阐明"华夏夷狄之分、顺逆吉凶之道"。林聪认为这将避免丧失"国体之尊"。[86]

尽管我们很想把林聪的提议视作一个从未在边疆任职、备

① 林聪在此问题上其实没有明确立场。参见本章注释86。——译者注

受呵护的官员[87]自以为是的炫耀，但这种理解低估了林聪对草原的认识。林聪认为，也先对自立为汗感到不安，才会试探性地向明廷遣使。这种看法可能是正确的。也先的父亲脱欢不敢称汗，而是将女儿嫁给了一个成吉思汗后裔。二十年来，也先一直维持着这种安排。对于也先来说，杀死名义上的主上、自称可汗并（按林聪的说法）"窃胡元之故号"是一个重大的行动。[88]赢得明朝对其称号的正式认可将大大有助于让欧亚大陆东部的人们相信也先的正当性。林聪认为皇帝应该这样做：

> 召其使于庭下，数也先以大逆不道之罪；却其所贡方物而并遣之，断其往来之使，绝其款塞之请；内告藩镇，外告诸番，声其罪恶而致讨之，则也先虽狡黠，亦将敛手退避，而不敢大肆厥志矣。[89]

林聪理解明廷对也先和更大区域内政治秩序的重要性，他希望一方面停止也先的朝贡贸易、断绝通交往来、不给予也先承认，另一方面以采取军事行动相威胁。而且，林聪认为向各政权宣传明朝决定拒绝给予这些宝贵的（政治和经济）资源，会降低也先的地位并减少其成功的机会。相反，安抚也先只会让他更有胆量并且提高他在草原上的地位。此外，林聪坚称后154 一种做法还会降低朱祁钰在朝廷正义之士中的支持度——鉴于朱祁钰不稳固的地位，这是一个重要的考虑因素。

刑科给事中徐正（1442 年进士）主张采取类似的对策。他认为皇帝应赐敕给也先，"晓以天命祸福之由，示以奸邪成败之理"。[90]如果他能悔过并恢复以前的称号和地位，那就很好。但如果也先拒绝，那么明朝就会对他进行惩罚。徐正保证："战必胜、攻必取矣。"[91] 这些话很激动人心，可鉴于最近土木之役的惨败，许多人都希望避免战争，而且朝廷中的一些人认为空洞的威胁会损害明朝皇帝的信誉。

朝中的一位重臣、安远侯柳溥（1461 年卒）提出了不同的意见。[92] 他也抨击了也先的弑君行为，斥他为理当受诛的"乱臣贼子"。柳溥说，如果"堂堂天朝"愿意的话当然可以治也先之罪，但也先作为一个"夷狄"，不应被以如此严格的标准要求。尽管如此，柳溥警告说，如果明廷接受也先的"伪称"，就会合法化他的弑君行为。柳溥的解决方案是继续称他为"瓦剌太师"。另一个选择是切断与也先的联系。如果也先进犯边境，明朝皇帝则可以兴兵讨伐，"得中国之体"。[93] 林聪和徐正都希望谴责也先的悖逆行为，但如果也先放弃对更高地位的新要求，他们愿意维持现状。

朱祁钰命令官员们进一步讨论三人的建议。《明实录》没有保留谁说了什么的细节，但似乎大多数人很快就达成了共识，赞成授予也先"瓦剌可汗"的称号。高级官员们的集体意见是"自古王者不治夷狄"。也先不可以使用"大元可汗"的称号，但自隋唐时代起北族领袖就自称可汗，历代中原王朝都没有试图禁止这种做法；在与也先的通信中，朝廷应使用"瓦剌可汗"的称谓"以羁縻之"。[94] 这种妥协——承认也先为可汗但忽略他与大元的联系——引起了皇帝的兴趣。他命令礼部召集官员详查过去的先例，以制定一个统一并且可持续的政策原则。[95]

礼部仪制司的一位官员章纶（1413～1483）指出了这一妥协的危险性。他说在中原，"可汗"两个字被作为戎狄酋长的称号，但在戎狄之中它被认为与皇帝的称号相当，他指出例如

155

戎狄曾称唐太宗为天可汗，称元世祖为成吉思可汗。[96]章纶承认，脱脱不花使用可汗之称"犹为近正也"，因为该称号是世代相传的，这大概是说脱脱不花是忽必烈系的成吉思汗后裔。[97]也先的弒君行为和对可汗称号的僭越，于名于实都是不当的。如果明廷称也先为可汗，他就会毫不迟疑地告知草原上的首领们，而后者会受到鼓舞，转而效忠于他，这又会反过来助长他对抗明朝的野心。推迟战争只会使明朝皇帝的处境恶化，因为将帅会变得怠惰、失去对敌作战的意愿。章纶推断，如果朝廷称也先为太师，则他会声称明朝皇帝在羞辱他并进犯边境，这将给当地人民带来痛苦。相反，章纶提出了一个新的想法：封他为敬顺王，或许还可以称他为瓦剌王。明廷可以视情况大量赏赐银两布帛，让这种对待方式更容易被接受。皇帝很感兴趣，他下令官员传阅章纶的奏疏以便进一步讨论。[98]少数官员回应说，朝廷应保留也先的太师称号。[99]但皇帝宣布了

156 他的决定。朱祁钰说："也先虽桀骜，亦能敬顺朝廷。宜如所议，称为瓦剌可汗。"[100]

如上述争论所示，林聪、章纶等官员认为信息很容易越过边界传播，他们理所当然地认为草原首领在评估同盟关系——包括决定是否支持也先——时会认真考虑明廷的宣告和政策。林聪提议在草原上宣传明朝的决定，以此来影响人们对也先的看法。官员们知道，关于明朝，也先有自己的信息来源，包括被派去侦察京师驻防状况和黄河深度及宽度的间谍，以及在也先朝廷中效力的汉人谋士。[101]现存的明代史料显示，明廷对于瓦剌与西方的成吉思汗后裔的互动没有那么了解，这点将在下一节中考察。

西方的成吉思汗遗产

明代史料主要集中在与明廷最直接相关的事项上，也先争取明朝边境地区政权支持的活动经常出现在官员的报告中。然而，也先同样活跃在更遥远的中亚地区，这一地区对明廷来说战略优先级不高，在《明实录》等资料中出现的频率较低。也先在中亚的活动进一步说明了成吉思汗的遗产对于产生政治正当性和影响力的持久意义。

15 世纪 30 年代，随着蒙兀儿斯坦统治阶层内部政治斗争的加剧，蒙兀儿斯坦保卫疆土、抵抗瓦剌人攻击的能力减弱。[102] 也先三次击败了蒙兀儿斯坦的歪思汗并两次将他俘虏。[103] 也先承认歪思汗的成吉思汗后裔身份，并给予了他应有的尊重。也先其实急于利用歪思汗成吉思汗后裔贵族的地位，因此他安排自己的姐姐嫁给歪思汗。[104] 他说服歪思汗将一个妹妹〔马黑秃木·哈尼木（Makhtūm Khānïm）〕① 嫁给他的一个儿子阿失帖木儿〔阿马桑赤（Amasanji）〕，以使阿失帖木儿成为成吉思汗家族的女婿（蒙古语：güregen）。[105] 通过这些努力，也先将瓦剌的影响力向西延伸至别失八里。同时，也先与蒙兀儿斯坦的交往也改变了他的家庭。作为与歪思汗联姻的一部分，也先的儿子皈依了伊斯兰教，他与马黑秃木·哈尼木所生的两个儿子亦不剌金（Ibrahim）和也里牙思（Ilyas）都是穆斯林。[106]

157

① 本节中出自《拉失德史》的东察合台汗国人名及蒙古人名，其译法均沿用自米儿咱·马黑麻·海答儿《中亚蒙兀儿史——拉失德史（第一编）（第二编）》，新疆社会科学院民族研究所译、王治来校注，新疆人民出版社，1983。——译者注

在写于 16 世纪中期的蒙兀儿斯坦编年史中，马黑麻·海答儿·朵豁剌惕（Muhammad Haidar Dūghlāt，1499~1551）记述也先和歪思汗时留下了关于感召力竞争的有趣一笔。他把蒙兀儿人和瓦剌人（在他的叙述中被称为卡尔梅克人）之间的不断冲突解释为主要出于宗教原因。"由于这位汗禁止蒙兀儿人攻击穆斯林，他便总是与异教徒卡尔梅克人的鞑靼民族作战，尽管他总是战败而且被俘两次。"[107] 然而，在也先的心目中，这种关系从根本上说和地位以及成吉思汗遗产的力量有关。有一次，战败的歪思汗被带到了也先面前。据书中所说，也先心想："如果他真的是成吉思汗的后裔，他肯定不会向我鞠躬，而会把我作为一个下等人来看待。"于是也先非常尊敬地对待他，但歪思汗"转过脸去，也不伸出手。这就使得也先太师非常尊敬这位汗，对汗恭敬有加并将他释放"。[108]

蒙兀儿汗后来从宗教而非成吉思汗后裔身份的角度解释了他的行为：

> "如果他像往常一般行事，"汗回答说，"为了保全我的性命，我会对他表示恭敬。但他就像古代异教徒那样低首下气地过来。我觉得是表明立场的时候了。迎合和尊敬异教徒的行为与穆斯林的身份不符。因此我不向他表示尊敬。"

朵豁剌惕进一步阐述了这次事件的宗教维度，他坚持说："汗能勉强逃出来是因为他对宗教如此虔诚。"[109]

在这里，我们还可以看到不同于宗教信仰的地位之争：一个战败的汗面对一个胜利的太师，一个成吉思汗后裔贵族遇到一个低级贵族。我们无从知晓朵豁刺惕的描述在多大程度上（如果有的话）反映了也先如何理解自己相对于歪思汗的地位。但我们可以断定，对于马黑麻·海答儿和他所表达的历史记忆来说，除了他对穆斯林虔诚的反复议论之外，歪思汗地位和身份中的成吉思汗后裔元素也很重要。

　　这种对成吉思汗后裔威望的敏锐认识出现在了马黑麻·海答儿对也先和歪思汗第二次交锋的叙述中，尽管不明显。当歪思汗再次被击败并成为俘虏后，汗被带到了也先那里。海答儿没有提到也先是否以任何特别的敬意对待汗，但他讲述了也先释放汗的条件。"这次只有把你的妹妹马黑秃木·哈尼木交给我作为赎礼，我才能放了你。"[110] "赎礼"显然没有让汗过于烦恼，他把自己的妹妹交给了也先来换取自由。这是一个马黑麻·海答儿不愿意认可的联姻。在强调了歪思汗对异教徒瓦剌人的敌意后，海答儿没有说虔诚的、具有强烈地位意识的歪思汗把妹妹嫁给一个非穆斯林、非成吉思汗后裔的瓦剌人有什么困难之处。[111]

　　贸易也将瓦剌人与中亚联系起来。在13世纪和14世纪，蒙古精英与商人（通常是穆斯林）建立了密切的联系，为后者提供保护、税率优惠和资金，同时大量投资横跨欧亚大陆的大型贸易和交通基础设施系统。[112] 尽管蒙古帝国时期可能标志着蒙古人对穆斯林商人恩惠的顶点，但这种关系并没有随着1368年妥欢帖木儿撤回草原而停止。1388年，明朝军队在捕鱼儿海攻打北元朝廷，俘获了几个来自撒马尔罕的商人。朱元璋下令护送他们经由别失八里或者说蒙兀儿斯坦回家。[113] 在也先和其父的统治下，瓦剌也广泛地利用穆斯林。事实上，穆斯林的加入对也先的成功至关重要。随着瓦剌人增强对哈密等贸

158

易和交通关键节点的控制，他们从哈密、吐鲁番和撒马尔罕寻找穆斯林来管理与邻近政权的贸易，就像成吉思汗和他的后继者曾经对畏兀儿穆斯林和说波斯语的穆斯林所做的那样。[114] 在整个 15 世纪 30 年代和 40 年代，穆斯林商人普遍负责管理向明廷进贡的瓦剌使团。像皮儿·马黑麻（Pir Muhammad）① 这样的人在瓦剌政府中拥有商人和官员的双重身份。这也让人联想到 13 世纪和 14 世纪蒙古帝国的做法。[115]

也先和他表面上的成吉思汗后裔主上脱脱不花各自向明朝派出了贸易使团。使团跟商队一起住在明朝的馆舍中，并在明朝的记载中被同时提及，但也先和脱脱不花保留了各自独立的收入来源。这反映了 13 世纪和 14 世纪的常见做法。其他地位较低的瓦剌贵族（包括妇女）很可能也会派遣代表他们利益的商人。明人抱怨来北京的贸易使团规模不断膨胀；到了 15世纪 40 年代末，可能有多达两三千人的使团前往明朝都城。1449 年 1 月的一个瓦剌使团中，有七百五十二人被明人认定为穆斯林商人，[116] 他们的职责是为瓦剌贵族主顾购买瓷器、纺织品、金属制品、粮食，等等。[117] 精美的锦缎、以宝石装饰的优雅毡帽、大米等物品很可能被认为是瓦剌朝廷贵族的必需品。[118] 炫耀财富、从远方获取异域商品、含蓄地承诺重赏有功之人，这些是当时大多数宫廷的共同要素。与明朝皇帝的联系所带来的财富为也先在草原上巩固权力提供了支持。也先在草原上的政治控制越牢固，他的财政负担就越大。[119] 他必须满足其不断增加的支持者，这反过来又增加了他对商人的需求。[120] 也先、脱脱不花等瓦剌领袖雇用中亚商人来实现其经济、政治

---

① 汉名马克顺。——译者注

和军事目的。在接下来的几年里，受雇于瓦剌和明廷的中亚人（有时同时受雇于两者）在释放朱祁镇以及恢复通交和经济联系的协商中发挥了重要作用。[121]

　　中亚人也在瓦剌军队中担任将领。明廷锦衣卫的一员、曾于皇帝被扣押在草原期间服侍皇帝的袁彬在其供述中写道，1449 年 9 月 1 日，他被一个叫赛伏剌的人俘虏。[122] 次年，袁彬在也先的主要将领之一伯颜帖木儿的营地中陪伴皇帝，他有充分的时间了解在土木之役中率领瓦剌军之人的姓名和背景。袁彬说赛伏剌是回回人——回回人通常被译为穆斯林，有时特别指信奉伊斯兰教的中国人，但在 13 世纪和 14 世纪蒙古帝国的背景下最好被理解为中亚人或更宽泛的"西域人"，即来自中原西边的人。[123] 在 13~15 世纪，许多蒙古人接受了伊斯兰教。[124]

　　与蒙古帝国一样，也先的政权也是多民族的，包括来自欧亚大陆东部各地的人。除上述穆斯林外，他的军队中还有汉人、女真人、兀良哈人和哈密人。以下两个事件说明了这一点。1449 年末，一支瓦剌蒙古骑兵包围了明朝的一个边墩。蒙古军队中三名会讲汉语的骑手接近堡垒，分别自称是女真同知、哈密指挥和来自明朝北部边境要塞浮石塞的参谋。[125] 1450 年秋，一个从蒙古人手中逃脱的明朝人报告说，在山西活动的一支劫掠队伍实际上并非也先的人，而是三千名兀良哈骑兵。[126] 特别值得注意的是，也先经常通过与明廷的直接竞争来获得这些人的支持。

　　本节描述了也先在中亚追求权力时利用成吉思汗遗产的几种方式。在当地，他与成吉思汗后裔贵族建立了联系——有时是胁迫性地——并以和蒙古帝国相似的方式动员人员。这些内容提醒我们注意两点。第一，由于欧亚大陆东部各地对成吉思汗遗产的认识和表述大相径庭，明朝、鞑靼、瓦剌和蒙兀儿斯坦都可以用不同的方式来利用它。第二，尽管明朝皇帝的权力很大，他在欧亚大陆东部的影响却远不是与之一致的。也先与蒙兀儿斯坦的互动表明，对效忠的争夺可以在没有明确提及明朝君主的情况下展开。这两点结合起来，有助于我们更清晰地勾勒出明朝皇帝与欧亚大陆东部其他统治者的互动关系。完全依赖明朝的资料会导致历史学家夸大明朝皇帝的影响力而忽略欧亚大陆东部政治权力的多极性。对明廷在更广大世界中的地位有了更清晰的认识，我们就能更深刻地理解为什么明代前期的皇帝们重视远人的支持，以及他们为什么必须如此努力以获得这种支持。

161

小结

　　本章以土木之变为窗口，观察在 15 世纪前六十年中，明朝皇帝与欧亚大陆东部蒙古贵族之间的一系列联系。在这些联系中，成吉思汗的遗产很关键，它依旧是欧亚大陆东部统治者的一个重要的、共同的参照物。明朝皇室、朝鲜王朝、女真首领、瓦剌和鞑靼都认为成吉思汗家族的历史对他们自己和其他精英来说很重要。过去关于 1449 年土木之变的学术研究分析了它在明朝政治史和思想史上的影响，并对它体现出的王朝军事力量衰落给予了一定关注。和那些研究不同，这里的重点是欧亚历史中的统治权、互相竞争的记忆等问题。[127] 在此，我认为对土木之变前后事件的考察表明，明朝、蒙古和瓦剌的领袖一定程度上通过他们与成吉思汗家族的关系来构建他们的身份，包括政治正当性；而本章考察了围绕阐释成吉思汗家族历史及其当代意义的激烈争论。

　　贯穿本章的是对明代史料如何描述土木之变的关注。对战争伤亡和后勤准备工作的细致研究表明，我们对土木之变的理解在很大程度上来自几乎同时代的历史解释，而这些解释是为了在危机时刻向时人提供令人信服的答案。一个故意纵容皇帝的太监、一个被误导的年轻皇帝，以及一支处于惊人衰落中的王朝军队，这些都解释了哪里出了问题以及（这点同样重要）可以采取什么措施来拯救政权。这样的叙述很容易掩盖皇帝统治中长期存在的因素，比如皇帝亲临战场指挥和君主通过征讨其主要对手即草原领袖来显示他适合统治等做法，这些可以追溯到朱棣时期。

　　其实，我们可以进一步假设，在朱祁镇屈辱的被俘和随之而来的政治混乱中，文官们终于找到了一个无可辩驳的理由，来反对一种在 15 世纪上半叶非常突出的统治方式。他们以前反感这种方式，却无法公开批判。然而，如第五章和结论部分所示，虽然文官们表明了一种皇帝统治权的愿景，希望皇帝安居禁中、将政策决定权交给朝廷大臣、皇帝自己致力于礼仪规范而不是战场上的胡作非为，但明朝皇帝们并没有轻易放弃其作为众王之王的自我形象。通过安全事务、恩惠关系和共同的地位观念，明朝皇帝与整个欧亚大陆东部的政权和贵族紧密地联系在一起。

162

　　下一章将再次利用广义的土木之变来探讨 15 世纪中叶欧亚大陆东部的权贵们对盟友的争夺和对彼此的认知。

注　释

　　1. 川越泰博：『モンゴルに拉致された中国皇帝：明英宗の数奇な

る運命』；Mote，"The T'u-mu Incident"。

2. De Heer, *The Care-Taker Emperor*.

3. 毕奥南：《也先干涉明朝帝位考述》；吴智和：《明代正统国变与景泰兴复》；尹选波：《试论景泰帝朱祁钰》。

4. 关于1461年试图推翻朱祁镇的失败政变，参 Robinson，"Politics，Force，and Ethnicity"；川越泰博「天顺五年的首都骚乱」。关于朱祁钰之死，参王天有《实录不实的一个例证》。朱祁钰试图通过命人修史来加强其正当性并增加其文化资本。参王秀丽《〈续资治通鉴纲目〉纂修二题》。

5. 牟复礼（Mote，"The T'u-mu Incident," pp. 254，249）说这次征战作为一次军事行动是"荒谬的"和"完全草率且不负责任的"，皇帝朱祁镇是"一个愚蠢又无能的年轻人"，而且糟糕的指挥决策使明军陷于不堪一击的境地。崔瑞德和林懋（Twitchett and Grimm，"The Cheng-t'ung, Ching-t'ai, and T'ien-shun reigns," p. 322）将皇帝的带兵决定描述为"反常和完全荒谬的"。（中译取自《剑桥中国明代史》，张书生等译，中国社会科学出版社，1992，第355页。——译者注）对朱祁镇、王振和朝中其他关键人物的详细描述，见吴智和《明代正统国变与景泰兴复》，第160~172页。

6. 对王振角色的不同阐释见孟森《明代史》，第139~146页；樊树志《明朝大人物：皇帝、权臣、佞幸及其他》，第95~100页；毛佩琦《英宗·王振·土木之变》；许振兴《论王振的"挟帝亲征"》和《论王振与"土木之变"的关系》。

7. 崔瑞德和林懋（Twitchett and Grimm，"The Cheng-t'ung, Ching-t'ai, and T'ien-shun reigns," p. 320）评论道："明初期建立的军事建制自永乐帝统治时期起已经严重地缩减。"（中译取自《剑桥中国明代史》，张书生等译，第352页。——译者注）土木之变发生后的第一时间，刘定之写道："国势之弱久矣。"刘定之：《建言时务疏》，载王锡爵《增定国朝馆课经世宏辞》卷1.32a，收入《四库全书禁毁书丛刊》，集部，第92册，第40页。这篇奏疏又载于《皇明经世文编》卷48.6b-13b，第1册，第375~379页，标题略有不同。刘定之奏疏中关于"国势久弱"的一句未见于《明英宗实录》卷184.23a-b，第3655~3656页的节本里。吴智和（《明代正统国变与景泰兴复》）将偏离明代最初几十年政策的制度安排（特别是在卫所制度和屯田方面）视为衰退而非变化或调整。这种理解影响了许多明代军事史的研究。简短的研究史讨论见 Robinson, "Military Labor," pp. 44–45。徐仁范（「土木の変と勤王兵：義勇と民壮を中心として」）探讨了土木之变对地方防御特别是民兵的影响。

8. Chu, "Intellectual Trends."

9. 王兆宁：《土木之变前后的士大夫》；李佳：《忠君与忠社稷关系辨——论明代土木之变中的士大夫政治价值观》。

10. 陈学霖（Chan, "Chinese Official Historiography," pp. 96–97）指出，土木之变的耻辱带来了"一波反对蒙古人，进而反对中国历史上所有非汉民族统治者的情绪浪潮"。他进一步说，"这种原民族主义的高涨"让人们对宋王朝的历史重新产生了兴趣。艾尔曼（Elman, *A Cultural History of Civil Service Examinations*, pp. 54–55）给出了类似的看法。土木之变促使明廷中的许多人更加怀疑为明朝服务的蒙古人。见吴云廷《土木之变前后的蒙古降人》；Robinson, "Politics, Force, and Ethnicity," pp. 85–97。

11. 河内良弘：『明代女真史の研究』，第 345～364 页；徐仁範：「土木の変と勤王兵：義勇と民壮を中心として」；임용한：「오이라트의 위협과 조선의 방어전략」。

12. 王秀丽：《〈续资治通鉴纲目〉纂修二题》，第 46 页；Brook, "Commerce," p. 274；Chua, *Day of Empire*。另一类受当代中国政治需求影响的研究将瓦剌和明廷的和议置于中国"民族关系史"的大背景下。参白翠琴《土木之役与景泰和议》；张天周《景泰元年蒙汉和议浅论》。

13. 我（Robinson, *In the Shadow of the Mongol Empire*）针对 14 世纪下半叶欧亚大陆东部后蒙古帝国时代的第一代领袖提出了这个观点。

14. 艾宏展（Elverskog, "The Tumu Incident"）认为应该把土木之变放在一个新兴的后蒙古帝国政治秩序中考虑，其中鞑靼人和瓦剌人争夺成吉思汗的衣钵。

15. Bang, "Lord of All the World", p. 174 认为，竞争、对抗和征服可以"在具有不同宗教、文学和语言习惯的社会之间造成广泛的制度趋同"。

16. 毛佩琦：《英宗·王振·土木之变》，第 117 页；孟修：《明蒙朝贡体制与土木之变》，第 41 页。

17. 学者们习惯性地使用五十万军队的说法。见 Mote, "The T'u-mu Incident" p. 263；奥山宪夫「土木堡の变」，第 12 页；陈学霖《李贤与 "土木之役" 史料》，第 244 页。

18. 牟复礼（Mote, "The T'u-mu Incident," p. 366, fn. 22）提请我们注意数字问题。他说关于土木之役的记载中伤亡人数巨大而也先部队的规模很小，是为了 "在描述土木之役的失利时不给王振失败的借口，从而败坏他的名声"。

19. 《国榷》卷 27，第 2 册，第 1772 页。徐学聚（《国朝典故》卷 3.2a，第 1 册，第 114 页）使用了同样的表述。

20. 《国榷》卷 27，第 2 册，第 1772 页。

21. 关于作为史料的《否泰录》，见韩慧玲《刘定之〈否泰录〉的史料价值及其局限性》。刘定之在其他地方对明军的规模做了更粗略的描述，称其为 "大数十万"。见刘定之《建言时务疏》，载王锡爵《增定国朝馆课经世宏词》卷 1.32a，收入《四库禁毁书丛刊》，集部，第 92 册，第 40 页；《皇明经世文编》卷 48.6a，第 1 册，第 375 页；《明英宗实录》卷 184.23a，第 3655 页。

22. 《否泰录》，收入《国朝典故》卷 30，第 1 册，第 478 页。

23. 《明英宗实录》卷 181.3a，第 3499 页。

24. Gilbert, *The First World War*, p. 299. 感谢我的同事 R. M. 道格拉斯（R. M. Douglas）为我提供了这份资料。

25. Sheffield, *The Somme*, p. 68. 感谢我的同事 R. M. 道格拉斯（R. M. Douglas）为我提供了这份资料。

26. 1449 年 10 月中旬，朝廷奖励了两千三百零七个在土木之役中幸存并返回京师的人。每个人在京师都得到了一匹布。这份微薄的赏赐可能反映出他们的地位不高。唯一一个被以职业相称的人是光禄寺的厨役。见《明英宗实录》卷 183.20b，第 3594 页。

27. 五十万这个数字也最常被用来描述 1410 年和 1414 年朱棣带进草原的军队的规模。见金善《北征后录》，收入《国朝典故》

卷 9，第 1 册，第 316 页；《明代蒙古汉籍史料汇编》，第 1 辑，第 49 页；《国榷》卷 15，第 1 册，第 1036 页；卷 16，第 1 册，第 1100 页。

28. 曹永年：《"土木之变"明兵力及伤亡人数考》；李新峰：《土木之战志疑》。1444 年，皇帝下令赏赐三十万两银子给京营各营的二十二万名士兵以奖励他们的辛劳。见《明英宗实录》卷 119.8b，第 2410 页。

29. 曹永年：《"土木之变"明兵力及伤亡人数考》，第 253 页。

30. 《明英宗实录》卷 183.9a，第 3571 页；卷 183.10a，第 3573 页。

31. 《明英宗实录》卷 183.12a，第 3577 页；卷 183.17b，第 3588 页。

32. 川越泰博：「土木の変と親征軍」。毛佩琦（《英宗・王振・土木之变》，第 115~116 页）同样认为，朱祁镇仿效朱棣和朱瞻基的统治风格以及他们对军事行动的亲自参与。他提出，早期战胜叛军的经历使皇帝有信心亲自率军征讨也先。

33. 川越泰博：「兀良哈征討軍と土木の変」，特别是第 144~145 页。

34. 一些瓦剌人——如阿儿浑阿加——还担任高级官员，在从中国北方到格鲁吉亚的各个地方负责征税和收税。参 Lane, "Arghun Aqa"。

35. Allsen, "Population Movements," pp. 127–28.

36. Broadbridge, "Marriage, Family and Politics"; Brack, "Mediating Sacred Kingship," pp. 46–50.

37. 宮脇淳子：「モンゴル＝オイラット関係史—十三世紀から十七世紀まで—」，第 154~155 页。

38. 宮脇淳子：「モンゴル＝オイラット関係史—十三世紀から十七世紀まで—」，第 155~156 页。

39. Farquhar, "Oirat-Chinese Tribute Relations."

40. 《明太宗实录》卷 92.13，第 1224 页。不久之后，瓦剌使节抵达明廷，得到了送给马哈木、太平和把秃孛罗的礼物。见《明太宗实录》卷 93.5a，第 1235 页。

41. 《明太宗实录》卷 136.4a，第 1659 页。

42. Serruys, "The Office of Tayisi," p. 360.

43. 他们的封号分别是贤义王和安乐王。参于默颖、薄音湖《明永乐时期瓦剌三王及和宁王的册封》。

44. 《明太宗实录》卷 240.1a，第 2285 页。关于瓦剌与蒙兀儿斯坦之间的关系，参刘正寅《明代瓦剌与东察合台汗国的关系》；樊保良《察合台后王与瓦剌封建主及明王朝在丝路上的关系》。

45. 刘正寅：《明代瓦剌与东察合台汗国的关系》，第 71 页。

46. 樊保良：《察合台后王与瓦剌封建主及明王朝在丝路上的关系》，第 118 页。

47. 其转写有时也作 Togtoo-Bukha。

48. 阿鲁台拥有一个来自明廷的封号——和宁王。

49. 在消灭了阿鲁台和阿台不久后，脱欢杀死了两个重要的瓦剌领袖，即太平和把秃孛罗。

50. 白翠琴：《关于也先的几个问题》，第 33 页；曹永年，《土木之变与也先称汗》，第 41 页；薄音湖：《评十五世纪也先对蒙古的统一及其与明朝的关系》，第 35 页；Serruys, "The Office of Tayisi"。

51. 《否泰录》，收入《国朝典故》卷 30，第 1 册，第 477 页。刘定之嘲笑道："岂非羊质虎皮、鸳翰凤鸣者哉！"

52. 刘定之的提法与保存在《朝鲜王朝实录》（《朝鲜世宗实录》卷 125.21a）中的朱祁钰给朝鲜世宗的敕文十分相似。进一步的讨论见本章后文。

53. 《朝鲜世宗实录》卷 96.8b。

54. 薄音湖：《北元与明代蒙古》，收入《明代蒙古史》，第 175～177 页；蔡美彪：《明代蒙古与大元国号》，第 45～47 页；李学：《北元、蒙古、明代蒙古—兼与鲍音先生商榷》，第 114～115 页。另可参 Robinson, *In the Shadow of the Mongol Empire*；蔡美彪《明代蒙古与大元国号》，第 43～45 页；达力扎布《北元史研究三题》，收入《明清蒙古史论稿》，第 219～230 页。这种忽略也可能来自其他地方，比如提供信息的人或后来的朝鲜编年史家。脱脱不花用了一支由朵颜卫（兀良哈三卫之一）的蒙古人和海西女真组成的队伍来递送敕书。第一次递送失败表面上是由队伍不熟悉前往朝鲜的路线。带队的人在脱脱不花的营地受到款待，被授予"王"等封号和达鲁花赤等职位。简要的

讨论见和田清「兀良哈三衛に關する研究　下」，『東亞史研究（蒙古篇）』，第 280~282 页

55. 脱脱不花的朝廷以朝鲜人容易理解的形式发布了敕书。向朝鲜国王报告的人没有注意到这份敕书上的年号，但记得日期（十年二月初五）和文件的外观：“纸则黄色薄纸，印信则不是大印，其方周尺五分许。”这份敕书以蒙古文写就。明朝诏书的尺寸多样。托普卡帕宫博物馆（Topkapi Museum）保存了一份 15 世纪中叶给剌利斯坦地区首府剌儿的咩力儿吉的汉蒙双语敕书，敕书以黑色墨水写在黄纸上，长 1.72 米，宽 0.51 米。见 Cleaves，“Sino-Mongolian Inscription of 1453”。使者似乎不太可能没有注意到文书中的年号，因为这是欧亚大陆东部政治最高统治权和效忠的最明显和最重要标志之一。

56. 《朝鲜世宗实录》卷 97. 22a。

57. 《明英宗实录》卷 174. 7b，第 3356 页。

58. 《明英宗实录》卷 174. 7b-8a，第 3356~3357 页。

59. 《朝鲜世宗实录》卷 125. 11a。

60. 《正统临戎录》，收入《国朝典故》卷 28，第 1 册，第 441 页。

61. 1449 年 9 月 12 日，也先断言：“大明皇帝到来我这里聚会了。”也先似乎设想与朱祁镇在边境举行一次会晤。见《正统临戎录》，收入《国朝典故》卷 28，第 1 册，第 442 页。

62. 《正统临戎录》，收入《国朝典故》卷 28，第 1 册，第 443 页。也先关于统一天下即夺取明朝领土的说法不能被视为他对 1449 年战役的愿景。他俘虏朱祁镇是偶然的而不是计划好的。他也没有试图在胜利后夺取京师并推翻明朝。见本书第五章。

63. 《正统临戎录》，收入《国朝典故》卷 28，第 1 册，第 443 页。《正统北狩事迹》中的说法略有不同，省略了称也先为那颜的内容：“大明天子大元之仇，今天以赐我，不如杀之。”《正统北狩事迹》，收入《纪录汇编》卷 20，第 166~172 页。

64. 在与明朝使者李实（1413~1485）的讨论中，也先说：“大明皇帝与我是大仇。”见李实《李侍郎使北录》，收入《国朝典故》卷 29，第 1 册，第 465 页。这句话并没有出现在嘉靖版的李实记述中。见李实《虚庵李公奉使录》，收入《续修四库全书》，第 433 册，第 159 页。李实作品的传播史有待进一步研究。消

息灵通且在 15 世纪末写作的王锜说，朱祁镇在重新登上皇位后下令销毁了李实对其出使瓦剌的记载。皇帝认为李实的记录粗俗且对君主不敬（王锜：《寓圃杂记》卷 10，第 79 页）。我们不知道李实的记述在 15 世纪下半叶是否有流传（尽管皇帝试图禁毁），也不清楚它是不是直到 16 世纪中期才重新出现。明朝官员用同样的说法——"大仇"——来形容也先和瓦剌。下级官员叶盛说应当"报大仇、雪国耻"，对也先有"万世必报之仇"。见叶盛《叶文庄公奏议》卷 7.9a；另见《续修四库全书》，第 475 册，第 293、345 页。兵部尚书于谦在论证反对与瓦剌人和谈时写道："中国与寇虏有不共戴天之仇。"见于谦《少保于公奏议》卷 1，第 1 册，111 页；《于谦集》，第 7 页。

65. 《朝鲜世宗实录》卷 125.21a。

66. 见于 1443 年的一份诏书。见『訓讀吏文（附）吏文輯覽』，第 235 页。这种用法不仅限于也先和瓦剌。比如，在 1461 年给琉球国王的诏书中，朱祁镇使用了类似的结构——"敬天事大"。在 1432 年的敕谕中，宣德皇帝同样称赞琉球国王"能敬天事上"。见《历代宝案》，第 1 集，卷 1，第 13 页。

67. 我们不禁好奇世宗和大臣们是否从瓦剌的示好中觉察到了这种政策与曾经的元朝联盟的相似之处，即 13 世纪和 14 世纪蒙古人与高丽朝廷之间的联系。

68. 朱元璋要求并得到了五万匹马，他将此作为册封高丽禑王事宜的一部分。参 Robinson, "Rethinking the Late Koryŏ"。朱棣命令交付数万匹马。见朴元熇《明"靖难之役"与朝鲜》，第 231、236~238、243 页；朴元熇『明初朝鮮關係史研究』，第 141~145 页；北島万次「永楽帝期における朝鮮国王の册封と交易」，第 200~202 页。

69. 荷見守義：「明朝の册封体制とその様態：土木の変をめぐる李氏朝鮮との関係」，第 42~44 页。

70. 蔡美彪：《明代蒙古与大元国号》，第 48 页。

71. 《明英宗实录》卷 232.5a，第 5075 页。

72. 《明英宗实录》卷 234.5a，第 5110 页。略有不同的另一版本也先书信见《国榷》卷 31，第 2 册，第 1967 页。

73. 蔡美彪：《明代蒙古与大元国号》，第 48 页。

74. 蔡美彪：《明代蒙古与大元国号》，第 48 页。

75. 叶向高：《四夷考》，收入《明代蒙古汉籍史料汇编》，第 2 辑，第 493 页；茅元仪：《武备志》（参和田清「兀良哈三衛に關する研究 上」，『東亞史研究（蒙古篇）』，第 203 页）；胡钟达：《明与北元——蒙古关系之探讨》，第 45 页；蔡美彪：《明代蒙古与大元国号》，第 45~46 页；薄音湖：《北元与明代蒙古》，第 176 页；戴鸿义：《关于北元史的几个问题》，第 69 页；曹永年：《也先与"大元"——也先王号、年号和汗号的考察》，第 173 页。

76. 和田清：「兀良哈三衛に關する研究 上」，『東亞史研究（蒙古篇）』，第 207 页；达力扎布：《北元史研究三题》，收入《明清蒙古史论稿》，第 219~222 页。

77. 和田清：『東亞史研究（蒙古篇）』，第 346 页。曹永年（《也先与"大元"——也先王号、年号和汗号的考察》，第 172~173 页）还提出，也先用年号把自己确立为脱古思帖木儿的直接继承人，希望这一做法能让蒙古人相信他不是篡位者，因为并非所有脱古思帖木儿之后的可汗都是正统的。

78. 人们也可以把它解释为"天的起源"。因为没有关于也先朝廷之解释的记载，任何词义重构都只能是权宜的。

79. Serruys，*Sino-Mongol Relations during the Ming*，Ⅱ：*The Tribute System*，pp. 447-48.

80. 《朝鲜端宗实录》卷 10.29a。

81. 《朝鲜端宗实录》卷 10.29a。

82. 和田清：『東亞史研究（蒙古篇）』，第 345~346 页。

83. 李实：《李侍郎使北录》，收入《国朝典故》卷 29，第 1 册，第 464 页。然而，"南朝"这个词并没有出现在嘉靖版的相应段落中。见《虚庵李公奉使录》，收入《续修四库全书》，第 433 册，第 159 页。胡钟达（《明与北元——蒙古关系之探讨》，第 51~52 页）指出在 15 世纪和 16 世纪，"北朝"、"南朝"和"北人"、"南人"被许多人使用过，包括朱棣和加入蒙古草原南部蒙古人部族的明朝臣民等。1453 年，叶盛报告皇帝说，一群"达贼"在逃离也先部下的控制后，抱怨自己生活在对瓦剌和"南朝"攻击的双重恐惧中。见叶盛《叶文庄公奏议》，收入《续修四库全书》，第 475 册，第 338 页。

84. 关于宋辽澶渊之盟中商定双方都能接受的称号和关键条款时遇到的困难，参 Wright, *From War to Diplomatic Parity*, Chapter Two. 同时代的作者叶盛不愿写出也先的称号。相反，他写道："比闻瓦剌也先擅自易其名号。"见叶盛《叶文庄公奏议》，收入《续修四库全书》，第 475 册，第 345 页。作为脱脱不花和明廷的"臣"，也先无权改变他的称号。

85. 林聪当时是吏科都给事中。其文集似乎大部分已亡佚。

86. 《明英宗实录》卷 236.3a–b，第 5143~5144 页。

87. 在于 1453 年初到吏科任职之前，林聪曾任刑科给事中数年。

88. 林聪：《议赐也先勒书称号疏》，收入《皇明经世文编》卷 45.23a，第 1 册，第 353 页。

89. 林聪：《议赐也先勒书称号疏》，收入《皇明经世文编》卷 45，第 1 册，第 352~353 页。另见《国朝献征录》卷 44，第 111~152 页。

90. 《明英宗实录》卷 236.3a–b，第 5143~5144 页。

91. 《明英宗实录》卷 236.3b，第 5144 页。

92. 在其父死于与大越的战争后，柳溥于 1435 年继承了安远侯的封号，他曾在广西为将。见《明功臣袭封底簿》卷 3，第 432 页。

93. 《明英宗实录》卷 236.3b，第 5144 页。

94. 《明英宗实录》卷 236.3b，第 5144 页。

95. 《明英宗实录》卷 236.3b–4a，第 5144~5145 页。

96. 章纶在这里搞混了。元代和明代的资料将成吉思汗称为元太祖，忽必烈为元世祖。

97. 根据《明实录》的记载，朱祁钰在 1449 年 11 月中旬给脱脱不花的信中使用了"鞑靼可汗"的称号。见《明英宗实录》卷 185.1a，第 3665 页。明朝使者李实于 1450 年离开京师，他带着给"达达可汗"（脱脱不花）、也先太师和"瓦剌知院"——很可能是指脱脱不花的丞相阿剌——的三份敕书。见李实《李侍郎使北录》，收入《国朝典故》卷 29，第 1 册，第 463 页；《虚庵李公奉使录》，收入《续修四库全书》，第 433 册，第 157 页。早在 14 世纪，教宗给察合台汗国统治者燕只吉台（1327~

1330 年在位）和敞失（1335～1337 年在位）的信分别使用了"呼罗珊、突厥斯坦和印度斯坦的鞑靼人皇帝"和"中国的鞑靼人皇帝"的称呼。见 Biran，"Diplomatic and Chancellery Practices," p.390。在 1414 年的一份敕谕中，朱棣提到了鞑靼首领阿鲁台的全部头衔，其中包括"枢密院为头知院"。见《弇山堂别集》卷 18，第 1 册，第 1693 页。

98.《明英宗实录》卷 236.4a，第 5145 页。另见郑晓《今言》卷 2，第 106 条，第 62 页。

99. 其中一位是名叫路璧的给事中。他此前曾上疏论述为什么朝廷应该抵抗也先的施压、不向其营地派遣使者。他认为遣使会带来巨大的经济和政治成本，而且完全不可能真正防止也先进犯边境。见《明英宗实录》卷 225.8b-9a，第 4904～4905 页。

100.《明英宗实录》卷 236.6a，第 5149 页。

101. 钟同：《论大臣不以边事为念疏》，收入《皇明经世文编》卷 47，第 1 册，第 371 页。

102. 刘正寅：《明代瓦剌与东察合台汗国的关系》，第 73 页。

103. Vais Khan（也写作 Ways 或 Vays Khan）在汉文文献中写作歪思汗。

104. Rossabi，"Notes on Esen's Pride," p.34.

105. Dūghlāt，*Tārīkh-i Rāshīdī*（Thackston，p.33；Ross，p.91）.

106. Dūghlāt，*Tārīkh-i Rāshīdī*（Thackston，p.33；Ross，p.91）. 朵豁剌惕在同一段中指出，"由于他们是穆斯林"，亦不剌金和也里牙思"一直与阿马桑赤太师相争"。他说在 1504 年之前的某个时候，亦不剌金和也里牙思可能"逃入契丹"，并在那里去世。

107. Dūghlāt，*Tārīkh-i Rāshīdī*（Thackston，p.23；Ross，p.65）.

108. Dūghlāt，*Tārīkh-i Rāshīdī*（Thackston，p.23；Ross，p.65）.

109. Dūghlāt，*Tārīkh-i Rāshīdī*（Thackston，p.23；Ross，p.65）.

110. Dūghlāt，*Tārīkh-i Rāshīdī*（Thackston，p.24；Ross，p.67）.

111. 也先的儿子们在他们父亲去世后的几十年里仍然活跃在蒙兀儿斯坦的土地上。波斯语史料称在 1452～1455 年的某个时候，一位瓦剌首领阿失帖木儿太师（Uz-Timur-Tayji）在锡尔河（今乌兹别克斯坦境内）一带击败了乌兹别克人。参 Barthold，*Four Studies*，vol.1，p.148 - 50；Serruys，"The Office of

Tayisi," p. 377。

112. Allsen, "Mongolian Princes"; Endicott-West, "Merchant Associations."

113. Serruys, "Sino-Mongol Trade," p. 40；樊保良：《察合台后王与瓦剌封建主及明王朝在丝路上的关系》，第 121 页。

114. 萩原淳平：「土木の變前後：經濟問題を中心として見た明蒙交渉」，特别是第 197~198 页。

115. 马建春：《"土木之变"与回回人》，第 155 页。

116. 《明英宗实录》卷 173.3b，第 3326 页；《明英宗实录》卷 173.8a，第 3335 页。一些研究引用了这个数字，包括 Serruys, "Sino-Mongol Trade," p. 43；马建春《"土木之变"与回回人》，第 155 页。萩原淳平（「土木の變前後：經濟問題を中心として見た明蒙交渉」，第 206~207 页）也强调了穆斯林的双重功能。关于中亚商人在前往明朝的蒙古使团中的作用，参 Serruys, *Sino-Mongol Relations III：The Horse Fairs*, pp. 41–44。

117. 法夸尔（Farquhar, "Oirat-Chinese Tribute Relations," esp. Table I , pp. 66–67）提供了一个瓦剌朝贡使团列表，包括他们的日程、规模和交易的货品。

118. 萩原淳平：「土木の變前後：經濟問題を中心として見た明蒙交涉」，第 198~200 页。

119. Barfield, *The Perilous Frontier*, pp. 239–40.

120. 穆斯林商人将战利品转化为军备物资。萩原淳平（「土木の變前後：經濟問題を中心として見た明蒙交涉」，第 207 页）提出，1447 年瓦剌人带给明廷的四千一百七十二匹马中，大部分都是在最近一次对兀良哈三卫的战役中缴获的。

121. 马建春：《"土木之变"与回回人》，第 157~165 页。关于这类人中的一个——皮儿·马黑麻，参马建春《明代西域回回人马克顺事迹考》。

122. 袁彬的报告由翰林学士尹直于 1471 年 8 月初记录。见尹直的文集《謇斋琐缀录》卷 5.1a-10b，第 117~136 页；卷 5.1a，第 117 页提到了赛伏剌。司律思将"赛罕"重构为 Sayiqan，即也先的弟弟（Surruys, "Mongols Ennobled during the Early Ming," p. 236）。关于袁彬证词的文献流传过程，参川越泰博

『明代異国情報の研究』，第 141～179 页。袁彬的简要生平见川越泰博『明代長城の群像』，第 169～185 页。

123. Atwood，"Buddhists as Natives," pp. 304-05，fn. 62.

124. 蒙古人接受伊斯兰教的时间、性质、表现和结果是伊利汗国、金帐汗国和察合台汗国历史中的关键问题。参 Jackson，*Mongols and the Islamic World*；DeWeese，*Islamization*。

125. 于谦：《少保于公奏议》卷 1，第 1 册，第 107 页；《于谦集》，第 6 页。

126. 于谦：《少保于公奏议》卷 1，第 1 册，第 174 页；《于谦集》，第 25 页。

127. 艾宏展的研究（Elverskog，"The Tumu Incident"）是一个人们喜闻乐见的近期例外。

第五章　盟友与共通性

引言

正如其他时代和地方的统治者一样，明代前期的皇帝与几个权力和权威中心争夺效忠和影响力。皇帝和大臣们明白他们需要与不同的政治群体和民族群体沟通，并试图用从别失八里到汉城的人们能理解和欣赏的方式，以言辞、军事力量和皇帝的恩惠来证明明朝统治权的优越性。这种努力可以追溯到王朝的最初阶段。[1] 透过土木之变，本章研究欧亚大陆东部的跨空间效忠和交流、政治隶属关系，以及民族/文化认同。

本章分为两节。第一节重新审视 15 世纪明廷与三个欧亚东部贵族群体的关系。明朝皇帝利用军事压力、经济激励和言辞，与统治哈密（位于今新疆东部）的蒙古贵族，位于今新疆东部、甘肃西北部和青海的一批类似哈密的小政权，以及位于今大兴安岭一带的兀良哈三卫建立联盟和恩惠关系。也先领导的扩张后的政权是短命的，但它对明朝联盟网络的挑战清楚地表明，在欧亚大陆东部的精英中赢得支持需要持续的关注和资源，因为远人在明廷的恩惠外还有别的选择。第二节探讨明朝和瓦剌政权之间的共通性和联系，这些共通性和联系是建立在精英间共同的政治文化基础之上的。第二节还将思考赢得远人效忠，特别是明朝边界内蒙古人群体的效忠，会伴随着哪些问题。本章最后简要总结了广义的土木之变所揭示的明朝统治的欧亚东部维度。

明朝皇帝与哈密、关西七卫和兀良哈三卫的关系

在其父亲和祖父创建的权力基础上，也先把他的影响力向东西方扩展。通过军事行动、联姻以及授予称号和官职，也先在 15 世纪 40 年代和 50 年代初稳步地将蒙古草原及周边大部置于其控制之下。[2] 在此过程中，也先挑战了明廷在 14 世纪末和 15 世纪初与从吐鲁番到朝鲜的各政权领袖建立的一系列联盟。一份 1443 年给边将的敕书清楚地表明，明朝皇帝意识到也先的行为威胁到了他与许多盟友的关系。"曩闻也先遣人纠合兀良哈。近复攻劫哈密，擒其王母，又与沙州等卫结婚。"[3] 近十年后，一位明朝高级将领说也先谋杀了可汗（脱脱不花）并夺取对其人民的统治权。此外，"东自女直、兀良哈野人，西自蒙古赤斤、哈密皆已受其约束"。[4] 自 14 世纪末以来，明朝皇帝已经与所有这些群体建立了联盟关系，而他现在面临着几乎全方位的挑战。

也先的扩张提醒我们明廷在王朝边界之外的影响力通常不稳定而且历史不长。明朝的建立者朱元璋，还有特别是他的儿子朱棣与一些地位往往可以追溯到蒙古帝国时期的领袖建立了联系，而当大元在 1368 年失去了大都和大部分汉地疆土时，哈密、吐鲁番、哈拉和卓（高昌）、哈拉浩特（黑水城）等地以及宽泛而言的河西走廊仍然不受明朝皇帝的控制。这些地区的权贵往往与蒙古草原东部的北元保持着联系。[5]

哈密

1368 年前后，哈密的统治家族将其世系追溯到察合台家

族，后者的一部分自 13 世纪末以来就一直与大元结盟。[6]哈密具有广泛的战略意义，它位于连接明朝疆域西部边缘、蒙古草原南部和中亚的贸易运输路线上。明朝、鞑靼、瓦剌和蒙兀儿斯坦的统治者都对哈密表现出强烈的兴趣，而哈密的统治者常常依靠外部支持来维持对当地各群体的控制；这些群体有不同的政治、宗教和部族从属关系。

以下事件很好地说明了哈密在蒙古帝国灭亡后的欧亚大陆东部统治权网络中的位置。1389 年，活跃在蒙兀儿斯坦（七河地区）的察合台贵族和成吉思汗后裔驸马纳门给朱元璋写了一封信，其中明确提到了哈密。[7]纳门与和他一起写信的人（另一位有影响力的蒙古贵族）请求明朝统治者尽力确保察合台王子古纳失里安全地从蒙古中部经由哈密前往蒙兀儿斯坦。[8]其他证据表明纳门和与他想法一致的蒙古贵族们正在策划拥立古纳失里为蒙兀儿汗，以激励当地人抵抗，从而能与另一位蒙古人领袖、帖木儿政权的首领帖木儿进行决战。[9]古纳失里只走到了哈密。他成为当地的统治者，并很快得到了明朝皇帝对其哈密王身份的认可。纳门的请求表明，对于深刻理解地缘政治棋局的蒙古首领来说，朱元璋是欧亚大陆东部政治的真正参与者。根据我们对当时明朝皇帝与蒙古首领之间关系的了解，朱元璋可能还收到了许多其他类似的请求，但只有纳门的和其他六封来自重要蒙古首领的信函被保存下来。这些信件表明当时的内亚领袖们认为明朝皇帝能对其王朝边界之外的地区施加影响，而强大的蒙古人可能会让这种影响力转而为自己的利益服务。纳门和跟他一起写信的人表示，他们希望朱元璋的合作将"大国的基址行寻着整治的"。[10]他们没有说明这是指谁的"大国"。

明朝皇帝有时还试图直接介入哈密。作为对从中亚前往南京的使团受到袭击一事的回应，一支明朝远征军在 1391 年突袭了哈密。哈密王和他的主要支持者逃脱了，但明军俘虏了数百名贵族。[11] 然而，后勤困难和其他优先事项阻碍了所有把哈密纳入明朝统治的努力。明前期并没有在哈密建立起持久的军事存在。[12]

明朝皇帝直到 15 世纪初才开始对哈密施加更为明显的影响。[13]1404 年，朱棣封在位的哈密王、察合台贵族安克帖木儿为忠顺王。[14] 第二年，安克帖木儿去世，朱棣安排安克帖木儿的一个侄子脱脱（和第四章中提到的贵族不是同一个人，只是名字相同）登上哈密王位。脱脱之前曾被俘虏到明朝宫廷并在那里长大。[15] 朱棣选择的统治者在哈密得到的支持有限，朱棣收到消息说脱脱那有影响力的祖母速哥失里已经把他逐出了哈密，可能是因为她认为她的孙子是一个威胁到自己权力或者不适合统治的不速之客。[16] 皇帝向"哈密大小头目"解释说，他把脱脱扶上王位是因为人民需要一个统治者。皇帝说头目们不赞同速哥失里的行为，这给了可能会同时孤立速哥失里的头目们一个台阶下。朱棣继续说，无论如何，把脱脱赶下王位是对明朝皇帝的轻视，朝廷绝不能接受。朱棣宣称脱脱就像他的儿子一样，并要求对方给这位新的哈密王第二次机会。[17] 在这里，明朝皇帝努力为一个不受欢迎的统治者赢得地方上的支持：他既没有假定人们会服从，也没有采取军事行动。[18] 明朝统治者的影响力有赖于恩惠和协商，而不是军事占领或来自明朝京师、在遥远的哈密被无条件服从的命令。朱棣并没有试图废黜速哥失里，而是试图为自己选择的统治者赢得哈密其他权贵的支持。[19]

哈密深深地根植于更广阔的成吉思汗后裔世界，它是贸易和交通枢纽，对于欧亚大陆东部大部分地区有野心的蒙古贵族来说都具有战略意义。安克帖木儿和他的父亲古纳失里都曾拥有元朝皇帝授予的封号。[20]朱棣明白哈密统治家族的皇族血统，但他消解了元朝的权威。皇帝在一封信中坚称："前代王爵不足再论。今但取其能归心朝廷而封之，使守其地、绥抚其民可也。"[21]明朝皇帝含蓄地承认了在位察合台王室的特权地位。朱棣和大臣们也知道哈密的统治家族与其他成吉思汗后裔家族有联系。1405年，蒙兀儿汗联络朱棣，指责鬼力赤可汗毒杀安克帖木儿，并请求朱棣支持他率兵惩处鬼力赤，但朱棣拒绝了。[22]

1406年，明廷宣布设立哈密卫，但这不应被视作军事控制的证据。[23]和王朝控制范围之外的其他地区一样，明朝建立的卫所是协调与当地头领关系的行政手段。更不寻常的是，这次朱棣任命了几位明朝士人作为脱脱事实上的政治顾问，而这是皇帝对各地的明朝藩王常用的做法。然而明朝很快就放弃了以如此紧密的方式管理哈密地方事务，[24]蒙兀儿斯坦、哈密和蒙古草原的成吉思汗后裔贵族之间的关系却继续发展，基本上不受明朝皇室的控制。[25]

作为成吉思汗后裔贵族和地方掌权者，哈密统治者认为得到明朝皇帝的尊重是天经地义的事。1440年，在位的明朝皇帝朱祁镇送来了一件优雅的丝袍，上饰四爪龙，这是皇帝青睐和地位的标志。[26]另一个关心的姿态是朱祁镇在得知哈密王之母生病时派了一名医生为她治疗。[27]这恰恰是明朝统治者对藩王和重臣的个人关怀。时人认为这种个人恩惠的姿态提高了接受者的地位，而汉人写作者也经常将这种细节写进赞美性的丧葬铭文。[28] 一位学者说："个人君主制总是需要对身份和荣誉的 168个人化表达。"[29] 赠送礼物的行为假定存在一种双边关系：收礼者受到尊敬，因为送礼者重视他的支持，而两人使用一种共同的通交语言来展示想象中的个人关系。颁赐奢华的礼物是展示权力、赢得正当性的一种方式，并使接受者更愿意重视赠送者的愿望。根据拜占庭帝国在13世纪和14世纪的具体情况，一位学者指出，皇帝"通过奢侈地展现自己的慷慨来建立和加强其至高权威，并用这种方式来巩固联盟"。[30] 这很可能也是明朝皇帝的做法，但此类赠礼及其他非语言交流的官方记载一般十分简略，让我们很难对意图、感知和接受做精细的分析。[31]

正是因为这种共同的语言而不是文化冲突或对于统治权不相通的理解，事情才会出大问题。例如1440年末，一名哈密使节因为感觉受到怠慢而在北京的一次正式宴会上大发雷霆。[32] 这一事件非常严重，以至于明朝皇帝下敕给哈密王解释他为什么要收系此人。皇帝指出，该使节在从边境到京师途中的无礼和宴会上的劣迹让哈密王蒙羞。皇帝告诫哈密王，如果他"欲保境土"和"永享太平之福"，今后在选择使节时就必须谨慎。[33] 然而，这类违反通交礼仪的行为并没有影响哈密使节持续地前往北京。[34] 不到一个月后，哈密使节向皇帝赠送了马匹、骆驼和玉石。明朝皇帝又设宴款待并赠送织物。[35] 明廷还与哈密王的家人合作，比如同意哈密王之母弩温答失里的请求，将一名被控谋叛的哈密精英流放。[36]

明朝的官方话语强调皇帝的超然地位，声称他在与其他统治者打交道时不会被互利互惠的需求所束缚。然而，礼物交换总是意味着互惠，即便在交换增加"差异和不平衡"[37] 并且 169"建立和调整权力和等级的流动关系"时也是如此。[38] 礼物交换促成了"一个义务网络"。[39] 正如下文所示，明朝的皇帝们试图向蒙古首领灌输一种对自己的义务感。明朝君主掌握着大量资源，但他不得不承认其他统治者的地位和特权。他需要他们的效忠。[40]

尽管在 15 世纪初的几十年间，明朝和哈密的统治家族间存在上述由恩惠和君主间交流构成的联系，但最迟在 1442 年，明廷收到报告说也先正在几条战线上努力扩大他在哈密精英中的影响。[41] 明朝皇帝得知哈密王正在考虑和也先联姻。[42] 另一份报告说也先正在增加对哈密的军事压力，夺取哈密的马匹、骆驼，乃至包括哈密王之母在内的哈密王室成员。这类联系很可能并不像明廷在描述也先势力扩大时说的那样具有强迫性。被明朝方面的文献说成是掠夺的，实际上多半是合作。一位历史学家提出当时的哈密王之母弩温答失里其实是也先的姐姐。[43] 也先的成功依赖于他获取当地有影响力之人支持的能力，这些人认为也先的支持有助于他们竞逐权力和地位——这些本质上也是让明朝皇帝成为有潜在吸引力的施恩者的因素。[44]

也先很快就释放了这些看似是俘虏的人，但他把哈密进一步拉入了自己的势力范围。他把自己的另一个姐姐嫁给了在位的哈密王倒瓦答失里，[45] 并以哈密王的名义向明廷派遣了大型贸易使团。[46] 1446 年，明朝皇帝收到报告称也先倒瓦答失里、哈密王之母（弩温答失里）等人召集到瓦剌朝廷，在那里他们得到了隆重的接待。也先将哈密俘虏交还给了哈密王。[47] 后来，哈密王向皇帝通报了他前往也先朝廷的行为，试图将此举解释为探访其母弩温答失里。[48] 哈密王与明朝皇帝的沟通表明，他不仅认为北京在监视他的活动，而且知道他的意见在皇帝那里有一定分量。

尽管也先与哈密统治者之间的关系日益密切，但明朝皇帝并没有放弃与哈密的联盟。[49]1453 年，明朝边防官员向皇帝报告说，倒瓦答失里再次前往也先那里"议事"——后者现在毫不掩饰自己作为瓦剌领袖的地位，操纵着傀儡可汗。一位镇守太监对哈密的行为大为不满，但除了加强边防外，他没有建议对哈密采取任何行动。[50]1455 年，甘肃的一位官员要求，鉴于哈密最近与也先勾结而且没有准确汇报近况，朝廷应暂停哈密的朝贡特权。皇帝却听从了兵部的建议，在没有证据表明哈密有进一步的不轨行为时，继续保持其朝贡特权。[51]

也先在哈密培植盟友的做法提醒我们明廷也在进行类似的活动，而且地方精英认为明朝皇帝的资源优势使他成为一个值得信赖的施恩者。[52]和明朝皇帝进行的礼物交换因其地位和经济实力而受到重视。[53]1406～1449 年，有记载的此类交换达一百二十一次。[54]对哈密权贵更重要的是对明马匹贸易带来的财富——明朝以茶（一种官府专卖商品）或钞支付。[55]哈密精英阶层的成员接受各种对情报、安全通行和有限军事援助的请求。[56]但是，他们合作与否取决于个人和家庭的利益。明廷试图用强调哈密精英对明朝皇帝的义务或不给封号、不许其参与礼物交换和贸易的方式来影响他们的行为，但朝廷很少能简单地要求对方服从。[57]通过军事压力、家族关系和对当地受恩者的精心培养，也先逐渐使明朝的恩惠黯然失色。15 世纪末至16 世纪初，东西方雄心勃勃的蒙古首领将再次挑战明朝皇帝，而皇帝对向哈密等地施加影响的兴趣越来越小。[58]

171

"关西七卫"

14 世纪，从今天的青海柴达木盆地到甘肃敦煌及其周边地区，当地群体的首领都拥有大元朝廷赐予的封号，如豳王、肃王、西宁王、威武西宁王、安定王，而且都与察合台家族有关系。[59]尽管大元王朝已经衰落，但这些亲王府仍保留了地方权力和地位。在14世纪末至15世纪初，明朝建立了沙州卫、赤斤蒙古卫、安定卫、阿端卫、曲先卫、罕东卫和哈密卫。[60]现代学者通常将这些首领及其领土合称为"关西七卫"。随着利益向该地区扩展，明廷与其认为有助于实现自己目标的人建立了联系。

"卫"是明朝的行政工具，用来和那些出于各自目的与明朝皇帝建立联系的首领打交道。这些联系包括有机会获得显赫的封号、参与提高地位的礼物交换，以及进行利润丰厚的贸易。换言之，通过这种关系，地方首领获得了宝贵的政治资源、象征资源和物质资源，从而增强了他们作为施恩者的地位和吸引力。

作为对其恩惠的交换，明朝皇帝希望从青海和甘肃的远人那里得到几样东西。第一，他要求为商人和往来于京师的使团提供安全通路。例如1441年，明朝皇帝要求沙州首领困即来确保前往北京的哈密使团安全通过其领土。皇帝这是在回应关于沙州当地人劫掠哈密商队的抱怨。[61]沙州是使节和商人会面、休息和补给的重要场所；困即来利用他对沙州的控制，以劫掠和收取保护费的方式攫取资源。明朝皇帝经常正式赞赏哈密、沙州和赤斤的首领为确保中亚各国使节安全抵达北京所做的努力，这表明皇帝知道自己要依靠与他们的合作来维护明朝的利益。[62]

第二，明朝皇帝希望保护自己的臣民。1453年，明朝皇帝要求赤斤和罕东首领不要"拘留杀害"试图逃离哈密的明朝臣民——尽管他们为何前往哈密以及为何想要逃离的细节还不清楚。[63]1455 年，明朝皇帝写信给哈密王，指出后者的下属扣留了三千多名明朝臣民，他们都是汉人，之前被蒙古人抓走——估计是也先及其盟友所为；这是欧亚大陆东部大部分地区都存在的奴隶贸易的一部分。明朝皇帝承诺如果哈密王送还臣民，他将得到重赏。[64]对安全通行和保护的反复要求表明，明朝皇帝在这个政权动荡、土匪活动频繁的地区影响力有限。历史上，应对这种情况的常见做法是花钱买安全。[65]如上所述，明朝皇帝在很大程度上依靠其经济资源——以礼物和贸易许可的形式——来确保远方各首领的一点点合作。明朝还使用了关于义务的言辞并摆出了调解人的姿态。

例如，朱祁镇在 1443 年责备赤斤和沙州的首领没有为明朝使节提供武装护送：这是"违命"。他写道："朕以尔等为国内属，朝廷恩待积有岁年。"他要求他们解释清楚为什么没有做到，并警告说任何掩饰的企图都会给他们带来不好的结果。[66]几个月后，明朝皇帝试图以一种完全不干预的方式调停哈密和罕东之间的冲突，他敦促双方达成依当地习俗各自都能接受的和解。[67]1447 年的某一天，朝廷收到了一连串关于哈密、沙州和赤斤之人互相袭击的报告，他们请求明朝皇帝进行调解。[68]朱祁镇再次拒绝干预，他指示各方按照当地习俗解决问题，并批评哈密王没有约束其臣民。[69]

如上述例子所示，明廷知道赤斤和沙州的首领不能完全控制其下属，这些下属常被使团的财富吸引，同时受自身利益驱动。皇帝敦促地方首领约束他们的部下，这是在隐晦地承认明朝皇帝的控制力根本没有延伸到那么远。[70]明廷知道其盟友也会时不时地参与对明朝使节和商人的掠夺。1449 年，皇帝申斥赤斤蒙古卫都督金事等人，说他们原本受明廷之托保护一个

173

哈密使团，但"纵容部属纠合凶党邀截使臣"，辜负了皇帝的
信任。[71]

如上面的例子所示，明廷的远人和他们部下之间的关系给
明朝皇帝带来了恼人的问题。为什么盟友不能控制其下属？他
们是否默许甚至公开支持部下的不轨行为？或者说，皇帝选择
的盟友实际上在部下中缺乏权威——换句话说，明朝皇帝是否
选错了人？最后，关于明朝皇帝作为众王之王的判断力和能
力，这种失败暗示了什么？失败的施恩是对明朝统治权无声的
批评。

兀良哈三卫

正如第一章所示，朱棣在做燕王期间协调着成吉思汗后裔
贵族和明朝之间的关系。1389 年，明朝首次设立了兀良哈三
卫，以促进与大兴安岭东麓的蒙古首领的关系，但主要的首领
们很快就放弃了与明朝皇帝的临时合作。[72]直到 15 世纪初，已
登基的朱棣主动派出使节，双方才建立了稳定的关系。他给了
兀良哈三卫精英更高等级的头衔并开设了两处马市。[73]朱棣和
后来的明朝皇帝都很重视三卫，他们认为三卫是对抗更强大蒙
古诸部的潜在军事缓冲区。明朝皇帝也需要地区事态的情报，
而三卫正好可以提供。[74]15 世纪初，三卫的领土位于蒙古领地
和女真领地的接壤处。三卫的精英往往有蒙古血统，他们的臣
民也包括女真人。在 15 世纪和 16 世纪，兀良哈三卫利用其战
略重要性，从鞑靼、成吉思汗后裔可汗、瓦剌和明廷那里获取
经济和政治利益。[75]明朝皇帝也希望三卫首领能对那些可能在
其他情况下袭扰边境的部下进行一定程度的约束。1443 年，
朱祁镇奖赏了几个"在边捕盗"的三卫首领，这就是对他们
遏制下属袭扰行为的奖励。但是，他警告说，未来若再不能约

束部下，首领本人将被绳之以法，甚至会招来明朝军队的重大惩罚性打击。[76]

15 世纪 40 年代，也先在兀良哈三卫中寻求支持。他至少娶了两个泰宁卫首领的女儿。[77]1442 年，一个泰宁卫首领不仅向明朝皇帝报告了其女和也先的婚姻，还请赐珍珠、罟罟冠和袍作为结婚礼物。皇帝以缺乏明确的先例为由，决定不赐冠和袍，却赐了大红纻丝表里和青纻丝表里各两件。[78]这个例子表明三卫的首领与也先和明朝皇帝都保持着联系，明廷也完全了解这些联系，而且皇帝没有认为它们有损自己的利益继而断然拒绝接受这样的关系。到了 15 世纪 40 年代末，也先在军事上征服了兀良哈三卫，一些群体逃往南方，在明朝辽东和南部草原间的边界地区重新定居，另一些群体则被纳入了瓦剌政权。

竞争性施恩和交往：也先

15 世纪中期，也先在哈密、青海、甘肃和大兴安岭东麓的广大贵族中扩大自己的影响力，这给了我们一个有益的提醒：明朝皇帝在欧亚大陆东部的施恩和统治地位受到了挑战，因为他不是内亚蒙古贵族唯一的权力和财富来源。也先争取这些贵族效忠的示好行为往往会引起明廷的明确回应，这使我们能够异常清晰地讲述明朝皇帝为了获得盟友和维系盟友关系而做出的努力。也先和明朝皇帝之间的竞争也揭示了两者通交手段的异同。

也先的通交手段与明朝统治者的相似，但也有重要的差异，最明显的一点或许是他经常利用联姻。1443 年，也先要求与沙州卫和赤斤蒙古卫的蒙古精英结亲。[79]也先想让困即来的女儿嫁给他的弟弟。[80]他力图促成其子和一个赤斤蒙古卫指

挥之女的联姻。[81]当沙州和赤斤的首领报告也先请求结亲时，
朱祁镇说他们愿意报告也先的提议并拒绝这种婚配"具见忠
诚之心"。由于他们和也先都是他的臣属，所以他们可以自由
决定自己的婚姻，他只要求他们如实报告此类事务。[82]与此相
对，明廷指责沙州首领没有报告当地统治阶层成员与瓦剌之间
日益密切的联系。[83]

也先加强与沙州、赤斤、哈密等地首领联系的另一种方式
是把自己政权中的头衔授予他们，这是北元和大明朝廷的共同
策略。1368 年之后，北元试图通过官僚系统的持续运作来维
持其在甘肃、云南等地作为统治者的正当性——这涉及向其臣
民和盟友赐官赐爵。[84]明廷曾在 14 世纪末关注这些北元头衔的
颁赐情况，到了 15 世纪中期，明廷也同样密切关注哪些人接
受了也先的哪些头衔。在汉语中，这些头衔包括王、平章、右
参政、大使和祁王。[85]为了巩固在这一地区的权力，也先建立
了自己政权里的甘肃行省，这是一个起自元朝并被明朝沿用的
机构。[86]明人解释说，也先使用这样的头衔是有意"邀结
夷心"。[87]

也先在哈密、赤斤、罕东和沙州的贵族中争取盟友的方法
包括军事压力、经济奖励、授予官职和联姻，这些策略在东亚
地区都很常见。虽然明朝皇帝在 16 世纪中期没有与其他政权
的领袖建立婚姻关系，但明朝的建立者明确提出过与早期的朝
鲜王室联姻。朱棣也提出了类似的想法。朝鲜王室回绝了这两
个提议。在域内，明代前期的皇帝经常利用婚姻来奖励功劳和
巩固政治联盟。朱元璋在其家族和主要将领及重臣之间建立了
一个复杂的婚姻网络。[88]15 世纪初的蒙古首领阿鲁台和 16 世纪
初的可汗也都曾与兀良哈三卫的首领联姻。[89]也先明白，联姻

176

177

可以带来声望、政治优势和在蒙兀儿斯坦的经济优势——因为联姻有助于获取前往中亚的贸易路线。也先可能设想过与明朝统治者联姻，以此来提高自己的地位并确保自己能持续参与礼物交换和贸易。汉蒙史料都提到也先曾试图说服朱祁镇在被囚禁于草原期间娶他的妹妹（或另一个蒙古女人）为妻。[90]官职和爵位也在授予者和被授予者之间建立了政治联系，赋予双方正当性和权威性。瓦剌、鞑靼和明廷都采取了这种策略。

明朝皇帝关于忠诚的说辞

明廷用头衔、礼物和宴会来争夺也先在王朝边缘的影响力。此外，在与哈密、沙州、赤斤和罕东的首领的书面（也可能是口头）交流中，明朝统治者经常提到忠诚、皇恩和家族世代为明朝效力这些话题。[91]1442 年，朱祁镇称赞沙州卫首领困即来拒绝了瓦剌对货物和情报的索求，他把这一行为描述为沙州长期忠于明朝（延续了四朝）的证据，并要求困即来拒绝今后任何来自也先的提议。[92]1443 年，明朝皇帝同样称赞了哈密王回绝也先的联姻请求，认为这是哈密王对明朝"忠诚"的明确证据。明朝皇帝对哈密王在对抗也先时的损失表示同情，并向他保证，自己已经命令沙州和赤斤的首领归还从哈密领土抓获的俘虏。[93]为了强化与哈密并不稳固的联盟，皇帝在 1444 年回顾了明朝皇帝对哈密统治者的长期支持。几十年前，明朝皇帝曾向哈密王弱小的祖先脱脱提供庇护和援助。皇帝说："迨尔父卜答失里及尔承袭王爵，世受朝廷大恩；下及头目，俱受重职恩赏。"不能坚定地效忠于明朝皇帝就是"负尔先世之志"。[94]在与沙州首领的交流中，皇帝同样强调了他们几代人都服侍明朝皇帝。朱祁镇说："祖宗开国以来，设立卫分。尔之父祖首膺官爵，赏管印信，管属人民。"他们的

178

效力为他们赢得了提拔和丰厚的赏赐，但他们现在愿意听从脱脱不花和也先的劝诱，危害到了这一特殊关系。[95]

在土木堡的军事失败之后，明朝皇帝立即多次向东北的兀良哈三卫和女真诸卫以及西部的哈密、赤斤、罕东、沙州等地的首领遣使。皇帝想唤起他们的"臣节"。朱祁钰对兀良哈三卫的"大小头目"写道："尔等受朝廷恩赏盖有年矣。"尽管他们参与了"北虏"的罪行，他还是敦促他们节制部下、拒绝"小人"的诱惑。朱祁钰命令道，如果瓦剌进攻，三卫首领应通知明朝边将，明朝边将将前来援助。[96]几天后，皇帝向女真首领传达了类似的信息。他知道有些人与也先结盟，但对他们现在"幡然悔过"并向明廷派出使者表示高兴，"尔当永坚臣节，保守疆土，毋听小人诱惑为非"。[97]在另一份给女真首领的敕书中，朱祁钰提醒他们明朝的恩德，即长期以来一直奖掖他们的服从。现在，皇帝宣布："今朕嗣承祖宗大统，尔又能不为瓦剌所惑，特遣人来朝，忠诚可嘉。"他敦促他们坚守"臣节"，抵制也先的挑衅，并向明朝将领通报所有的进攻行动。他再次承诺重赏能杀瓦剌人的人。[98]1450年春，朱祁钰在执政第一年的中期，给赤斤蒙古卫的三百一十四名"鞑靼人"送去了织物，以奖励他们杀死"哈密叛寇"。[99]皇帝和大臣们将赤斤蒙古卫攻击也先的哈密盟友这一行为解释为对明朝皇帝的忠诚。明廷对自己在兀良哈三卫中那些表面上的盟友感到忧虑，就像明廷担忧哈密、沙州、罕东、赤斤等位于西方的受恩者一样。也先争取他们支持的努力增加了长期存在的不确定性。[100]

感到不确定和需要关于远离北京事件的及时准确情报，是明朝皇帝宽容对待远人的重要原因。如上所述，作为对提拔、礼物等奖励的回报，沙州卫、赤斤蒙古卫和罕东卫的首领经常向明廷提供有关地区政治和军事事态的情报。[101]对于明朝皇帝来说，这种报告实实在在地证明了沙州、赤斤和罕东的贵族的支持是有价值的，而且不能被视作理所应当的。1454年，一位赤斤首领向明朝皇帝转交了一份来自也先的"蒙古印信文书"，文书意在加强赤斤和瓦剌的联系。明朝皇帝很快就派出了一位熟悉当地情况的使者，要求赤斤首领继续忠于北京。[102]提醒明朝皇帝注意也先在努力争取他们的支持，符合沙州、赤斤、罕东以及其他地方的贵族的利益。也先越努力，他们作为明朝皇帝盟友的价值就越明显。

总而言之，本章第一节已经表明，瓦剌和明廷都在竞相争取欧亚大陆东部大部分地区的个人和群体的效忠，从哈密卫、沙州卫、赤斤蒙古卫到兀良哈三卫。明廷试图用一套丰富的、常见于欧亚大陆多处的通交手段影响远人的行为，包括头衔、宴会、领袖间的礼物交换、朝贡贸易中的优先权，以及根植于政权间共同历史的一套关于相互义务的话语。

授官也是一种常见的手段，即便在很大程度上是名义上的。接受官职就意味着加入一个联盟。联盟是一种保证，而在一个充满敌意且不可预测的世界里，各方——即使是像明朝这样的强大政权——都需要盟友。此外，授予和接受官职与正当性和地位密切相关。我们通常关注的是来自强大朝廷的头衔赋予地方精英更高的地位。授官通常会带来物质财富（通过礼物交换和接触一个繁荣且多元的经济体的特权来获得）和知识，有助于他们通过重新分配或扣留财富来进一步提高面对当地盟友和对手时的地位。最后，授官往往包括在有需要时提供军事、经济和政治援助的承诺。即便是这种援助的可能性也会让当地的竞争对手三思而行。

这种授职对授予者同样重要，而由此产生的联盟在一定程度上控制或至少影响了地方首领——无论是通过提醒他们双方负有的共同义务，还是威胁限制其经济特权。这些授职也促进了军事合作和往来交流。最后，提供官职是在公开宣称自己拥有施恩者乃至主人的地位，这只有当官职被接受时才有效。说服重要人物接受官职是提高授予者海内外影响力和地位的不可或缺的方式。[103]

从新疆东部到朝鲜半岛，也先争取盟友的努力让我们更清晰地看到明朝统治者为了赢得广泛支持和认可而与对手展开竞争。在欧亚大陆东部，联盟的建立和解体是政治、军事和经济生活持久的核心特征。[104] 没有人认为结盟是理所当然的。这种纽带是脆弱的，需要在政治、经济和军事资本方面不断进行再投资。一种常见的历史叙述称明朝在 15 世纪末至 16 世纪"失去"了哈密和吐鲁番的支持。[105] 吐鲁番和哈密因其地缘政治地位而深受东边的明朝政权和西边的中亚政权的影响。蒙兀儿斯坦势力的增长和伊斯兰教在此区域的传播解释了明朝在哈密影响力的减弱。[106]

如果说培育效忠者是当时大多数领袖的共同做法，那么也先的例子说明了明朝皇帝作为欧亚大陆东部首要施恩者的地位。明朝皇帝掌握的资源比对手统治者的多。尽管也先的影响力不断扩大，但哈密王等统治者仍继续重视明朝的恩惠，并不断为其麾下人员请赐封号和职位。[107] 时不时会有个别前往北京的使节请求皇帝批准他们转而效忠明朝并在北京居住。[108] 礼物交换和贸易特权是与明朝皇帝保持良好关系的强大动因。在 15~17 世纪，兀良哈三卫的精英经常与蒙古和瓦剌的领袖结盟，但他们对明朝的经济依赖在一定程度上导致这些关系没能长久。[109] 比较对两者——兀良哈三卫和新疆东部及甘肃的首领——效忠的争夺，可以看出比起远在西方的受恩者，明朝皇帝在与兀良哈三卫的关系中更经常地诉诸军事力量，特别是在15世纪初。

利用军事压力、谈判和联姻，也先获得了来自不同地理、政治和民族的背景的人对他的效忠，由此重新塑造了欧亚大陆东部的大部分地缘政治景观。我们之所以能够重现也先的一部分活动，是因为他挑战了明廷的利益；而明廷虽然将他的活动描述为阴谋诡计、胁迫和不受欢迎的，却在孜孜不倦地收集有关情报。也先寻求一系列政权的支持——从哈密和沙州到大兴安岭东麓、女真地区和朝鲜王国——明廷此前有计划地获得了这些政权的效忠。这些政权往往与灭亡的蒙古帝国有历史和当下的联系，其领袖许多是蒙古贵族，血统在这些人对当地地位的主张中占据着重要地位。15世纪早期的几十年里，历代明朝皇帝与他们建立了至少是名义上的施恩者-受恩者关系，承认他们的成吉思汗后裔身份，给他们官爵，赠送礼物，提供有利可图的贸易机会，并加以赏赐。也先的结盟活动表明，成吉思汗的遗产可以成为建立扩张性政权的强大资源，但它从来不是决定效忠的唯一因素。也先成功地获得了众多首领的支持——虽然只持续了十年或更短的时间，这提醒我们：明廷需要努力维护在其他政权中的影响力，而且这种影响力总是受到挑战。

明廷与其他政权的结盟还涉及成本问题。[110] 用于礼物交换和补贴贸易的花销急速增长，使明廷与也先的关系变得非常紧张，而且在1448年，也先和脱脱不花派出的使团总规模近乎

182　三千六百人，这在过去几十年内增加了十倍。[111] 后来在 16 世纪和 17 世纪，明朝对兀良哈三卫之赏赐的种类、频率不断增加，规模也持续扩大。[112] 此类赏赐的开支不断增加，加重了中央和地方政府增加收入的压力，这为官员创造了难以抗拒的贪腐机会，并且给最终承担大部分经济负担的明朝士兵施加了意外的压力。同时，由于感到明廷提供的货品和宴会品质不佳且明廷没有扮演好施恩者的角色，兀良哈三卫的首领们越来越不愿意提供有关地区事态的准确、及时的情报，这反过来又削弱了明朝的军事能力。明朝经济的规模和相对繁荣在很大程度上解释了明朝皇帝作为欧亚大陆东部主要施恩者的地位，但维持影响力需要健全的制度和坚决的政治投入。

　　下一节将从争夺盟友转到 15 世纪欧亚大陆东部的共同政治文化。

共通性与成功的代价

贵族之间的共通性

　　在土木之役的混乱中，朱祁镇一度面临死亡。在一个蒙古战士准备杀死一名衣着光鲜的俘虏并夺走其华服时，他的同袍出手干预，警告说这名俘虏"不是等闲的人"。随后，朱祁镇被带到了也先的弟弟赛罕王①的营地，他大声说："你是也先么？你是伯颜帖木儿么？你是赛刊王么？你是大同王么？"[113] 明廷经常接待来自也先和脱脱不花的使节，因此朱祁镇知道伯颜帖木儿、赛罕王、大同王等重要瓦剌贵族的名字并不奇

―――――――――

　　① 也作"赛刊王"。——译者注

怪——这些人在边防报告中出现过。然而，北京和草原的朝廷对彼此的了解远远不止领袖的名字。

在 14 世纪和 15 世纪，关于卡里斯玛型权威（charismatic authority）等关键政治概念，明王朝和蒙古首领有一套双方都能理解的词汇。1449 年 11 月，兵部尚书于谦将北京成功抵御瓦剌入侵的原因归结为"宗社神灵、皇上洪福、军士奋勇"。[114] 同时，在遥远的北方，作为尊贵的客人和同为贵族的人，朱祁镇得到了一份东道主伯颜帖木儿打猎获得的野味，这显然是对他青睐和尊敬的标志。[115] 瓦剌认为皇帝也是贵族。尤其耐人寻味的是朱祁镇和那次狩猎有关的最后经历。蒙古首领将打猎成功归功于朱祁镇的"洪福"。[116] 人们可能会把这句话视为对一个潜在强大施恩者的讨好，但对蒙古人来说，朱祁镇的"洪福"并不是一句空话。在瓦剌领导层讨论如何处置被俘的明朝皇帝时，伯颜帖木儿说只有上天的干预才能解释皇帝如何落入他们手中。他进一步指出：

> 数万的人马，着刀的，着箭的，跳死的，压死的。皇帝身上，怎么箭也不曾伤他、刀也不曾杀他？怎么人也不跳着他？他的洪福还高，还在里。[117]

如果上天不希望皇帝死去，伯颜帖木儿问道："我每怎么害他性命？"[118]

朱祁镇的洪福以更平凡的方式展现在瓦剌蒙古人面前。根据杨铭（皇帝的侍从之一）的描述，蒙古人在晚上观察到皇帝的毡帐上方有不寻常的光亮。[119] 为了了解更多情况，一个使女问杨铭，皇帝和他的侍从晚上吃完饭后做了什么。杨铭简单

183

地回答说："就睡了。"使女随后透露，伯颜帖木儿的妻子等人认为，这道光是"皇帝洪福光现"。[120]

杨铭叙述中皇帝的"洪福"相当于蒙古语中的 su>sutu，一本 14 世纪末编纂的明朝翻译指南中的翻译就是"感召力"（charisma）或"特别的福气"（special fortune）。[121]这本指南收录了一封 1388 年蒙古首领捏怯来写给明朝皇帝的信。[122]信的开头是"大明合罕讷速答"，行间汉译释作"皇帝洪福行"（下画线为指南的作者所加）。[123]中亚地区各首领致明朝皇帝的文书合集《高昌馆课》保存了据称是哈密、哈拉浩特、吐鲁番、别失八里和女真地区的首领写给明朝皇帝的蒙古文信件，这些信同样在套语"皇帝洪福"中用了"洪福"。[124]在蒙古统治时期，"长生天气力里，大福荫护助里"这一套语的汉译用"福"来表达 su，即更早的突厥语 qut 的蒙古语对译。[125]"洪福的皇帝"的例子也见于《高昌馆课》中，这种用法很好地映衬了《蒙古秘史》中成吉思汗是窝阔台"洪福（速图）的父亲"的说法。[126]明朝文人也经常在奏疏中使用"洪福"的说法，例如，用来解释为什么 15 世纪中叶宣府的防务能抵御蒙古人的袭击。[127]

同样，人们可能会怀疑杨铭编造了蒙古人敬畏落难明朝天子的故事，用来讨好朱祁镇和明朝的读者，但 17 世纪的蒙古编年史《蒙古源流》中保存了一个与杨铭的说法非常相似的情节。它的内容如下：

却说，阿速人阿里蛮丞相，送给也先合罕所捉到的大明景泰皇帝［一个］名叫莫鲁的妇人，把他唤作察罕小厮，在家里使唤。那期间，那部分人当中灾害瘟疫丛生。

184

一天夜里，那个察罕小厮正在睡觉，阿里蛮丞相的一个侍女起床去挤牛奶，一看，正看见从察罕小厮的眼皮中放出红黄色的光，向上盘旋，［她］告诉了夫人阿哈答来阿噶。于是大家都［过来］看，互相称异，说："这是个大有福分的人。自从收留他以后就不对劲儿，现在［又］显示了不同于凡人的征兆。［还是］把他送回去吧！"大明景泰皇帝［被］送回去的时候，［他］赏给六千我着人以大都的也客失喇名分。[128]①

185

用 17 世纪的史料解释 15 世纪的观念无疑是有问题的。杨铭的说法可能准确地反映了当时瓦剌人对明朝皇帝的看法，但同时有可能的情况是：一段时间之后（明代或清代），蒙古史家重新获得了关于 13～16 世纪事件的汉文记载，杨铭的说法便融入了蒙古人对朱祁镇及其被俘的记忆。但我们还有其他证据表明明朝皇帝在瓦剌享有崇高的地位，而且皇帝被认为与上天的洪恩有关。11 月下旬某日的《明实录》称，由于北京城的顽强抵抗，瓦剌人对明朝有了新的敬意，而且每当他们遇到朱祁镇时都会"行君臣之礼"。[129] 次日的一条记载总结了为朱祁镇提供食物和酒水以及邀请他赴宴的频率，还有瓦剌男女对他的尊重。该条的最后提到也先的弟弟大同王和赛罕王跪下来给朱祁镇奉酒。这两位瓦剌贵族感叹道："中国圣人，天缘幸会也。"[130] 虽然我们应该谨慎对待这种记载，但杨铭的记述表明一部分瓦剌精英将朱祁镇出人意料的被俘归功于腾格里、天

---

① 中译文取自乌兰译注《蒙古源流》，内蒙古大学出版社，2014，第 188～189 页。——译者注

或上帝的运作，而且一旦也先、伯颜帖木儿和其他首领明确宣布要善待朱祁镇，并且通过个人榜样强化这一姿态，他们的下属就会效仿。这似乎很合理。

朱祁钰、也先和脱脱不花利用他们作为统治者的共同经验，主动在对方王朝内部的重大事项上给彼此提建议。1449年11月中旬，新登基的皇帝朱祁钰以一个统治者对另一个统治者的口吻致书脱脱不花。他说：

> 近者朕兄太上皇帝一时信任奸邪，遂为所误。已往之事，不必尽言。今朕继大位，岂肯再蹈前失？当与可汗彼此鉴戒。[131]

朱祁钰在这里显然指的是朱祁镇偏信王振，导致土木之役耻辱的战败和皇帝被掳至草原。朱祁钰继续警告脱脱不花不要跟随也先——和王振同类的人——走上灾难之路。这可能是在试图离间脱脱不花和也先，但有赖于明朝皇帝和成吉思汗后裔统治者之间近乎对等的关系，以及他们在管理臣下时共同面临的挑战。[132]建立了这样的纽带后，朱祁钰就可以对脱脱不花朝廷内部的关键人事决策提出建议。

另一方也会提出建议。在朱祁钰的信被送达的几周前，也先就向明朝皇帝提出了忠告。他向北京派出使者，威胁说如果朱祁镇不能恢复"正位"，他就会代表朱祁镇进行报复，无论要花多长时间。[133]虽然比朱祁钰更直率，但也先利用了皇位继承背景下的"正统"来就一个高度敏感的问题发表意见。面对也先对朱祁镇是否安好的反复询问，朱祁钰提醒这位瓦剌领袖注意家族的亲缘关系："朕与朕兄太上皇帝骨肉至亲，无有彼此，毋劳太师挂念。"[134] 在朱祁镇被俘期间，也先曾多次提醒这位重要的人质，说他有义务奖赏那些在他困顿之时善待他的人。[135]

1452 年春，也先通知朝廷说他已经赶走了脱脱不花。明朝官员叶盛（1420～1474）写道，在与瓦剌人的交流中，明朝皇帝"以君长之礼"对待脱脱不花，[136] 因为他"原系可汗□姓"。叶盛认为脱脱不花是"弱君"而也先是"强臣"，但"也先之事脱脱，当如臣之事君，岂可悖乱而无礼哉？"[137] 他认为"夷夏之分虽有不同，而名义同，人心同"。[138] 叶盛承认目前军事行动或许不可行，但鉴于也先公开承认自己弑君，明廷必须采取明确的立场，否则只会让他更嚣张。[139] 明朝官员明白，对于也先不断膨胀的主张，朝廷的认可——无论是公开承认还是默许——会产生广泛影响。我们可以把叶盛的立场理解为算计，但叶盛认为指导君臣关系的道德原则同样适用于明朝和瓦剌。

1463 年，其时朱祁镇已重回帝位并安居于京师。他在给"迤北可汗"，即马可古儿吉思（1454～1465 年在位）的信中提出了所有君主共同的统治标准，无论其领土大小。上天令那些"修德行仁，爱养百姓"的人一代又一代地成为统治者，永远享福。同样，上天肯定会将灾难降临到那些不修德行、无视仁义、虐待人民的人身上。皇帝认为自己借由"上天眷命"继承了"祖宗大业"。他珍视人民，"视万国如一家"。皇帝说："今尔能继承尔父，君主一方。"[140]

在此，皇帝既提出了共同点，又点出了区别。他将自己继承帝位归功于"上天眷命"，这种说法与当时的蒙古政治文化产生了共鸣。在 13 世纪和 14 世纪，成吉思汗的统治权经常被

解释为得到了上天的特别眷顾和保护。同时，皇帝将他那
"视万国如一家"的扩张性统治方式与新任可汗"君主一方"
的统治方式相对比。皇帝用心地给大汗和太师孛来分别去信。
朱祁镇对他们决定各自向明廷派遣使者表示高兴，并表示希望
他们满足于各自的领土，同时严格管束其部下。边境和平，明
朝就不需要动员"中国军马众大，侵害小邦"。[141] 没有现存资
料显示新任可汗和他的主将对皇帝的生平了解多少，但他们很
可能熟知其在土木堡战败、在草原上被囚禁一年、在北京被软
禁六年以及在 1457 年复辟的故事。也许他们一致认为只有上
天的保护才能解释朱祁镇非凡的人生沉浮。

　　总而言之，尽管存在严重的军事冲突，但明代前期的皇帝
和蒙古贵族对皇帝在世界上的特殊地位有共同的看法，而且他
们都认为应该用共同的道德标准来规范君主和臣民之间的关
系。当时的明朝文献和后来的蒙古文献表明，蒙古人认为朱祁
镇是一个有洪福的超凡之人——这是之前的成吉思汗后裔君主
的固有属性。朱祁镇及其朝廷官员和蒙古贵族都认为自己有资
格对对立或敌对朝廷的关键内部事务发表意见，这表明他们在
继承原则和人员管理方面有共同的观念。下一节将利用土木之
变的细节来研究明代前期统治权的相关方面，即把远人纳入帝
国政权时产生的麻烦。

成功的代价

　　明代前期统治权的一个重要组成部分是争夺远人的效忠，
但成功是有代价的。对许多明朝官员来说，蒙古人群体迁入明
朝疆土引起了安全、文化认同和政治效忠的问题。他们表达了
对明朝皇帝欢迎远人进入政权之决定的严重不满，这再次揭示
了文官组织与明朝皇帝之间在皇帝对自己及其统治权的设想上

持续存在的矛盾。土木之变的情况加剧了官员们的焦虑，这又反过来促使皇帝为其蒙古臣民在明朝政权中的地位辩护。

如前几章所示，明朝的军队中有许多蒙古人，有些在朱祁镇1449年的远征军中，有些在边境、直隶和京师的卫所。在土木之变的三周后，明朝官员对也先较为接近明朝边境的情况感到愤怒。也先表示想就放归朱祁镇进行谈判，但山西右副都御使说这个瓦剌首领正在收集有关明朝防御的情报。也先试图联系"我达"（"我们的达达"）并说服他们成为他的合作者。[142] 几天后，朱祁钰斥责驻扎于京师以南定州的蒙古部队的将领——他们的部下趁着土木之变的混乱在当地进行劫掠。[143] 两周后，朱祁钰把户部主事派往北直隶和山东的六个卫，给当地蒙古人队伍中的每个人分发了二两银子和二匹布。户部主事还传达了皇帝的命令，让这些人"毋或生事扰人"，这反映了朝廷对蒙古人忠诚度的担忧。[144]

在土木之变后的一个月内，朱祁钰从上述的许多地方调集了蒙古人部队，让他们前往远在帝国南部边陲的云南和贵州作战，并将他们置于毛福寿（1458年卒）麾下。此人为蒙古人，其祖父于1388年加入明朝军队。[145] 该命令没有明确提到对忠诚度的担忧。[146] 事实上，皇帝提拔了统领这些部队的都指挥使克罗俄领占。他出自沙州卫的一个重要蒙古家族，自己要求在明朝境内定居以避开也先的急切追索。此外，皇帝还命令山东的地方官府为部署在南方的蒙古军队的家属提供给养。[147]

对许多官员来说，边境上的蒙古人和入明的蒙古人之间的界限非常模糊，这令人不安。[148]1449年11月，一些官员报告入明的蒙古人在瓦剌袭击北直隶时趁乱大肆劫掠。官员们把他们称为"达官""降虏""家达子""降胡"。[149]一份报告在几

189

行字中用"虏"来同时指代明朝臣民和瓦剌敌人。一位官员指出："降虏之编置京畿者，因虏入寇，遂编发胡服肆抄掠。"[150] 另一位官员写道，"邻居达子"和三百余名"达贼"联手劫掠上林苑官署。[151] 1452 年，一位官员对定居在辽东自在州和东宁卫的数千名女真人和兀良哈人表达了类似的忧虑，担心瓦剌人、女真人和兀良哈人的成功入寇会刺激有域外背景的明朝臣民泄露情报或与敌人合作。这位官员解释说，毕竟"狼子野心，不可测度"。[152] 正如第三章指出的，朝廷官员们一度认为忠勇伯把台与也先勾结。他们没有抄没把台在京城的住所，也没有对他的家人下手，因为他们担心这会导致"降胡"（在明朝官员队伍中担任要职并为明朝效力了几十年的蒙古要人）的猜疑。[153] 这种描述表明，明朝官员很难找到适当的措辞来区分明朝的和其他政权的蒙古人臣民。

这种重合的称呼表明，对一些官员来说，蒙古人臣民的他者本质没有改变，尽管他们数十年来一直服侍皇帝并被完全纳入军户等帝国行政结构。1449 年 10 月，翰林学士刘定之（第四章讨论的《否泰录》的作者）明确提出了这一观点，他引用了《左传》中的一句名言："非我族类，其心必异。"[154] 稍后，另一位官员提醒皇帝注意高级将领毛福寿的蒙古血统，毛福寿因 1442 年在贵州的军功和最近保卫京师、抗击瓦剌的贡献而受到赏识。这个官员坚称毛福寿"奸诈有余，忠义不足，不念宠恩"，认为他不忠于皇帝，只忠于"同类"。他不能被委以带领一支蒙古人队伍去南方作战的重任，因为这些蒙古人自然会与已经在那里作战的其他蒙古人合谋。[155]

1450 年，兵部尚书于谦请求皇帝处死另一位明朝官员毛忠，毛忠在明朝军事指挥结构中身居高位，任都督佥事。一名最近从也先营地回来的明朝使者报告说毛忠与瓦剌接触，并称自己愿意指导蒙古人袭击明朝边境。于谦说，毛忠正在谋叛，他必须被处死，以儆效尤。让于谦感到特别痛心的是，毛忠本是一个"俘虏"，他只是依靠皇帝的特别恩宠才升至"五府之荣"的。于谦坚持说"豺狼之性终难于驯伏"，并明确将传闻中毛忠的举动与另一个因背叛明朝而被处决的蒙古人喜宁的行为联系起来。皇帝和蔼地回应说："恁每说的是。"然而，他拒绝处罚毛忠："这是传说言语，未知虚实。他在边年久，多效勤劳，且饶他这遭，放了。"[156]

这些官员的言论显露出人们对于效忠的担忧。反复使用"虏"和"胡"这样的字眼可能反映了时人对文化或人性的看法，但也表现出对政治忠诚的忧虑。达官和达军本质上是指从一个主人转投另一个主人的人，即便这种变化发生在几代人之前。正如前几章所示，明代前期的每一位皇帝都强调自己有能力赢得远人的忠诚，尤其是来自草原的人，因为这向海内外的民众证明了他们作为统治者的卓越。把效力于明朝的蒙古人称为"降胡"和"降虏"是为了提醒读者：这些人来自其他地方，曾经为其他人效力。

土木之变后的军事动员凸显了生于域外之人及其后代在明朝军队中的重要地位。朝廷从之前获得明朝政府官职的大越人中组建了一支部队。[157] 其中一位官员提议使用配备了战鞍和战甲的战象来摧毁蒙古人的军阵。[158]1449 年，深得朝廷信任的女真太监亦失哈在辽东的军队中担任高级官员。自 1425 年以来，他一直在当地担任重要职务，并多次带队沿黑龙江深入女真地区，为明朝皇帝获得元朝曾经在当地拥有的那种影响力。1449 年 12 月下旬，山东巡抚指控亦失哈腐败并提议将他免职。该

192

巡抚还暗示亦失哈过于消极地整备防务的做法跟他的女真人出身有关系。朱祁钰对此没有理会。[159] 朱祁钰欢迎蒙古人、女真人和安南人的军事帮助，但他坚决拒绝了十几名藩王攻打也先或前往北京支持新皇的提议。[160] 他考虑到有野心的家族成员可能会企图夺取权力。在某些方面，皇帝对具有蒙古、女真和安南血统的军事人员的信任程度超过了对皇亲国戚的信任程度，或者换句话说，他对远人的控制力比对自己家人的更大。

小结

广义上的土木之变以一种戏剧化的方式说明了明代前期皇帝与欧亚大陆东部贵族的关系。也先及其父、其祖争取地方统治者支持和效忠的活动提醒我们明廷也在做大致类似的努力，但规模更大，动用的财政、制度和军事的资源也更多。官方的说辞在很大程度上掩盖了为获得从汉城到别失八里各统治者的认可和忠诚，明朝皇帝是多么努力，但《明实录》等史料明确指出，借助礼物交换、贸易特权、荣誉头衔以及其他无数表示恩宠的小事，比如派遣御医、送药、致祭和在宫廷宴会上给予优待，明朝皇帝与许多大小首领建立了联系。明廷之所以投入这些资源，是因为它重视远方的统治者在保护使节、遏制盗匪和提供军事及政治情报方面的帮助。此外，以向皇帝纳贡、遵守王朝礼仪等方式实现的对明朝皇帝正当性的正式认可提高了天子在海内外的地位。

争夺欧亚大陆东部盟友的一个突出方面是反复地、明确地诉诸成吉思汗王朝的遗产。马哈木、脱欢和也先领导的瓦剌利用成吉思汗的遗产来加强他们的权威并提高他们的地位。脱欢认为草原上的政治氛围要求他册封忽必烈的后裔脱脱不花为大汗。在向朝鲜国王和女真贵族示好时，脱脱不花公开诉诸其祖先与成吉思汗和忽必烈之间的联系。通过联姻，也先将他的家族与蒙兀儿汗（察合台家族）和可汗（忽必烈家族）联系在了一起。明廷对利用成吉思汗遗产的行为反应强烈，并向朝鲜国王下敕，强调天命已经从忽必烈家族转移到了朱元璋及其后代身上。这样的做法表明明廷把脱脱不花、也先和瓦剌政权视作大元的后继者，就像朱祁镇是朱元璋和朱棣的后代一样。兵部尚书于谦猛烈抨击也先从其正统的主上、成吉思汗的后裔脱脱不花那里篡夺实际权力并背叛了他，这种行为在明朝的一些记载中被认定为弑君。在明朝建立八十多年后，蒙古的遗产继续影响着明廷理解自己和邻近其他政权的方式。

当时的人们都明白，自妥欢帖木儿在 1368 年放弃大都以来，世界已经发生了变化，一个新的后蒙古帝国世界已经形成。明朝皇帝坚持认为自己是大元的唯一合法继承人。忽必烈的血缘后代可能在草原上生存，但他们不是他的政治后代。为了强调与蒙古时代的历史决裂，明廷发展出了一个成吉思汗式的叙事，用明廷认为海内外受众能够理解和接受的方式解释变化。艾宏展认为草原的看法与此不同。也先和其他瓦剌权贵认为，因为朱棣及其后代身上流淌着成吉思汗的血液，所以朱祁镇是特殊的，甚至是神奇的，他完全应该得到一个完全合法的成吉思汗后裔统治者应得的尊重。也先认为自己理当送朱祁镇复位。[161] 这样的观点假定成吉思汗家族应该继续保持首要地位，但也承认即便是在大元可汗曾经统治的区域，也可能会出现具备类似正当性的统治者家族与之竞争。换句话说，这种观点承认 14 世纪末以来的重要变化。为了争取周边政权的支持，脱脱不花多次声称自己是忽必烈的继承人，并诉诸早已解体的

194

旧时联盟关系。他和他的支持者可能乐意见到明朝皇帝足够重视这种主张以至于发出尖锐的反驳，但同时脱脱不花也意识到，尽管成吉思汗的遗产仍有效力，但近期的可汗们很难维护草原上的权力。收复中原地区的失地必然是一个遥不可及的目标。

　　土木之变也清楚地表明了欧亚大陆东部各政权之间值得注意的共通性。[162] 也先认为"当地的蒙古成吉思汗后裔、察合台诸汗和明朝皇帝都具有类似的感召力"。[163] 明朝、瓦剌、蒙古和蒙兀儿之间的共通性部分来自共同的历史经验和诞生于成吉思汗时代的共同的统治思想。对盟友的共同竞争——往往运用类似的通交策略——进一步增加了共通性。跨境的人员、物品和技术流动进一步增进了相互理解。汉人移民自愿或被迫地为也先和脱脱不花服务，成为农民、建筑工人、木匠、翻译和政治参谋，既提供工具又提供技术知识。[164] 同样地，瓦剌蒙古人和中亚穆斯林商人、使者也在北京定居，有些人成为长期居民和明朝皇帝的臣仆。[165] 蒙古人的后裔也在明朝军队中任职。

195　　互相贬低的表达和声称"非我族类"的论调在 15 世纪的文献中非常突出，但明朝、瓦剌和其他政权并不是一系列封闭的政治或文化世界；相反，这种话语表明了共同的——虽然是处于竞争之中的——记忆、持续的互动和相互的结构性认可。[166] 即便是在土木之变中，明朝官员和皇帝也承认也先控制着一个朝廷，尽管他们用"贼庭""虏庭"等说法来贬低它。[167] 同样，在位的明朝皇帝提到了"两国和好之礼"，而李实将明朝皇帝称为"南朝皇帝"，这显然意味着草原上还有一位"北朝皇帝"。[168]

　　最后，脱脱不花、也先、朱祁镇和朱祁钰都利用历史来给自己提供正当性。他们试图通过给当下的关系赋予历史深度来使其正常化并拥有价值。这些统治者一再坚持现在的关系应该以他们祖先建立的关系为指导。瓦剌和明朝的统治者明确地诉诸历史上贵族家族之间的联盟以及绵延几代人的恩惠和效劳关系。他们认为这些联系必须主导今天统治者的感情和行动。一些这样的呼吁提到了蒙古帝国，但更多的则独立于成吉思汗王朝而存在。呼吁尊重祖先承诺的声音往往被置若罔闻，但家族历史很重要这一信念普遍存在于欧亚大陆东部的贵族中。

注　释

1. Robinson, *In the Shadow of the Mongol Empire*.

2. 罗茂锐（Rossabi, *Dictionary of Ming Biography*, pp. 416-20）概述了也先的扩张。

3.《明英宗实录》卷109.4b-5a，第2206~2207页。

4.《明英宗实录》卷223.14a，第4843页。

5. Robinson, *In the Shadow of the Mongol Empire*，第四章。

6. 金浩東：「이슬람勢力의 東進과 하미王國의 沒落」，第109~114页。

7. 关于纳门的身份，参 Kim, "The Early History of the Moghul Nomads," pp. 293-99。

8.《华夷译语》，收入《涵芬楼秘笈》，第4集，第271~272页；Mostaert, *Le matériel mongol*, vol. 1, p. 25。

9. Kim, "The Early History of the Moghul Nomads," p. 309.

10.《华夷译语》，收入《涵芬楼秘笈》，第4集，第271~272页；Mostaert, *Le matériel mongol*, vol. 1, p. 25。

11.《明太祖实录》卷211.3b，第3138页。明军还处决了在位的豳王。

12. 金浩东：「이슬람勢力의 東進과 하미王國의 沒落」，第 114 页。

13. 1381 年和 1390 年，哈密使节向明朝皇帝赠送马匹。见《明太祖实录》卷 137.4a，第 2165 页；卷 202.3a，第 3023 页。1394 年，哈密王（古纳失里）和明朝皇帝交换了礼物（以马匹和骆驼换取白银和织物）。见《明太祖实录》卷 223.3b，第 3264 页。

14. 《明太宗实录》卷 32.5a，第 573 页。见永元壽典「明初의 哈密王家について：成祖のコムル經營」。

15. 《明太宗实录》卷 40.2b，第 622 页。

16. 《明太宗实录》卷 50.8a，第 759 页。

17. 《明太宗实录》卷 50.8a，第 759 页。

18. 金浩东（「이슬람勢力의 東進과 하미王國의 沒落」，第 122~123 页）提出，明朝皇帝给予了至少三个不同的地方群体封号和优待，试图以此来赢得人们对脱脱的支持。

19. 几个月后，哈密王的祖母告诉朱棣，脱脱已经重新获得了王位。见《明太宗实录》卷 54.5b-6a，第 810~811 页。此时，明朝皇帝的恩惠（以礼物和官职的形式）拓展到了脱脱和其祖母两人身上。见《明太宗实录》卷 61.1b，第 882 页；卷 62.5b，第 898 页；卷 76.1a，第 1035 页。

20. 他们曾有威武和肃王的封号。见松村潤「明代哈密王家の起源」；永元壽典「明初の哈密王家について：成祖のコムル經營」，特别参考第 11 页的世系表。

21. 《明太宗实录》卷 32.5a，第 573 页。

22. 《明太宗实录》卷 41.1b，第 670 页。

23. 《明太宗实录》卷 51.4b，第 768 页；卷 52.9a，第 787 页。

24. 《明太宗实录》卷 52.9a，第 787 页。朱棣不寻常的措施引起了 16 世纪史家王世贞的注意。他明确指出明对其他政权统治者的册封大部分不过是"羁縻"而已。见《弇山堂别集》卷 6，第 1 册，第 106 页。

25. 1407 年，明朝皇帝得知安克帖木儿的妻子向鬼力赤可汗寻求庇护。人们担心鬼力赤可能会利用当地人对脱脱的不满情绪来干预哈密政治。作为回应，朱棣指示甘肃的军事机构计算向哈密派遣一支小规模部队所需的粮草。见《明太宗实录》卷 69.1a，第 965 页。脱脱去世时，朱棣承认他是一个无能的、令人失望的统治者。见《明太宗实录》卷 104.2b-3a，第 1450~1451 页。

26. Rossabi, "Ming Foreign Policy. "

27. 《明英宗实录》卷 73.3b，第 1410 页。1449 年，哈密王为其母请药，明朝皇帝批准。见《明英宗实录》卷 177.4b，第 3414 页。1453 年，哈密王索要一名医生，明朝皇帝同意。见《明英宗实录》卷 224.3b，第 4856 页。

28. 比如朝廷高官蹇义的神道碑铭就恰恰提到了朱祁镇的这种恩惠（录文见方刚、袁均、朱寒冰《〈明吏部尚书蹇义神道碑铭〉校点及相关考释》，第 80 页）。

29. Heal, "Presenting Noble Beasts," p. 188. Biedermann, "Introduction," p.14 同样强调获取合适礼物的重要性，并特别注重其物质性。

30. Hilsdale, *Byzantine Art and Diplomacy*, p. 10.

31. Biedermann, "Introduction," p. 19.

32. 《明英宗实录》卷 73.8a，第 1419 页。

33. 《明英宗实录》卷 73.8b，第 1420 页。

34. 朱棣在位期间，使团的数量为十六个到四十二个。参 Rossabi, "The Ming and Inner Asia," p. 249; "Ming Foreign Policy," p. 24; 施新荣《明代哈密与中原地区的经济交往——以贡赐贸易为中心》，第 21 页。

35. 《明英宗实录》卷 74.5b，第 1438~1439 页。

36. 《明英宗实录》卷 75.12a，第 1475 页。

37. Biedermann, "Introduction," p.26 指出，外交礼物"在复杂的等级制度中上下游走、表达政治情绪——从顺从地臣服，到或多或少的公开挑战，再到不理会乃至蔑视"。

38. Hilsdale, *Byzantine Art and Diplomacy*, p. 4. 陆威仪（Lewis, "Gift Circulation and Charity," p. 128）认为，接受汉朝皇帝的礼物体现了非汉人领袖的立场。他指出，奢华的汉朝礼物创造了"一种等级关系，其中给予更多的一方让对方欠了人情，从而表明他或她自己作为一个施恩者和上级的地位"。

39. Biedermann, "Introduction," p. 7.

40. Hilsdale, *Byzantine Art and Diplomacy*, p. 18 认为，"礼物几乎不能说明政治效忠的存在，反而是为了建立这种效忠关系而被交换的"。我们可以把这个说法略微调整为：礼物可以同时说明、重申和寻求同盟关系。

41. 《明英宗实录》卷 95.5b – 6a，第 1914 ~ 1915 页。被引用于 Serruys，"Mongols of Kansu，" p. 303。

42. 《明英宗实录》卷 90.5b，第 1898 页。

43. 金浩东：「이슬람勢力의 東進과 하미王國의 没落」，第 126 页。

44. 金浩东（「이슬람勢力의 東進과 하미王國의 没落」，第 124 ~ 126 页）讨论了也先对这类首领之一陕西丁的培养。

45. Rossabi，"Notes on Esen's Pride，" p. 34.

46. Rossabi，"The Ming and Inner Asia，" p. 251.

47. 《明英宗实录》卷 145.7a，第 2861 页。

48. 《明英宗实录》卷 171.6b–7a，第 3298 ~ 3299 页。

49. 金浩东（「이슬람勢力의 東進과 하미王國의 没落」，第 126 页）的结论是，明廷缺乏应对也先对哈密之控制的有效措施。

50. 《明英宗实录》卷 233.4a–b，第 5093 ~ 5094 页。

51. 《明英宗实录》卷 249.4b，第 5392 页。吐鲁番在 1407 ~ 1462 年向明朝京师派出了三十次使团。见 Rossabi，"Ming China and Turfan，" Tables 1，2，pp. 213，214。

52. 司律思（Serruys，*Sino-Mongol Relations during the Ming*，*Ⅱ：The Tribute System*，pp. 29–43）考察了蒙古和女真的首领在与明朝皇帝建立正式联系时的经济目标。

53. 司律思（Serruys，*Sino-Mongol Relations during the Ming*，*Ⅱ：The Tribute System*，pp. 211–18）讨论了这个问题。

54. 施新荣：《明代哈密与中原地区的经济交往——以贡赐贸易为中心》，第 21 页。

55. 施新荣：《明代哈密与中原地区的经济交往——以贡赐贸易为中心》，第 19 ~ 20 页；Rossabi，"Ming Foreign Policy，" pp. 25–26。另见 Rossabi，"Tea and Horse Trade"。

56. 田卫疆（《论明代哈密卫的设置及其意义》，第 86 页）指出，提供情报和保障使团及商人安全通行是哈密卫对明廷所负的主要职责之一。

57. 傅礼初（Fletcher，"China and Central Asia，" p. 208）指出，中亚绿洲的统治者们"乐意遵守朝贡的礼仪"，因为朝贡使团"是一项有利可图的业务，而且人们总是希望（往往是一厢情愿）明朝的君主地位也会带来某种程度的保护"。

58. 金浩東：「이슬람勢力의 東進과 하미王國의 *沒落*」，第 127～140 页。施新荣（《明代哈密与中原地区的经济交往——以贡赐贸易为中心》，第 26 页）展现了 15 世纪末至 16 世纪礼物交换的急剧减少。

59. 学者们认为除了罕东卫，其余六个卫的统治世家都是上述察合台各家族的后裔。胡小鹏：《察合台系蒙古诸王集团与明初关西诸卫的成立》。佐口透（「サリク・ウイグル種族史考」，第 191～192 页）强调了撒里畏兀儿与安定卫的关系。这些卫的所辖人口包括蒙古人、乌斯藏人、畏兀儿人及其他。

60. 简要的描述见程利英《明代关西七卫内迁去向和内迁人数探》《明代关西七卫与西番诸卫》《明代关西七卫探源》。关于这些卫的东迁，见程利英《明代关西七卫内迁去向和内迁人数探》，高自厚《明代的关西七卫及其东迁》，周松《明代沙州"达人"内迁新论》《从西北边陲到岭南沿海——明代沙州"达人"内迁研究》。学者们对这些卫的具体地理位置有争议。见程利英《明代关西七卫探源》、赖家度《明代初期西北七卫的设置》、唐景绅《明代罕东卫地望小考》。

61. 《明英宗实录》卷 79.7a，第 1567 页。

62. 《明英宗实录》89.9a，第 1795 页。朱祁镇感谢他们让蒙兀儿斯坦（亦力把里）的使节安全通行。

63. 《明英宗实录》卷 224.12a，第 4873 页。

64. 《明英宗实录》卷 253.9a，第 5474 页。

65. Scott, *Against the Grain*, pp. 240-42.

66. 《明英宗实录》卷 106.6b-7a，第 2158～2159 页。

67. 《明英宗实录》卷 80.1a，第 1581～1582 页。关于调停沙州卫和罕东卫的首领之间冲突的举措，见《明英宗实录》卷 80.11a，第 1601 页。关于 1445 年为了消除沙州袭击哈密造成的紧张局面而采取的行动，见《明英宗实录》卷 132.10b，第 2636 页。

68. 吴劳丽（Newby, The Empire and the Khanate, pp. 43-44）描述了 18 世纪和 19 世纪的发展情况，她指出："对援助和干预的多次请求清楚地表明，中亚的统治者把清朝皇帝看作一个可能的保护者和正义的捍卫者。"

69. 《明英宗实录》卷 160.3b，第 3112 页。

70. 《明英宗实录》卷 108.2b - 3a，第 2184 ~ 2185 页。其他例子见《明英宗实录》卷 114.6b，第 2298 页；卷 127.3b - 4a，第 2534 ~ 2535 页；卷 212.3a，第 4561 页；卷 263.1a，第 5605 页。

71. 《明英宗实录》卷 175.10b - 11a，第 3380 ~ 3381 页。

72. 兀良哈部在洮儿河河畔建立了朵颜卫，蒙古化的通古斯 - 乌济业特人在今齐齐哈尔附近建立了福余卫。两位归附的成吉思汗后裔的王被安排统领泰宁卫。见 Atwood, *Encyclopedia*, p. 535。

73. 程尼娜：《明代兀良哈蒙古三卫朝贡制度》，第 5 ~ 6 页。关于明朝马市的权威性著作仍然是 Serruys, *Sino-Mongol Relations during the Ming*, Ⅲ: *Trade Relations*。

74. 司律思（Serruys, *Sino-Mongol Relations during the Ming*, Ⅲ: *Trade Relations*, pp. 520 - 28）考察了明廷利用朝贡使团获取情报的做法。

75. 尹銀淑：「14 ~ 15 세기 우량카이 3 衛와 몽골. 明 관계」；周竞红：《论明代兀良哈三卫与东西蒙古、女真的关系》，第 85 ~ 88 页；程尼娜：《明代兀良哈蒙古三卫朝贡制度》，第 10 页。

76. 《明英宗实录》卷 104.2b，第 2100 页；卷 104.3a - b，第 2101 ~ 2102 页；卷 106.1a，第 2147 页。皇帝屡次要求兀良哈三卫首领将有罪的下属送到北京。有一次，朱祁镇毫不隐晦地指责三卫首领包庇部下。他还声称三卫首领完全了解其手下的掠边行为。见《明英宗实录》卷 106.1b - 2a，第 2148 ~ 2149 页。

77. 《明英宗实录》卷 87.2b，第 1738 页；卷 156.6a，第 3047 页。

78. 《明英宗实录》卷 87.2b，第 1738 页。这位首领是隔干帖木儿。他和也先的联姻并没有终结他与明朝皇帝的关系。1443 年末和 1445 年，皇帝给他送来了礼物，包括一件织金袭衣。见《明英宗实录》卷 111.2a，第 2232 页；卷 134.8a，第 2673 页。

79. 也先希望与赤斤蒙古卫都督阿速联姻（白翠琴：《关于也先的几个问题》，第 35 页）。

80. 《明英宗实录》卷 109.5b，第 2208 页；Serruys, "Mongols in Kansu," p. 304。

81. 《明英宗实录》卷 109.5b，第 2208 页；这个赤斤蒙古卫指挥是且旺失加（Cheben-hakya）。见 Serruys, "Mongols in Kansu"

p. 304。

82. 《明英宗实录》卷 109.5b，第 2208 页。在另一份敕书中，明朝皇帝说困即来拒绝了也先的联姻请求，因为"困即来等世受朝命"。见《明英宗实录》卷 109.6a，第 2209 页。在稍后的一份与边防将领的通信中，朱祁镇的看法更悲观，他指出兀良哈人已被拉入也先的势力范围，而且"沙州赤斤皆与结亲"。见《明英宗实录》卷 120.7b，第 2430 页。

83. 《明英宗实录》卷 124.7a，第 2481 页。皇帝提醒沙州卫首领世上只有一个权力中心，那就是他本人——天命的拥有者和"海内海外大小人民"的统治者。

84. Robinson, *In the Shadow of the Mongol Empire*，第四章。

85. 《明英宗实录》卷 124.7a，第 2481 页；卷 145.7a–b，第 2859 页；Serruys, "Mongols in Kansu," p. 304。另见樊保良《察合台后王与瓦剌封建主及明王朝在丝路上的关系》，第 119 页。正如司律思（Serruys, "Mongols in Kansu," p. 305, fn. 274）所说，祁王之政权"在蒙古人心目中是元朝投下食邑祁州的延续"。1448 年，明朝军队俘虏了喃哥的弟弟锁南奔，并将他及其部下强制迁移到了山东东昌；喃哥和另外一千多个沙州人也被迁移至此。见周松《明代沙州"达人"内迁新论》，第 104~105 页；《从西北边陲到岭南沿海——明代沙州"达人"内迁研究》，第 178~182 页。与此相对，明朝因为个别哈密权贵持续忠于明朝而承认其地位。见《明英宗实录》卷 124.10a，第 2487 页。

86. 《明英宗实录》卷 124.2b，第 2472 页。

87. 《明英宗实录》卷 124.2b，第 2472 页。

88. 川越泰博（『明代長城の群像』，第 176~178 页）记述了 15 世纪中期的一个例子。

89. 周竞红：《论明代兀良哈三卫与东西蒙古、女真的关系》，第 86 页；程尼娜：《明代兀良哈蒙古三卫朝贡制度》，第 12 页。

90. 林欢：《明英宗被俘及其在蒙地羁押期间的活动》，第 92~93 页。关于萨冈彻辰对朱祁镇与蒙古女子所生儿子的记载，见 Elverskog, "Sagang Sechen," p. 16。

91. 朱祁镇在与也先的通信中也使用了家族世代忠于明朝的话语。见《明英宗实录》卷 88.6b，第 1770 页；卷 134.8a–9a，第

2673~2675 页。

92. 《明英宗实录》卷 95.5b，第 1914 页。

93. 《明英宗实录》卷 109.4b，第 2206 页。

94. 《明英宗实录》卷 124.6b，第 2480 页。类似的例子见《明英宗实录》卷 163.1a，第 3155 页；卷 171.6b－7a，第 3298~3299页；卷 224.3b，第 4856 页。

95. 《明英宗实录》卷 124.7b，第 2482 页。如明朝史料所述，像兀良哈三卫首领这样的盟友也会援引他们对明朝皇帝的深切感激来转移对他们不忠的指责。见《明宪宗实录》卷 23.6b-7a，第 456~457 页。

96. 《明英宗实录》卷 186.3b，第 3716 页。

97. 《明英宗实录》卷 186.10b，第 3730 页。

98. 《明英宗实录》卷 187.15a-b，第 3797~3798 页。

99. 《明英宗实录》卷 192.15a，第 4009 页。《明实录》称这些官员为"达官"。阿速是唯一被提到名字的人。

100. 关于明廷在 15 世纪中期争取兀良哈三卫效忠的努力（尽管皇帝非常不确定他们的忠诚度），见《明英宗实录》卷 150.2a，第 2937 页；卷 42.5b－6a，第 824~825 页；卷 106.1b-2a，第 2148~2149 页；卷 113.7b－8a，第 2280~2281 页；卷 126.7b，第 2524 页。

101. 《明英宗实录》卷 70.8b，第 1364 页；卷 70.10a，第 1367 页；卷 134.7a，第 2672 页；卷 163.1a，第 3155 页。

102. 《明英宗实录》卷 246.1b－2a，第 5332~5333 页。Serruys，"Mongols in Kansu," p. 312 有提及。

103. 我（Robinson，"Rethinking the Late Koryŏ"）基于对高丽国王接受明朝建立者册封的个案研究提出了这个观点。基于早期现代西欧外交实践的特点，Hennings and Sowerby，"Introduction," p. 5 指出，对主权的主张也取决于他人的承认。

104. 于默颖（《明代哈密蒙古的封贡问题》，第 11 页）指出了哈密对明代前期皇帝对抗蒙古政权的意义。

105. 参田澍《明代哈密危机述论》；刘国防《明朝的备边政策与哈密卫的设置》。田卫疆（《论明代哈密卫的设置及其意义》，第 84 页）写道："忠顺王的封赐说明这时的哈密实际上已从属于明朝的统治之下。"他进一步指出："自此哈密正式成为在明朝直接辖管下的一个卫。"

106. 金浩东：「이슬람勢力의 東進과 하미王國의 沒落」。

107. 《明英宗实录》卷 115.1a，第 2313 页；卷 116.6b，第 2344 页；卷 132.2a，第 2619 页；卷 146.3a，第 2871 页。在哈密王的请求下，明朝皇帝在 1445 年赐予他一枚驼钮镀金银印。见《明英宗实录》卷 131.8b，第 2614 页。

108. 《明英宗实录》卷 143.7b，第 2834 页；卷 157.1b，第 3052 页。

109. 关于泰宁驻军对明朝的经济依赖，参李艳洁《明代泰宁卫的经济生活及与明朝的关系》。程尼娜（《明代兀良哈蒙古三卫朝贡制度》，第 7、9 页）计算得出三卫在 1404～1435 年向明朝皇帝遣使七十二次。这个数字在 1436～1464 年上升到了二百五十次。

110. Serruys, *Sino-Mongol Relations during the Ming*, II : *The Tribute System*.

111. 关于瓦剌朝贡使团的组织、规模、频率和费用，见川越泰博『明代長城の群像』，第 186～235 页；Serruys, *Sino-Mongol Relations during the Ming*, II : *The Tribute System*, pp. 127-40。

112. 邱仲麟：《明代的兀良哈三卫抚赏及其经费之筹措》；Serruys, *Sino-Mongol Relations during the Ming*, II : *The Tribute System*, pp. 292-308。

113. 《正统临戎录》，收入《国朝典故》卷 28，第 1 册，第 442 页。

114. 《明英宗实录》卷 184.22b，第 3654 页。

115. 15 世纪末马克西米利安宫廷中的一个例子见 Silver, *Marketing Maximilian*, p. 177。

116. 《正统临戎录》，收入《国朝典故》卷 28，第 1 册，第 457 页。

117. 《正统临戎录》，收入《国朝典故》卷 28，第 1 册，第 443 页。

118. 《正统临戎录》，收入《国朝典故》卷 28，第 1 册，第 443 页。

119. 《明实录》称皇帝帐篷上方的神秘光亮像"黄龙交腾"，这给蒙古人留下了深刻印象。见《明英宗实录》卷 186.28a，第 3765 页。朱祁镇被俘期间的另一个随从袁彬写道："也先并达子每夜见上所御帐房上火起，隐隐若黄龙交腾其上。"见袁彬

《北征事迹》，收入《纪录汇编》卷 18.6b。类似的故事，见王锜《寓圃杂记》卷 1，第 8 页；祝允明《野记》，收入《国朝典故》卷 32，第 1 册，第 542~543 页。

120. 《正统临戎录》，收入《国朝典故》卷 28，第 1 册，第 452 页。

121. 对蒙古政治文化中的 su 和 sülder（生命力）的讨论，见 de Rachewiltz, *Secret History*, vol. 1, pp. 329 - 31; Mostaert and Cleaves, *Les lettres de 1289 et 1305*, pp. 18-22。

122. 时间和转写遵循 Serruys, "The Dates of the Mongolian Documents in the Hua-i i-yu," p. 425。

123. 《华夷译语》，收入《涵芬楼秘笈》，第 4 集，第 285 页。转写遵循 Serruys, *Sino-Mongol Relations during the Ming*, Ⅱ: *The Tribute System*, p. 454, fn. 33。该书中的其他例子包括《华夷译语》，收入《涵芬楼秘笈》，第 4 集，第 265~267、273、275、277 页。

124. 略微不同的形式包括"朝廷洪福"和"天皇帝洪福"。见胡振华、黄润华编《明代文献〈高昌馆课〉》，第 1、5 页。另有几十个例子见《高昌馆课》，收入《北京图书馆古籍珍本丛刊》，第 6 册，第 258~321、337~364 页。对此的讨论见 Robinson, "Translating Authority"（未发表）。

125. Allsen, "Spiritual Geography," p. 127.

126. Allsen, "A Note on Mongol Imperial Ideology," p. 2 提到了"洪福的父亲"。

127. 于谦：《少保于公奏议》卷 1《奏议》，第 1 册，第 167 页；《于谦集》，第 23 页。

128. 萨冈彻辰：《蒙古源流》，第 59 页右。译文见 Elverskog, "The Story of Zhu," p. 226, fn. 12，略做修改的版本见 Elverskog, "Sagang Sechen," pp. 15-16。后者完整翻译了萨冈彻辰编年史中有关土木之役的记载。

129. 《明英宗实录》卷 185.14b，第 3692 页。

130. 《明英宗实录》卷 185.15a-b，第 3693~3694 页。

131. 《明英宗实录》卷 185.1a，第 3665 页。

132. 两周前，脱脱不花向北京遣使，明朝官员那时就已经明确将之作为一个离间可汗和也先的机会来讨论了。见《明英宗实录》

卷 184.18b，第 3646 页。

133. 《明英宗实录》卷 184.1b，第 3612 页。

134. 《明英宗实录》卷 198.6b，第 4208 页。

135. 林欢：《明英宗被俘及其在蒙地羁押期间的活动》，第 96~97 页。

136. 关于叶盛的仕途，见 Lienche Tu Fang, *Dictionary of Ming Biography*, pp. 1580−82。

137. 叶盛：《叶文庄公奏议》，收入《续修四库全书》，第 475 册，第 310 页。

138. 叶盛：《叶文庄公奏议》，收入《续修四库全书》，第 475 册，第 310 页。

139. 两年后，当也先自立为大元可汗时，叶盛提醒皇帝他曾要求朝廷抗议也先违背"大义"，却遭到忽视。虽未言明，但这是在清楚地暗示明廷的沉默导致了也先僭称伪号。见叶盛《叶文庄公奏议》，收入《续修四库全书》，第 475 册，第 345 页。在 1454 年的奏疏中，叶盛声称："中国之于夷狄，亦如正道之于异端。"（卷 4.4b）于谦同样警告说，也先杀脱脱不花的弑君行为表明他为了满足其贪得无厌的野心，不惮于违反最神圣的行为准则。明朝皇帝必须加强辽东等地的边防。见于谦《少保于公奏议》卷 6，第 2 册，第 126~129 页。

140. 朱元璋曾如此论述 1368 年后的北元统治。见 Robinson, *In the Shadow of the Mongol Empire*，第七章。

141. 《明英宗实录》卷 353.4b-5a，第 7074~7075 页。

142. 《明英宗实录》卷 182.4b-5a，第 3544~3545 页。

143. 《明英宗实录》卷 183.6b，第 3565 页。

144. 《明英宗实录》卷 183.20b，第 3594 页。该官员是陈汝言。1449 年 12 月初，陈汝言前往山东东昌（《明英宗实录》卷 185.17b，第 3698 页）。

145. 《明英宗实录》卷 183.12b，第 3578 页。关于毛福寿，见《明功臣袭封底簿》卷 3，第 557~560 页。

146. 18 世纪的《明史》强调了朝廷官员担忧入明蒙古人可能叛变，并决定将其中一部分人迁往南方。见《明史》卷 156，第 14 册，第 4283 页。朝廷最晚从 1442 年开始调动安置在北直隶的蒙古人部队赴南方边陲作战。见《明英宗实录》卷94.7b，第1902页。事实上，自1442年以来，毛福寿一直在此类（及其他）军事行动中担任高级将领（《明英宗实录》卷89.10b，第1862页）。他经常返回京师，并于1449年农历十月保卫北京、抗击也先。见《明功臣袭封底簿》卷3，第558～559页；《明英宗实录》卷184.12b，第3634页；卷184.13a，第3635页；卷184.10a，第3629页。

147. 《明英宗实录》卷183.12b，第3578页。

148. 1443年，南直隶寿州卫的一名军官请求皇帝阻止来到北京的蒙古使节和"同类达人"——归附明朝的蒙古人——往来亲善。见《明英宗实录》卷108.7b-8a，第2194～2195页。他还建议今后凡是投降于明朝的蒙古人都应该被安置到南方诸卫去。皇帝把这些建议下发礼部商议。

149. 《明英宗实录》卷184.19b，第3648页；卷184.20b，第3649页；卷184.24a，第3657页；卷185.3a，第3669页。15世纪的陆容（《菽园杂记》卷5，第56页）把构成朱棣三千营核心的蒙古骑兵称为"小达子"。

150. 《明英宗实录》卷184.20b，第3650页。稍后关于直隶动荡局面的报告称官军把自己伪装成"达贼"，但没有说他们是明朝军队中的蒙古人。见《明英宗实录》卷186.5b，第3720页。于谦使用了"达贼"这一说法来指称也先的弟弟赛罕王。见于谦《少保于公奏议》卷2，第221页。

151. 《明英宗实录》卷184.16b，第3642页。相比之下，因为给入寇的瓦剌人充当向导而被处决的字罗被称为永清县的达官家中的一员。见《明英宗实录》卷186.2a，第3713页。一些官员喜欢强调直隶地区驻扎的蒙古兵在土木之役失败后的大肆劫掠，但对于关注该地区安全的大多数人来说，他们并不值得一提。1450年春，叶盛列举了一长串的问题，包括干旱、对歉收的担忧、土地荒芜、森林砍伐、沉重的徭役负担、饥荒的苗头等。见叶盛《叶文庄公奏议》，收入《续修四库全书》，第475册，第267页。

152. 于谦：《少保于公奏议》卷2，第292页；《于谦集》，第63页。

153. 《明英宗实录》卷185.3a，第3669页。

154. 《明英宗实录》卷184.24a，第3649页。刘定之奏疏的译文见 Robinson，"Politics，Force，and Ethnicity，" p.85。即使是与明朝皇帝有密切联系的蒙古人也是被怀疑的对象。1449年10月中旬，一名"给事宫禁数十年"的御马监太监因被指控协助瓦剌而被处决（《明英宗实录》卷184.2b，第3614页）。

155. 《明英宗实录》卷187.2a-b，第3771～3772页。类似的说法见 Robinson，"Politics，Force，and Ethnicity，" pp.87-88。

156. 于谦：《少保于公奏议》卷7.51b-52b，第2册，第312～314页。

157. 《明英宗实录》卷182.1b，第3538页。土木之变后，皇帝立刻让焦礼、施聚（1389～1462）等蒙古人官员负责从辽东到北京的军队部署。见《明英宗实录》卷184.9a-b，第3627～3628页。施聚在近半个世纪的时间里在辽东都司任指挥使，同时还在五军都督府中担任职务。1457年，皇帝封他为怀柔伯。最后，他的家族与在禁卫军中担任要职的将领广泛通婚，其中包括蒙古人家族。见《明功臣袭封底簿》卷1，第59～62页；夏寒《明怀柔伯施聚夫妇、施鉴墓志考释》；李永强、刘风亮《新获明代怀柔伯施聚、施鉴墓志》。

158. 《明英宗实录》卷183.10a，第3573页。

159. 《明英宗实录》卷186.4a-b，第3717～3718页。

160. 《明英宗实录》卷183.7a，第3567页；卷183.27b，第3608页；卷184.13b，第3636页；卷186.17b，第3744页；卷186.1a，第3711页；卷186.15b，第3740页。皇帝确实允许楚王贡献四百匹马和一百头骆驼用于战争。这些马被分配给陕西缺乏坐骑的士兵，而骆驼被送往京师的皇帝那里（《明英宗实录》卷184.1b，第3618页；卷184.4b，第3612页；卷184.13b，第3636页）。此外，他还要求庆王和肃王送来马匹，承诺以公平的价格支付费用（《明英宗实录》卷185.7a，第3677页；卷186.17b，第3744页）。大约在同一时间，朱祁钰联络了另一位东亚统治者，即朝鲜国王，要求交付三万匹马，并再次承诺他将为此支付款项（《明英宗实录》卷185.7b，第3678页）。朱祁钰几次拒绝了藩王们搬迁至更安全地区的请求，并要求他们保持镇静、固守各自的封地。皇帝宣称这就是他们对保卫王朝的贡献。见《明英宗实录》卷184.4b，第3612页。皇帝还批准了一位御医制作毒药，用在对付瓦剌人的箭头上（《明英宗实录》卷183.27a，第3607页）。

161. Elverskog, "The Tumu Incident," pp. 147–49.

162. 桑贾伊·苏布拉马尼亚姆（Sanjay Subrahmanyam）关于"关联的历史"（connected histories）和共通性的观点广泛影响了许多关于近代早期文化间互动的研究。见氏著"Connected Histories"; *Courtly Encounters*; "One Asia, or Many"。

163. Atwood, *Encyclopedia*, p. 171.

164. 白翠琴：《关于也先的几个问题》，第37~38页。

165. 1443年，明廷称"这里的回回、达达及新来达官人等其中有等不知法度的"。为避免发生骚乱，朝廷下令，"今后都不许与他说话；但是与他说话及违法交易的"，都将被流放到海南。见『訓讀吏文（附）吏文輯覽』，第238~239页。

166. 明廷面临的一个具体争议是如何将蒙古人的职位与明廷的官职相对应。1464年，明廷在内部讨论中提出："其称知院者，如朝廷指挥使；右丞如指挥金事。"见《明宪宗实录》卷1.12b，第24页。

167. 《明英宗实录》卷182.6a，第3547页；卷183.7a，第3567页；卷183.8b，第3570页；卷183.22b，第3597页。叶盛：《西垣奏草》卷1.7a，《叶文庄公奏议》，收入《续修四库全书》，第475册，第257页。《明英宗实录》卷183.24b，第3602页。陈循：《芳洲文集》卷2.1a-b，收入《续修四库全书》，第1327册，第426页。"胡庭"和"北庭"也见使用。见毛伯温《东塘集》卷8.24b，收入《北京图书馆古籍珍本丛刊》，第107册，第92页。

168. 李实：《虚庵李公奉使录》，收入《续修四库全书》，第433册，第156~183页。这些内容不见于《国朝典故》收录的版本。

结　论

王朝的身份不断地……被构建、捍卫、操纵甚至　196
发明。[1]

　　本书提出了一个直截了当的问题：从 15 世纪明朝皇族和蒙古贵族的关系来看，明代前期的统治权是什么样子的？

　　我认为，明代前期的皇帝是众王之王，他们与蒙古精英的关系是皇帝身份的一个要素，也是明朝统治权的一个决定性因素。

　　来看看明朝第五位皇帝朱瞻基——我们已经在第三章见过他——如何描述其家族与"胡"或蒙古人的关系：

　　　　在昔我皇祖，

　　　　北征扫残胡。

　　　　天威震绝漠，

　　　　犬羊皆就俘。

　　　　亲侍万来行，

　　　　目睹神圣谟。

　　　　敬恭受成命，

　　　　佩服当何如。

　　　　清边奋威武，

练将简车徒。

居安在今日，

岂敢忘远图？[2]

这首诗是《书怀十首》中的一首，揭示了朱瞻基对蒙古人、军事行动和家族遗产的理解。在这里，朱瞻基把对蒙古人的军事行动作为一项家族传统。朱瞻基回顾了祖父朱棣的北征，这些征战扫除了"残胡"（这是对北元政权残余的委婉说法）。和朱棣同时代的蒙古人被斥为顺从的"犬羊"。在朱瞻基的叙述中，朱棣的战争完成了朱元璋开启的推翻大元的任务。朱瞻基将自己为征战草原所做的军事准备描绘成数代人与北方部族斗争的最新一轮，这表明了朱瞻基在统治者世系中的地位，显示出他的孝。这也证明了他参与军事行动是正当的。

朱瞻基的作品提醒我们：统治者以家族传统来定义自己。正如我们反复看到的那样，明朝皇族将自己和欧亚大陆东部联系起来。明朝的建立者朱元璋通过与大元皇族的明确对比阐明自己和王朝的身份。他的后人们在 15 世纪也同样通过参照其他欧亚统治者来确定自己的身份。明朝的皇帝交替地——有时是连续地——与敌对君主进行谈判和战争，赢得他们的仰慕、获得他们的效忠、撬动他们的属下。在其他环境里，比如有众多贵族家族相互争斗的近代早期西欧，这种对身份的打造更加明显。[3]在帝制晚期或者说近代早期的中国，王朝身份的意义往往被掩盖了。皇族似乎享有垄断地位，不需要将自己与对手区分开来，因为不存在真正的对手。这种看法反映了王朝自我形象塑造的成功，但每个皇帝都需要塑造一个身份来为他的统治赢得正当性。没有人可以例外。

在上面这首诗中，朱瞻基只回忆了其家族与蒙古人关系的一个方面，并赞美王朝征讨草原上的"胡"。然而，每当朱瞻基离开皇宫时，蒙古人都会随行，充当护卫、伙伴，以证明他作为统治者的价值。事实上，数百名效力于明朝的蒙古官员还陪同朱瞻基在京师周边打猎，这让他的官员们大为震惊。他对也先土干、把台及其部下示以优宠。有几幅皇帝的画像甚至描绘了朱瞻基身着蒙古服装在围场狩猎的情景。总之，对朱瞻基来说，就像他的皇族祖先一样，与远人的密切联系是统治权的组成部分。

历史学家早就认识到与蒙古人的关系对明朝的重要性，他们通常关注明朝对草原的政策。明朝对北方是采取进攻还是防御的姿态？贸易、交往和战争的政策如何影响与蒙古人的关系？哪些域外和域内因素决定了这些政策？它们的后果是什么？这些都是重要且有意义的问题，但我循着另一条研究线索，研究 14 世纪和 15 世纪明朝君主与远人的交往，并论述两个观点。第一，明朝皇帝不仅用与蒙古首领——"远人"中最重要的一类——的关系来表明他们成为统治者的资格，也以此来表明他们作为众王之王的地位。第二（与上一点相关），明朝皇帝明白王朝统治者的核心责任是保护他们的祖宗基业，这不仅需要内部的盟友和支持者，也需要外部的。我们通常从对外关系的角度来探讨第二点，但在一个王朝而非民族国家的时代，这首先是一个君主之间的个人关系问题，即便这种联系中的双方相距遥远、通过使节等中介进行沟通。明朝皇帝既是天子，又是众王之王。

纵观 15 世纪的前六十年，明朝的统治权和明朝皇帝与远人的关系显示出了连续性和变革。第一，明朝统治者亲征草原

198

以打击蒙古对手一事始终存在争议。第一章讲述了朱棣觉得有必要向家族成员、高级文官、统兵将领和其他政权领袖解释他一定要亲征草原的决定。凭借人格力量、残酷的清洗以及对王朝威望与安全的呼吁，朱棣克服了阻力，发动了五次北征。1449年，情况发生了很大变化，官员们以几十年前无法想象的坦率、积极性和高频率批评年轻的朱祁镇和他的谋臣。明朝的军队在15世纪30年代和40年代一直很活跃，但自14世纪末以来，他们没有面临过生存威胁。此外，当朱祁镇决定亲自与瓦剌对抗时，无论作为指挥官还是作为人员的管理者，他都缺乏朱棣几十年的第一手军事经验。尽管争论加剧，政治气氛也出现了新的变化，但在明朝皇室内部，皇帝应该亲自在战场上对抗蒙古首领的观念依然存在。

第二，当朱祁镇上战场时，朝廷里的所有人都理所应当地认为臣服的蒙古人会在他麾下作战，就像之前在朱棣和朱瞻基麾下一样。在超过四分之三个世纪的时间里，蒙古人带着英勇和武艺效力，他们是明朝军队的重要组成部分。一些人公开担忧臣服的蒙古人如果面临效忠的冲突，就会背叛王朝，转而支持他们的草原兄弟。然而，这样的声音并没有说服皇帝和他的谋臣放弃蒙古军人，相反，蒙古军人陪同朱祁镇进入草原。和他们的汉人同袍一样，他们中的许多人在那里为朱祁镇而死。

第三，蒙古人和其他远人不仅仅是在域外战场上为皇帝而战的士兵，他们也是服务于皇帝个人需求并在域内保护他的臣民。第五章显示，杨铭等人在朱祁镇被囚禁于草原期间照顾他，把台等人则努力安排他返回北京。1449年，蒙古士兵保卫京师，抵御也先的军队。1461年，一些蒙古官员试图和汉人同谋一起废黜朱祁镇，但大多数蒙古人仍然忠心耿耿，并在京师的街道上战斗，镇压政变。在这令人痛苦的几十年里，官员们对蒙古人的忠诚度表示过怀疑。他们指出了一些背叛和不忠的具体事例，如喜宁与也先合作、入明蒙古人趁着土木之变的乱局劫掠京畿地区。部分是为了回应这种担忧，明朝皇帝派遣蒙古人部队远赴南方作战。一些此类调度导致了永久的迁移。然而，至少有同样多的蒙古人特别是武官留在了京师并越来越深地融入精英团体。如第三章所述，也先土干、把台等蒙古人仍然是受王朝信任的成员，和皇帝往往有特殊的联系。为明廷效力的蒙古贵族在京师居住，直到 1644 年京师陷落，不过那是另一个的故事了。

第四，无论是草原上还是明朝政权内的蒙古人都承认明朝皇帝是众王之王，并将其视为可能的施恩者，同时承认皇帝是非凡的甚至是——用艾宏展的话来说——"神奇的"（magical）人物。草原上的蒙古首领认为人们为明朝皇帝效力是可以理解的，并且赞扬了在土木之役中为了朱祁镇英勇战斗和牺牲的蒙古人。

如果换到一个共时性的角度，我们可以看到明代前期的皇帝们属于一个欧亚大陆东部领袖的共同体，这些领袖对统治权及其表现形式和义务有类似的观念。[4] 成吉思汗和蒙古帝国对于欧亚大陆东部所有统治者的重要性既是共通性的原因，也是其表现，但从更根本上说，是需求和利益将君主们凝聚在一起。明朝皇帝要求盟友确保商人和使节的安全通行，对下属进行一定的控制，准确及时地提供有关地区事态的情报，提供军事支持，避免缔结有损明朝利益的同盟，以及遵守明廷的通交协议。遵守明朝关于使团的来访时间、频率、规模和行为的通交礼仪提高了可预测性，而且便于官僚机构规划使团的住宿、饮食、交通、监控和娱乐。礼物交换、仪式和贸易在每个人都遵守规则时也会更顺利地进行。遵守通交礼仪之所以重要，还有另一个原因：这可以提高皇帝的地位。其他政权统治者通过参加仪式和采用王朝认可的话语承认明代前期皇帝的独特地位，这在域内证实了统治者拥有天命。[5]在域外，皇帝使其他统治者屈从于其意志的能力体现了他的力量和作为一个值得信赖的施恩者的身份。

没有政权或领袖能满足明廷的所有要求，明朝也从不相信有政权或领袖能做到。[6]明廷经常批评其他政权的君主没有达到他们的一个或多个标准。建立这种严格的行为标准是一种提高明朝皇帝影响力的通交策略。因为对方无法满足所有的要求，所以明廷就有充分理由指责对方的不足之处。不过这种抱怨很少导致不可挽回的混乱局面。如第五章所示，朱祁镇和朱祁钰经常指出瓦剌、哈密、赤斤和罕东的首领的不当行为，但仍然赠送礼物、授官赐爵并允许他们进行贸易。这种宽容更多来自明朝皇帝对远方盟友的需要，而非因为他们是圣人。对于任何熟悉大国如何让盟友（即便是小政权）听命的人，这种高傲言辞和适度期望的互动很可能会引起共鸣。约翰·霍尔（John Hall）根据欧亚大陆的多种案例，指出农业帝国并不是全能的，而是"弱小的利维坦，不断地协商和妥协"。[7]

如果这种妥协是几乎所有帝国长期存在的特征，那么如何解释西方史学家对中国的所谓朝贡体系有时带有愤怒的迷恋？部分答案可能很简单，那就是被冒犯的感觉。朝贡体系毫不掩饰的优越感论调不符合了我们现在的价值观，即推崇国家间至少名义上的平等。荒谬、自命不凡、虚荣、无知的"东方专制君主"的形象由来已久，伴随着被亚洲宫廷的接待冒犯的近代早期西欧人的受挫感而生——如果不是起源于此的话。由马嘎尔尼勋爵 1793 年出使清朝而产生的关于清代朝贡制度的文字和图像显示出惊人的耐久度和强大力量。[8] 詹姆斯·吉尔雷（James Gillray）的漫画《外交官（马嘎尔尼）及其使团在北京宫廷受到的接待》［"Reception of the Diplomatique（Macartney）and His Suite, at the Court of Pekin"］描绘了一个自豪的英国使者跪在一个肥胖、懒散和无礼的统治者面前。[9] 这与马可·波罗热情洋溢地描述 13 世纪北京忽必烈宫廷之辉煌壮丽形成了对比，提醒我们西欧的政治文化——尤其是他们对自己在世界上地位的看法——发生了多么大的变化。[10]

不少历史学家从各种角度指出，不切实际的期望往往导致人们刻薄地评价王朝的对外关系和"朝贡体系"这一分析性概念。吴劳丽（Laura Newby）指出：

> 只有当我们坚持把"朝贡体系"看作一个由连贯的意识形态构成的全面体系时，它才是一个用于描述清代对外关系的空洞且具有误导性的术语。到了 18 世纪，它不过是一个通交工具箱，这个工具箱里有各种各样的工具，它们全都经过了中国统治者几个世纪的尝试和检验。[11]

吴劳丽的评论将朝贡体系作为一个分析性概念。其他学者关注明代官方和私人著作中的理想化描述与混乱又矛盾的通交关系行为之间的不和谐。历史学家"揭露"了明代官方通交话语的虚假性。此类话语描绘了一个超然的皇帝，他不为外物所动，不需要盟友。他欢迎足够明智、能承认皇帝之德而且足够真诚、能遵守礼节的远人。下面这段私人撰写的墓志铭文字，

201

以鲜明的等级和性别话语赞美 15 世纪早期王朝对东南亚和南亚的远洋探索：

202

> 猗欤皇明，统御万国。服之以威，怀之以德。极地穷天，罔不臣妾。[12]

历史学家在分析中经常求助于话语和现实、形式和内容的二分法。学者们指出，明廷用关于恩德和文明的高谈阔论来掩盖其经济和军事需求。这样的研究大大深化了我们对贸易之于中国各朝代及其邻近政权之重要性的理解。[13] 然而，我们很难不觉得这样做同时高估和低估了明朝皇帝关于与邻近政权关系之话语的作用。人们花了很多精力来清除皇帝是无私的、中原文明具有不可抗拒的吸引力等观念。在冷战及其复杂的混合物——大肆宣传理想化的行为准则、妖魔化敌对势力、混乱的代理人战争、与道德可疑的领袖亲密合作等——中长大的人，不太可能直接相信明朝的自我表现，或是对明朝统治者说一套做一套感到很奇怪。

明朝皇帝话语的其他方面也值得仔细研究。上面那个短短的例子明确提到了道德和军事力量，而且正如前几章反复展示的那样，时人认为使用或至少威胁使用军事力量对于皇帝与远人的关系来说至关重要。在宣布征伐各蒙古首领的诏书中，朱棣多次提到他的义愤、高超的军事技艺和让草原畏服的意图。明朝皇帝认为军事力量是必不可少的通交工具，而其他欧亚诸首领也持类似观点。在许多人眼中，军事力量是统治权的必要条件。[14] 在突厥-蒙古传统中，对于领袖，军事上的成功往往被"当作神灵助佑和天降好运的标志"。[15] 一个缺乏动用军事力量

的能力或意愿的皇帝，不是众王之王。关于明朝战略文化是和
平主义的假说在 15 世纪皇帝们的行动或言论中基本找不到
支撑。

　　明廷也经常谈到家族纽带、恩惠、义务、尊重地方习俗及
其在互相争斗的势力间"调停"。我们不应该直接相信这些话
语，但它们都是时人所能理解的观念。人们承认它们的逻辑，
可能感受到了它们的影响力，而且肯定也知道如何操纵它们服
务于自己的利益。[16] 明廷对盟友的需求决定了其言语和行动。
明廷希望自己的论述是可理解的甚至是令人信服的，做不到这
点它就会变得脆弱。如果我们忽视明朝皇帝为获得盟友和效忠
所做的持续努力——即便这些努力终究是暂时性的和不完全
的——就很难理解明朝的统治权或明朝在欧亚大陆东部的
地位。[17]

　　本书探讨了明代前期皇帝与蒙古首领的互动，但这个故事
超越了蒙古人和 15 世纪的范围。代表几十位欧亚大陆东部统
治者的使节经常出现在明朝的都城和官方话语中。这些远人是
宫廷仪式的组成部分，他们被描绘成天子优越统治权的确凿证
据。关于明朝皇帝与远人交往，另一个相关记载丰富的案例是
皇帝施恩于那些身份与藏传佛教紧密相关的领袖。这些人来自
日喀则、西宁、岷州等地，也就是今天的青藏高原东部和甘
肃。这种恩惠一直持续到了明朝末期。和与蒙古人的关系一
样，明朝皇帝试图让当地领袖理解自己。他发布藏汉双语的敕
谕。[18] 他支持藏传佛教，下令建造寺院、印刷经书，并在京师
和边疆地区出资举行藏传佛教仪式。[19] 和与蒙古首领的关系一
样，明朝皇帝授予与藏传佛教有关的人物头衔和等级。同样
地，他也让显赫的西藏僧人居留京城，享受引人注目的皇家恩

203

204

惠，包括礼物、接触皇室的机会，以及北京居民能看到并理解的地位象征物。[20] 与蒙古人类似，藏传佛教的远人利用与明朝皇帝的关系来促进个人和家族的利益，在欧亚大陆东部的棋局上，他们并不是皇帝手下没有思想的小卒。事实上，我们可以说，明朝皇帝采用内亚身份是为了符合当地精英要求的统治传统。[21]

后来的明朝皇帝呢？朱佑樘（1470～1505，1487～1505 年在位）尽管被誉为儒家眼中的典范君主（或者说是明代诸帝中最接近的一个），但他仍与欧亚大陆的统治者保持着联系。仅举一个例子来说明。1490 年，吐鲁番的使节来到京师，并带着狮子作为献礼。令官员们惊愕的是，皇帝在宫中的狮子房接见了这些使节。让礼部更无法理解的是皇帝决定让他们在宫里过夜。然而，皇帝的行为完全符合一个世纪以来与欧亚领袖交换礼物的传统。几个世代以来，明朝皇帝都保有一个庞大的皇家动物园，里面有狮子、老虎、豹子、猎鹰和其他皇家动物，其中许多是远人送来的高级礼物。[22] 朱佑樘的儿子和继承者朱厚照（1505～1521 年在位，又称正德皇帝）是另一位相信远人对皇帝的统治权至关重要的明朝皇帝。蒙古人、中亚人、占城人、藏人乃至葡萄牙人都会陪同皇帝出游。他有一个著名的——在官员看来则是恶名昭彰的——事迹，即娶了一个中亚女人为妃。他至少能说几句简单的蒙古语和藏语。他不时地穿上西藏僧侣的服装、遵循穆斯林的饮食禁忌，还与蒙古人一起骑马。朱棣的官员们对如何描述皇帝与来自其他政权之臣民的关系感到棘手，但他们还是设法赞美朱棣统治时期的辉煌。与此形成鲜明对比的是，朱厚照与远人的关系被视作恶劣统治的确凿证据。当时明廷和朝鲜的文人断定：他的行为往好了说是荒谬的，往坏了说则是灾难性的。[23] 换言之，随着时间的推移，朝廷的态度以及政治文化发生了很大的变化。

15 世纪初，朱棣遭遇并克服了——常常是依靠残酷的武力和恫吓——大臣们对他决意亲征草原的抵制。到了 15 世纪末，官员们越来越愿意对他们认为与皇帝和政权不相宜的行为表示反对。明朝皇帝对自己身份的理解与文人的理解之间的龃龉越来越多。与鼎盛时期的清王朝形成鲜明对比的是，明王朝表达和使别人接受自我身份意识的能力在 15 世纪末之后逐渐减弱。因此，想要重现明朝最后一个世纪的皇室自我认知往往比重现第一个世纪的更加困难。[24]

本书认为，在 14 世纪和 15 世纪，其他君主们承认明朝统治者在欧亚大陆东部的特殊地位。我们的大部分信息来自明朝的记录，但我们也有蒙古方面的零星史料，比如一些在 14 世纪末写给朱元璋的信，其中称明朝皇帝为"洪福合罕"，称朱棣为"燕王主人"。同时期的明朝奏疏和后来的蒙古编年史都说朱祁镇是一个"神奇"的人物（借用艾宏展的说法），他拥有巨大的 sutu 或者说特殊的福气。下面是 17 世纪的两个耐人寻味的案例，它们表现了明朝皇帝后来在欧亚大陆东部的地位。

1641 年，成吉思汗后裔统治者固始汗（1655 年卒）给达普寺写了一封蒙藏双语的信，称当时在位的明朝皇帝是致力于度化众生的文殊菩萨的化身。[25] 在稍后的 1648 年，固始汗的一名属下也使用了类似的说法。他将明清易代描述为大清可汗从文殊菩萨的化身大明可汗手中夺取了政权。[26] 在 1640 年的一封蒙古文书信中，清朝皇帝皇太极（1592～1643）指责"蒙古人"愿意为汉人而死。这一表述是个非常明确的竞争性施恩

206

的例子。他要求对方回答，他们怎么会愿意为说另一种语言的汉人而死。他问道，既然这么做会使他们灭亡，他们又怎么能继续与汉人保持同盟关系。他承诺重赏所有杀死汉人官兵的人。那些向他交出城市的人将获得赏赐和头衔。他还明确提到自己以优待投降的蒙古人著称。[27] 在此，皇太极表现出他知道自己正在为了争取蒙古贵族的效忠而与明朝皇帝竞争，而蒙古贵族的支持对他的成功至关重要。

这就把我们带到了共通性和挪用（appropriation）的问题上。我已经提出明朝皇帝和蒙古统治者有一些共同的关于统治权的关键概念，他们觉得自己可以自由地评论其他统治者家族内部的敏感话题，比如继承权。如上面的各个案例所示，用各地关于欧亚大陆东部统治权的习惯用语来表述明朝最高统治权的做法还延伸到了更广的范围。西藏的宗教领袖从15世纪初就开始用佛教术语描述明朝统治者。朱元璋被称为文殊菩萨的化身，朱棣则被称为转轮圣王。[28] 五世达赖喇嘛（1617~1682）回溯性地将朱祁钰和朱见深视作文殊皇帝。[29] 蒙古人把朱棣——以及他所有的后代——描述为成吉思汗的后裔。[30] 这种观点出现在汉文史料中的时间不晚于17世纪。[31] 如果我们扩大视野，在有文化的朝鲜人、日本人、越南人、蒙古人和满人——包括王朝的领袖——当中，朱元璋成了一个值得研究的统治者。[32] 换句话说，一代又一代的欧亚大陆东部精英认为明朝的统治权不完全是明朝的事情，而是与他们自己直接相关的。这并不意味着他们对明朝统治权的理解与明朝皇帝的完全一致。如上所述，明朝皇帝甚至与自己的官员们也经常意见不一，尽管他与这些人有相同的经典教育背景和许多文化设想。与明朝士人一样，对于周边的贵族来说，明朝统治者是一种可用于实现自己野心的资源。

明王朝与远人的交往是一个更广泛欧亚现象的某一方面。在蒙古帝国崩溃后的几十年和几个世纪里，蒙古贵族成为许多欧亚大陆东部政权的组成部分。与明廷一样，帖木儿帝国也将蒙古人纳入其上层。在 15～16 世纪和后来的几个世纪里，莫斯科公国和其后的俄国将蒙古贵族，包括成吉思汗后裔纳入其队伍，给予他们头衔、礼物、土地、粮食、金钱和通过军事服务获得晋升的机会。[33] 一位学者说："成吉思汗王朝的后代被保证基本可以顺利进入俄国最高贵族的行列。"[34] 他进一步指出，获得这种支持的代价是巨大的，但"这些付出是值得的"。[35]与我们在与明廷的关系中看到的情况类似，蒙古贵族试图利用莫斯科的资源来实现他们自己的地方野心。莫卧儿帝国也持续吸引着来自中亚的蒙古人和突厥人——"鞑靼人"。这些人成为莫卧儿军队特别是轻骑兵的重要组成部分。蒙古贵族是莫卧儿宫廷的常客，但他们中的一部分人以"贵族的优越感"看待莫卧儿统治者，因为后者缺乏高贵的成吉思汗血统。[36]

在清朝宫廷，蒙古贵族们或许达到了他们作为受尊敬远人的顶峰。蒙古贵族与满人的主要家族通婚，一些蒙古贵族在北京拥有豪华的宅邸。清朝皇帝慷慨地资助藏传佛教寺庙，以满足蒙古人和满人的精神和文化需求。蒙古社群和藏族社群改变了北京的面貌。[37] 蒙古将领也参与了清朝在边远地区的军事行动，他们在西北边疆的治理中发挥了作用。几个世纪以来，蒙古贵族与清王朝的事业紧密相连。19 世纪中叶，蒙古高官倭仁（1804～1871）曾就如何应对西欧列强的挑战向同治皇帝（1861～1875 年在位）提出建议，这点广为人知。[38] 蒙古人在明代前期的朝廷中发挥了重要作用，并且在明朝的统治权中占

208　据突出地位，而在清朝政权之中他们获得了实质上更加重要的位置。的确，鉴于他们在清朝政权中不可或缺的地位，蒙古人在满人眼里或许已经算不上"远人"。然而，蒙古贵族在为清朝皇帝服务的"众王"队伍中占有突出地位。

　　许多关于清代的学术研究强调清王朝——包括清代的统治模式——在东亚历史上是非常独特乃至独一无二的。这一结论在很多方面都是正确的，但它很少建立在与清朝之前政权的细致比较上。历史学家经常提醒我们注意清朝皇帝与他者——包括其他统治者——互动的变革性和建构性。[39] 学者们争论当时的人们是否把外来性或者说相异性（Otherness）理解为种族、血统等事物的结果，但他们一致认为差异问题在清朝统治权的概念、表现和实现中占据了重要地位。[40] 学者们提醒我们关注清朝对招徕其他统治者的巨大投入——其方式包括持久而奢侈的恩惠、花费高昂的远征、精心的制度建设以及联姻。另外，为了打造和推广强调清朝必然胜利的历史叙事，清廷也付出了巨大努力。[41] 学者们还研究了蒙古人群体如何一步步理解甚至欢迎清朝的统治。[42] 部分由于这一互动的中心地位，部分由于相对丰富的现存史料，清朝的统治权及其与其他统治者的关系是整个中国历史上记载最完整、被研究得最细致的案例。[43]

　　然而，如果我们再往前走一步，则可以发现与远人的关系是整个欧亚大陆东部历史上统治者的一个持久特征。汉朝皇族和匈奴统治者的通婚众所周知，即便人们几乎只从草原的经济

209　需要和汉朝的战略考量两个角度研究它。[44] 在我们对汉朝统治权的认识中，与王朝疆界外君主的关系或许不是显著特征，但仍是重要的。汉朝政府用爵位和金钱招募匈奴贵族，汉高祖

（前 256~前 195，前 202~前 195 年在位）等皇帝显然将匈奴单于冒顿视为同类统治者。[45]唐朝皇帝与"众王"特别是与突厥-蒙古首领之间的关系，长期以来备受关注。[46]其缩影就是突厥贵族献给唐太宗（598/599~649，626~649 年在位）和其他几位唐朝皇帝的"天可汗"或者说"众汗之汗"称号，用来赞美他们在众多欧亚统治者之中的优越地位。[47]同样地，在唐朝境内安置大规模外来群体对内部的统治和与邻近政权的关系都产生了影响。[48]979 年，宋朝的第二个皇帝（宋太宗，976~997 年在位）想证明自己有资格统治，便亲自带兵攻打王朝最大的对手契丹。这场战争以惨败告终，他带着少数几个亲信坐着驴车逃离。[49]宋朝的皇帝与北方和西方的强大邻居——辽、西夏、金——进行了旷日持久的条约谈判。因此，宋朝皇室被迫阐明自己相对于当时其他君主的地位，包括称呼和礼仪上的级别。[50]这些表述实际上确定了宋朝在欧亚大陆东部的身份。[51]而在远离京师的季节性宴会上，辽朝统治者与当地首领面对面地交流，以强化效忠和效力的纽带。[52]

正如在许多领域一样，蒙古人建设帝国的经验为帝国崩溃后一代代统治者的帝国身份构建提供了重要先例。成吉思汗的后裔广泛地运用联姻、劫持人质、交换礼物、对在位可汗表示个人效忠以及其他与整个欧亚大陆贵族互动的形式，这是建立和维持蒙古帝国的核心特征。因为蒙古帝国规模巨大，加上蒙古帝国吸收了大量地方贵族，大汗成为终极的众王之王。成吉思汗和他的后代统治着金帐汗国、伊利汗国、察合台汗国和大元，他们设定了令人生畏的统治规范。对于朱元璋、帖木儿、蒙兀儿汗、莫斯科的沙皇等统治者来说，赢得这些前成吉思汗集团成员的效忠是首要任务之一。14 世纪和 15 世纪的明朝皇

210

帝与当时的其他统治者竞争，以在欧亚大陆东部的舞台上获得承认、正当性和支持。同时，他们还与成吉思汗后裔特别是北元的历史记忆竞争。他们需要在域内和域外展示自己适合做统治者和施恩者。

尽管一些学者把明朝的建立看作中原对蒙古统治的反应，但大多数人都承认明朝与元朝在制度上有很大的连续性，包括行省制、对国家负有责任的世袭家族（尤其是军户），以及看守封地并承担大量行政和军事义务的皇室成员。[53] 一位内亚学者明确指出明朝是蒙古人的继承者，[54] 这就引出了一个问题——如何界定"成吉思汗王朝的继承者"。这是否意味着明代前期的皇帝认为自己是整个蒙古帝国或大元疆土的继承者？明代前期皇帝的统治风格是效仿成吉思汗王朝整体还是忽必烈个人——或许是效仿他在中原的形象？"成吉思汗王朝"一词指的是整个蒙古帝国，还是仅指其在东亚的表现形式，这个问题非常重要。几乎没有证据表明明代前期的皇帝致力于获取伊利汗国或金帐汗国的领土，也没有什么理由可以断定他们认为自己负有征服世界的神圣使命。明代前期的皇帝们是否试图继承蒙古人（或大元）与周边邦国的联系，比如统治者家族之间的联姻和为蒙古帝国在欧亚大陆上远征提供的经常性军事支持？我们可以很容易地想出不同程度的答案，从有意地系统模仿成吉思汗统治权的原则和政策，到有选择、有条件地挪用成吉思汗统治权的个别要素。[55]

"成吉思汗王朝的继承者"可以被理解为明代前期的皇帝们（像他们在欧亚大陆上的朋辈一样）生活在一个带有明显蒙古帝国印记的世界里，他们试图利用这一遗产为自己谋利，但在多数情况下他们并没有遵循突厥–蒙古的统治模式，也没有试图在域内治理或对外关系中以一贯的方式复制成吉思汗（或大元）的政策。[56] 让问题进一步复杂化的是，明代前期的皇帝们对于蒙古（或大元）的统治模式是否拥有一致的理解和认同，或者说朱元璋、朱棣、朱瞻基和后来的皇帝之间的差异是否超过了共性。[57]

最终，没有令人信服的理由能让我们将明朝的统治简化为一个单一的类型，我们也没有必要将行为完全归类为"明朝的"或"蒙古的"。我已经强调了蒙古遗产的重要性，它是大多数欧亚统治者的共同参照物，但过度简化或本质化会适得其反。例如，在朱元璋的统治结束时，他已经将元朝疆域的大部分纳入明朝，但远非全部。他多次派军队进入草原，但从未将王朝的资源用于占领。此外，他关于什么在"中国"土地之内、什么在外的看法随着时间的推移而改变。他经常抨击蒙古统治对华夏文化规范和社会结构的有害影响——"华夏"是一个指代本质化"中国"的词语，超越任何特定的王朝政权——但他完全承认忽必烈统治的正当性乃至荣光。事实上，明朝的建立者经常声称他是元朝皇帝的唯一合法继承人。许多历史学家认为朱棣北征、攻占越南北部、向东南亚和南亚派出远洋舰队——所有这些行为都有明显的成吉思汗先例——证明他希望效仿忽必烈，或者说希望重建蒙古帝国。[58] 但是，在我们对朱棣靡费巨万进军安南和组建舰队的确切原因有更清楚的了解之前——学者们对他的动机有激烈争论——把朱棣的统治总结为追随成吉思汗后裔的脚步似乎为时过早。[59] 毕竟，类似的行动可以有不同的动机。

我在明朝皇帝与蒙古贵族的关系中突出了突厥-蒙古政治文化的元素，但我们没有理由断定蒙古贵族对权力、恩惠和统

212

治的理解不受"华夏"传统的影响。北魏时期，突厥–蒙古政权最迟从 5 世纪开始就有选择地采用"华夏"统治权的元素，从皇权的标志物——如统治者的头衔、印玺和宫廷礼仪——到皇室与贵族盟友之间的相对权力平衡。大元扩大了这种借鉴，吸纳了更多华夏治理术和统治权的元素。同样，华夏王朝——比如隋和唐——也接受了突厥–蒙古贵族统治文化的元素，比如明显的尚武精神，包括对马术文化和皇家狩猎的重视。如果我们分别分析突厥、蒙古、西藏、契丹、女真和华夏的元素，但不承认到了 14 世纪末（如果不是更早的话）王朝的统治者们已经有选择地借鉴了上述所有传统数个世纪，我们对历史的理解能增加多少？

　　成吉思汗的遗产对明代前期的统治权以及与邻近政权的关系都很重要，对欧亚大陆东部的大部分地区也是如此。清朝对元朝历史遗产的浓厚兴趣并非独一无二的。明清两朝的皇帝都将政治、经济和个人资本投入了与蒙古人的互动，即使这种互动的结果有很大的不同。清朝皇帝与蒙古人的关系导致了扩张：追求对蒙古人的控制导致清朝皇帝深入草原、青藏高原，最终进入新疆。[60] 这在很大程度上解释了今天中华人民共和国的边界。与此形成鲜明对比的是，明朝皇帝与蒙古人的互动导致了收缩：未能与蒙古人和平共处让明朝丢失了河套地区，并且明朝决定修建被称为长城的北部边境防线。[61] 明朝与清朝正好相反，这是两者的又一个对比。

　　然而，这样的表述——准确无误而且影响深远——掩盖了明清两朝对蒙古诸首领的共同关注。只关注最终的结果也导致人们忽视了明朝的一个重要时期，其间皇帝与蒙古人的互动似乎不太可能导致收缩。只看结论往往意味着错过了故事的大部分，这增加了误解明朝和清朝的可能性。几代人以前，一些人断定清朝在 1850 年前后的做法和信念反映了它自 17 世纪初以来的本质。今天很少会有人认为清朝是一个不变的王朝；[62] 我们又有什么理由把明朝统治者与欧亚大陆东部的关系说成是持续近三个世纪的静态关系呢？然而，令人费解的是，"晚明"——16 世纪末至 17 世纪初——经常被当作整个明朝的代表，明朝被本质化为一个同质的纯粹"华夏"（或汉族）政权，其统治者与欧亚大陆东部只有微不足道的交往。

　　当时的史料和后来的历史书写传统，都很容易让人忽视明朝第一个世纪的统治权和明代前期朝廷在欧亚大陆东部的地位这两者的关键方面。明代前期的文人常常贬低远人对皇帝身份的重要性。他们还淡化了皇帝在海外赢得盟友的努力。当时的一种话语强调：在经历了近一个世纪的元朝统治后，华夏文化在皇帝的带领下得到了复兴。部分原因是后世的论者经常把明朝描述为最后一个"纯粹"的汉人王朝，以此衬托出其前后两朝统治者。这样的对比暗示：如果说元朝和清朝是多民族且深度参与世界的，明朝肯定是单民族（完全是汉人）且孤立的。事实上，在明朝的第一个世纪，蒙古人无论是作为对手还是盟友，都是明朝统治权的组成部分。赢得来自远方的支持和效忠对皇帝来说非常重要。尽管一些文官可能不希望如此，但明代前期的皇帝们知道自己是众王之王，而且这被其他贵族认可，他们与欧亚大陆东部密不可分。

注 释

1. Scott, "Conclusion," p. 239.

2. 《大明宣宗皇帝御制集》卷 17.6b，收入《稀见明代研究资料五种》，第 4 册，第 390 页。

3. Geevers and Marini, "Introduction." Fowler and Hekster, "Imagining Kings," p. 29 强调了在制造君主正当性时"对王朝意识的创造、操纵和占用"。

4. 可以肯定的是，明朝皇帝没有用过这种说法，这表明其话语和意识形态中基本不存在一定程度的平等。在给西班牙国王腓力二世的信中，16 世纪的莫卧儿帝国统治者阿克巴用了"高贵的苏丹家族"的说法，这在明朝皇帝的文书中没有明确的对应表达。见 Koch, "How the Mughal pādshāhs Referenced Iran," pp. 196–203。

5. 何伟亚（James Hevia）、吴劳丽等人提醒我们关注清朝为树立这种形象的多种努力。1942 年，费正清（Fairbank, "Tributary Trade," p. 135）认为，在域内受众眼中，域外的朝贡赋予了统治者正当性。

6. Brummett, "A Kiss," p. 116 对奥斯曼帝国的投降仪式提出了类似的看法。

7. Hall, "Imperial Universalism," p. 307. 在他们的比较研究中，Bang and Bayly, *Tributary Empire*, p. 4 同样注意到"普遍存在的关于帝国力量无敌的理念和政府中频繁出现的弱点"之间的矛盾。这种矛盾贯穿于 Bang and Bayly, *Tributary Empire* 所集的文章。

8. 何伟亚（Hevia, *Cherishing Men from Afar*, pp. 225–44）梳理了 19 世纪和 20 世纪中国和西方对马嘎尔尼出使的不同记忆和解释。沈艾娣（Harrison, "Qianlong Emperor's Letter," p. 681）展示了"我们对清代历史的许多看法仍然被中国 20 世纪初动荡的政治所左右"。

9. 吉尔雷评论道："皇帝的整个轮廓表现出狡猾和蔑视，他对体现英国制造业技艺的众多礼物显然漠不关心。"

10. 我们也可以想到在 17 世纪的萨菲王朝和莫卧儿王朝的宫廷中，荷兰东印度公司的商人们为符合统治者的礼节而做出的不懈努力。见 Birkenholz，"Merchant-kings"；Van Meersbergen，"Dutch Merchant-Diplomat"。

11. Newby，*The Empire and the Khanate*，pp. 9-10.

12. 《大明都知监太监洪公寿藏铭》，收入南京市博物馆编《郑和时代特别展图录》，第 98 页。

13. 罗茂锐一直强调明朝的经济需求，特别是获得对其军事能力至关重要的优质马匹的需求。中原王朝获取马匹的努力贯穿于 Jagchid and Symons，*Peace，War，and Trade*。

14. 吴劳丽（Newby，*The Empire and the Khanate*，p. 42）认为，对于地区性的突厥穆斯林领袖来说，承认清朝皇帝的众汗之汗地位取决于清朝统治者的军事优势及其作为一个世界联盟首脑的地位。军事技艺在统治者中具有重要性的一个表现是，剑、匕首、刺剑、弓和后来的火枪以及甲胄经常被作为通交礼物在整个欧亚大陆上交换，从英国到中国。

15. Di Cosmo，"China-Steppe Relations," p. 66. 在很多地方和时代，军事技艺都是统治者身份的主要特征，包括近代早期的西欧［如"文艺复兴时期的国王"（the "Renaissance king"）］。见 Patterson，"Arms and Armour"；Silver，*Marketing Maximilian*，pp. 147-89；Burke，"Presenting and Re-presenting Charles V"。

16. 吴劳丽（Newby，*The Empire and the Khanate*，p. 63）指出，对于来自清朝皇帝的礼物可以有不同的解释，包括作为统治者仁慈的证明、使不守规矩的地方领袖保持合作的报酬，以及/或是皇帝与他的臣属之间个人联系的物质表现。

17. 王元康（Wang，*Harmony and War*；"Explaining the Tribute System"）正确地强调了力量对王朝对外关系的重要性，但联盟建设也不容忽视。

18. 伴真一朗：「アムド・チベット仏教寺院トゥァン・ゴンパ（瞿曇寺）のチベット文碑文初考—永楽 16 年『皇帝勅諭碑』の史料的価値の検討を中心に」；Schwieger，"A Document of Chinese Diplomatic Relations"。另见李光涛编《明清档案存真选辑（初集）》，第 1 册、第 1~5 页的 1427 年、1443 年和 1448 年双语敕谕。

19. 关于艺术品的制作，见 Weidner，"Imperial Engagement"，pp. 117-44；Haufler，"Beyond Yongle"；"Faces of Transnational Buddhism"；Watt and Leidy，*Defining Yongle*。关于与藏地的联系，见 Debreczeny，"The Early Ming Imperial Atelier"；乙坂智子「明勅建弘化寺考-ある青海ゲルクパ寺院の位相」；"Study of Honghua-si Temple"；Sperling，"Notes on the Early History of Gro-tshang Rdo-rje-'chang"；"Tibetan Buddhism, Perceived"。

20. Robinson，"The Ming Court and the Legacy of the Yuan Mongols,"pp. 371-82 及其中引用的前人研究。近期关于北京的藏族僧人的中文论著包括杜常顺《明代留住京师的藏传佛教僧人》；赵改萍、侯会明《论藏传佛教在明代政治中的作用和影响》；陈楠《论明代留京藏僧的社会功用》。

21. Fowler and Hekster，"Imagining Kings,"pp. 18-19 提到了波斯国王居鲁士和亚历山大大帝让自己符合巴比伦人期待的案例。他们认为这种姿态反映了一种更为基础性的互动，也就是说，君主的意识形态是国王和臣民之间的对话。基于阿契美尼德图像的类似分析，见 Allen，"Le roi imaginaire,"pp. 58-59。Melo，"In Search of a Shared Language"展现了葡萄牙政府如何利用印度-波斯的统治权传统来让南亚各宫廷理解葡萄牙国王。

22. Robinson，*Martial Spectacles of the Ming Court*，pp. 278-357，与朱佑樘有关的内容见于第 309~313 页。Allsen，*The Royal Hunt*，pp. 203-04 分析了欧亚历史大背景下皇室豢养的野生动物。

23. Geiss，"The Leopard Quarter"；Robinson，"Disturbing Images"；"The Ming Court and the Legacy of the Yuan Mongols,"pp. 400-07；*Martial Spectacles of the Ming Court*，pp. 214-35.

24. 这一重要问题超出了本书的范围。一个初步研究见 Robinson，*Martial Spectacles of the Ming Court*。

25. 乌云毕力格、道帷·才让加：《〈持教法王谕令〉考释》，转引自钟焓《简析明帝国的内亚性：以与清朝的类比为中心》，第38 页。该文件现存于西藏自治区档案馆，是功德林寺档案的一部分。

26. 石濱裕美子：『チベット仏教世界の歴史的研究』，第 218 页，

转引自钟焓《简析明帝国的内亚性：以与清朝的类比为中心》，第 38 页。明朝皇帝被称为文殊菩萨反映的可能是对某一类帝王品质的理解，而不是对某一君主个人特质的看法。

27. 明清档案，档案号 163602-001。保存于台湾"中研院"史语所。感谢陈熙远让我关注到这份档案。

28. 钟焓：《简析明帝国的内亚性：以与清朝的类比为中心》，第 38 页；Sperling，"Early Ming Policy，" p. 140；何孝荣：《明代皇帝崇奉藏传佛教浅析》，第 121 页。根据阿旺贡嘎索南《萨迦世系史》（创作于 1629 年）中的记载，朱棣请求获得各种密法，包括喜金刚密法。见陈应英等译《萨迦世系史》，第 225 页。

29. 见五世达赖喇嘛的编年史《西藏王臣记》。该史书（第 99～100 页）同样将朱祁钰和朱见深称为文殊皇帝。

30. Serruys，"A Manuscript Version of the Legend of the Mongol Ancestry of the Yung-lo Emperor."

31. 周清澍：《明成祖生母弘吉剌氏说所反映的天命观》，第 499 页。

32. 见 Schneewind, *Long Live the Emperor*! 所集的论文；常建华《明太祖对清前期政治的影响》；朱鸿《情系钟山：清代皇帝及士人拜谒明孝陵的活动》。施珊珊（Schneewind，"Introduction，" pp. 4-5）指出，对朱元璋形象的使用并不是立即开始的，特别是在周边政权。

33. Martin，"Tatars in the Muscovite Army"；"The Novokshcheny"；"Tatar Pomeshchiki."

34. Khodarkovsky, *Steppe Frontier*, p. 204.

35. Khodarkovsky, *Steppe Frontier*, p. 83.

36. Anooshahr，"Mughals，" esp. p. 573；*Turkestan*，pp. 114-38. 关于阿克巴如何遏制他的蒙古贵族，见 Wink，"Post-nomadic Empires，" pp. 128-29。

37. Naquin, *Peking*, pp. 584-91.

38. Teng and Fairbank, *China's Response*, pp. 76-77.

39. 见 Crossley, A Translucent Mirror；Struve，"Introduction"。何伟亚（Hevia, *Cherishing Men from Afar*, pp. 29-56）分析了清朝统治者与"众王"的关系。关于清朝皇帝与蒙古、西藏和穆斯林的领袖的关系，见 Atwood，"Worshipping Grace"；Benard，"The

Qianlong Emperor and Tibetan Buddhism"; Berger, *Empire of Emptiness*; Grupper, "Manchu Patronage"; Newby, *The Empire and the Khanate*; Schwieger, *Dalai Lama*; Farquhar, "The Origins of the Manchus' Mongolian Policy," pp. 198–200。

40. Crossley, *A Translucent Mirror*; Elliott, *The Manchu Way*.

41. Rawski, "Ch'ing Imperial Marriage"; Wang, "Qing Imperial Women"; Perdue, *China Marches West*, pp. 462–94; di Cosmo, "Qing Colonial Administration."

42. Elverskog, *Great Qing*.

43. 吴劳丽（Newby, *The Empire and the Khanate*, p. 15）指出，与其他君主的战争也是一个"重新确认满人的身份认同和正当性"的机会。欧立德（Elliott, *The Manchu Way*）探讨了军事技艺对满人身份认同的重要性，包括皇族和一般满族旗人的认同。

44. 例如，Jagchid and Symon, *Peace, War, and Trade*, pp. 141–64 梳理了汉、北魏、隋、唐的皇室与草原（和吐蕃）贵族的联姻。另见 Pan, "Marriage Alliances"。

45. Yü, *Trade*, pp. 65–89, 特别是第 78~79 页。狄宇宙（Di Cosmo, *Ancient China and Its Enemies*, p. 193）写道，公元前 198 年的条约"标志着汉朝接受了与匈奴平等的通交地位"，而且意味着"两个统治家族的联姻"。他将汉朝对匈奴统治者的安排置于一个更大的早期中原王朝与北方政权之间的政策模式中。汉高祖一度准备好将他的一个女儿嫁给冒顿。见 Barfield, *The Perilous Frontier*, pp. 53–54。

46. 最全面的论述是 Skaff, *Sui-Tang China*。另见 Wang Zhenping, *Tang China*。

47. 朱振宏：《唐代"皇帝·天可汗"释义》；Pan, *Son of Heaven*, pp. 179–83。

48. Pan, *Son of Heaven*, pp. 183–89; "Early Chinese Settlement"; Yang, "Historical Notes," pp. 32–33.

49. Lorge, *Reunification*, pp. 193–95.

50. Wright, *From War to Diplomatic Parity*; "The Screed of a Humbled Empire"; Tao, *Two Sons of Heaven*.

51. 谭凯（Tackett, *The Origins of the Chinese Nation*）认为在 11 世纪

和 12 世纪，宋朝使者（其中许多人后来成为朝廷高官）和辽朝使者之间的大量互动引发了广泛的知识和文化变迁，这反过来促进了华夏国族的形成。

52. 牟复礼（Mote，*Imperial China*，p. 194）翻译了新兴的女真领袖阿骨打公然藐视这些联系的著名一幕。

53. Wang，"Great Ming"；赵现海：《明代九边长城军镇史：中国边疆假说视野下的长城制度史研究》，第 134～139 页；Taylor，"Yuan Origins"；李新峰：《论元明之间的变革》；李治安：《元代及明前期社会变动初探》。元明之间的延续与变革这一更大的问题超出了本书的范围。初步探讨可参 Smith and von Glahn，*The Sung-Yuan-Ming Transition* 中的文章，特别是 Dardess，"Did the Mongols Matter?"李新峰（《论元明之间的变革》）和李治安（《元代及明前期社会变动初探》）就元明之间的延续与变革给出了截然不同的论述。

54. Okada，"China as a Successor."

55. 我（Robinson，"The Ming Court and the Legacy of the Yuan Mongols"）认为朱明王朝培养了"与忽必烈及其后代的联系"。

56. 我（Robinson，*In the Shadow of the Mongol Empire*）根据朱元璋统治的具体情况提出了这个观点。

57. 要评价明代前期的皇帝是不是成吉思汗王朝的继承者，还需要处理成吉思汗统治者之间在时间和空间上的巨大差异这一问题——从 13 世纪初成吉思汗在蒙古的统治到 14 世纪他的后代在中国、中亚、西亚和钦察草原的统治。

58. 宫崎市定：「洪武から永楽へ—初期明朝政権の性格」，第 19～20 页；愛宕松男、寺田隆信：『モンゴルと大明帝国』，第 314～315 页；Rossabi，"The Ming and Inner Asia,"p. 229；Dreyer，*Early Ming China*，pp. 173–74。

59. Lo，"Intervention in Annam"；Sen，"Changing Regimes"；"Diplomacy, Trade and the Quest for the Buddha's Tooth"；"Formation of Chinese Maritime Networks"；"The Impact of Zheng He's Expeditions"；Swope，"Causes and Consequences of the Ming Intervention"；Wade，"Engaging the South"；"The Zheng He Voyages"；"Domination in Four Keys"；Whitmore，*Vietnam*；Zhao，

"The Gradual Termination of the Early Ming Voyages."

60. Mosca, "The Expansion of the Qing Empire."

61. Waldron, *The Great Wall*, pp. 122−64.

62. 狄宇宙（Di Cosmo, "State Formation," p. 37）提出在 18 世纪，
"清朝宫廷和人民的内亚特征正在退化或变为仅仅是象征性
的……到了 19 世纪，内亚帝国的传统消失殆尽"。

参考文献

缩略文献名

BTGZ *Beijing tushuguan guji zhenben congkan.* Edited by Beijing tushuguan, guji chuban bianjizu. Beijing: Shumu wenxian chubanshe, 1987–99.

CHC *Cambridge History of China.*

DMB Carrington Goodrich and Chaoying Fang, editors. *Dictionary of Ming Biography.* New York and London: Columbia University Press, 1976.

DMXZ Zhu Zhanji. *Da Ming Xuanzong huang di yu zhi ji.* Rpt. in *Xijian Mingshi yanjiu ziliao wuzhong,* edited by Zhonghua shuju. Beijing: Zhonghua shuju, 2015, vols. 4–5.

GCDG Deng Shilong, editor. *Guo chao dian gu.* Edited and punctuated by Xu Daling and Wang Tianyou. Beijing: Beijing daxue chubanshe, 1993.

GCXZ Jiao Hong, editor. *Guo chao xian zheng lu.* 1594–1616. Rpt. Taipei: Xuesheng shuju, 1965.

GQ Tan Qian (1594–1658). *Guo que.* Circa 1653. Rpt. Beijing: Zhonghua shushu, 1988 [1958].

GSWY Huang Jingfang (1596–1662). *Guo shi wei yi.* 1644. Rpt. Shanghai: Shanghai guji chubanshe, 2002.

HFLB Sun Yuxiu, editor. *Han fen lou mi ji.* Rpt. Beijing: Beijing tushuguan chubanshe, 2000.

HMJS Chen Zilong, editor. *Huang Ming jing shi wen bian.* 1638. Rpt. Beijing: Zhonghua shuju, 1962; third printing 1997.

HMZL Fu Fengxiang, compiler. *Huang Ming zhao ling.* Rpt. in *XXSK,* vol. 458.

HMZZ Kong Zhenyun, compiler. *Huang Ming zhao zhi.* Rpt. in *XXSK,* vol. 457.

HYYY Qoninchi (Huo Yuanjie), compiler. *Hua yi yi yu.* Rpt. in *HFLB,* vol. 4. Rpt. Beijing: Beijing tushuguan chubanshe, 2000.

KDRB Maema Kyōsaku and Suematsu Yasukazu, editors. *Kundoku ribun.* Tokyo: Kokusho kankōkai, 1942, rpt. 1975.

MGCX Libu qinglisi, editor. *Ming gong chen xi feng di bu.* 1530. Rpt. Taipei: Xuesheng shuju, 1970.

MMHJ Edited by Buyanküü and Wang Xiong. *Mingdai Menggu Hanji shiliao huibian.* Hohhot: Neimenggu daxue chubanshe, 2006–.

MS Zhang Tingyu et al., editors. *Ming shi.* 1736. Rpt. Beijing:Zhonghua shuju, 1974.

MTSL *Ming Taizong shilu.* In *Ming shilu.* Compiled by Zhongyang yanjiuyuan lishi yuyan yanjiusuo. Taipei: Zhongyang yanjiuyuan lishi yuyan yanjiu-suo, 1962.

MTZSL *Ming Taizu shilu.* In *Ming shilu.* Compiled by Zhongyang yanjiuyuan lishi yuyan yanjiusuo. Taipei: Zhongyang yanjiuyuan lishi yuyan yanjiusuo, 1962.

MXZSL   *Ming Xuanzong shilu*. In *Ming shilu*. Compiled by Zhongyang yanjiuyuan lishi yuyan yanjiusuo. Taipei: Zhongyang yanjiuyuan lishi yuyan yanjiusuo, 1962.

MYZSL   *Ming Yingzong shilu*. In *Ming shilu*. Compiled by Zhongyang yanjiuyuan lishi yuyan yanjiusuo. Taipei: Zhongyang yanjiuyuan lishi yuyan yanjiusuo, 1962.

SKCM   *Sikuan quanshu cunmu congshu*. Edited by *Siku quanshu cunmu congshu* bianzuan weiyuanhui. Jinan: Qi Lu shushe, 1995–97.

SKJH   *Siku quanshu jinhuishu congkan*. Edited by *Siku quanshu jinhuishu congkan* bianzuan weiyuanhui. Beijing: Beijing chubanshe, 1998.

SLQJ   Song Lian (1310–81). *Song Lian quan ji*. Hangzhou: Zhejiang guji chubanshe, 1999.

XXSK   *Xuxiu Siku quanshu*. Edited by *Xuxiu Siku quanshu* bianzuan weiyuanhui. Shanghai: Shanghai guji chubanshe, 1995–2002.

YHB   Shen Defu. *Wanli yehuo bian*. 1619. Rpt. Beijing: Zhonghua shuju, 1997.

YS   Song Lian et al., editors. *Yuan shi*. 1360–70. Rpt. Beijing: Zhonghua shuju, 1976.

YSTBJ   Wang Shizhen. *Yanshan tang bie ji*. 1590. Rpt. Beijing: Zhonghua shuju, 1985.

引用文献

Abramson, Mark. *Ethnic Identity in Tang China*. Philadelphia: University of Pennsylvania Press, 2008.

Algazi, Gadi. "Introduction: Doing Things with Gifts." In *Negotiating the Gift: Premodern Figurations of Exchange*, edited by Gadi Algazi, Valentin Groebner, and Bernhard Jussen. Göttingen: Vandenhoeck and Ruprecht, 2003, pp. 9–28.

Allen, Lindsay. "Lei roi imaginaire: An Audience with the Achaemenid King." In *Imaginary Kings: Royal Images in the Ancient Near East, Greece and Rome*, edited by Richard Fowler and Olivier Hekster. Stuttgart: Franz Steiner Verlag, 2005, pp. 39–62.

Allsen, Thomas. "Guard and Government in the Reign of the Grand Qan Mongke, 1251–59." *Harvard Journal of Asiatic Studies* 46, no. 2 (1986): 495–521.

    "Mongolian Princes and Their Merchant Partners, 1200–1260." *Asia Major*, 3rd series 2, no. 2 (1989): 83–126.

    "A Note on Mongol Imperial Ideology." In *The Early Mongols: Language, Culture and History: Studies in Honor of Igor de Rachewiltz on the Occasion of his 80th Birthday*, edited by Volker Rybatzki et al. Indiana University Uralic and Altai Studies 173, Bloomington: Indiana University Press, 2009, pp. 1–8.

    "Population Movements in Mongol Eurasia." In *Nomads as Agents of Cultural Change: The Mongols and Their Eurasian Predecessors*, edited by Reuven Amitai and Michal Biran. Honolulu: University of Hawai'i Press, 2015, pp. 119–51.

    The Royal Hunt in Eurasian History. Philadelphia: University of Pennsylvania Press, 2000.

"Spiritual Geography and Political Legitimacy in the Eastern Steppe." In *Ideology and the Formation of Early States*, edited by Heri Claessen and Jarich Oosten. Leiden: E.J. Brill, 1996, pp. 116–35.

An Yongxiang. "Shishu Sali Weiwuer dongqian." *Xibei minzu yanjiu* 1 (1988): 139–44.

Anon. *Gaochang guan ke*. Rpt. in *BTGZ*, vol. 6.

Anon. *Guo chao dian zhang*. Rpt. in *SKCM, shi* 268.

Anon. *Jia Long xin li*. Rpt. in *Zhongguo zhenxi falü dianji jicheng*, edited by Liu Hainian and Yang Yifan. Beijing: Kexue chubanshe, 1994, vol. 2, part 2.

Anon. *Tiao li bei kao*. Mid-sixteenth century. Jiajing (1522–66) edition held at Naikaku Bunko Collection, Tokyo, Japan; Hishi copy held at Princeton East Asian Library.

Anon. *Zhen fan si zui chong jun wei min li*. 1585. Rpt. in *Zhongguo zhenxi falü dianji jicheng*, edited by Liu Hainian and Yang Yifan. Beijing: Kexue chubanshe, 1994, vol. 2, part 2.

Anooshahr, Ali. "Mughals, Mongols, and Mongrels: The Challenge of Aristocracy and the Rise of the Mughal State in the Tarikh-i Rashidi." *Journal of Early Modern History* 18 (2014): 559–77.

Turkestan and the Rise of Eurasian Empires: A Study of Politics and Invented Traditions. New York: Oxford University Press, 2018.

Atwood, Christopher. "Buddhists as Natives: Changing Positions in the Religious Ecology of the Mongol Yuan Dynasty." In *The Middle Kingdom and the Dharma Wheel: Aspects of the Relationship between the Buddhist Samgha and the State in Chinese History*, edited by Thomas Jülch. Leiden: Brill, 2016, pp. 278–321.

Encyclopedia of Mongolia and the Mongol Empire. New York: Facts on File, Inc., 2004.

"Ulus Emirs, Keshig Elders, Signatures, and Marriage Partners: The Evolution of a Classic Mongol Institution." In *Imperial Statecraft: Political Forms and Techniques of Governance in Inner Asia, Sixth–Twentieth Centuries*, edited by David Sneath. Bellingham: Western Washington University, 2006, pp. 141–73.

"Worshipping Grace: The Language of Loyalty in Qing Mongolia." *Late Imperial China* 21, no. 2 (2000): 86–139.

Bai Cuise. "Guanyu Yexian de jige wenti." *Xinjiang shifan daxue xuebao* (zhexue shehui kexue ban) 1 (1993): 32–40.

"Tumu zhi yi yu Jingtai heyi." In *Xi Menggushi yanjiu*, edited by Du Rong and Bai Cuise. Urumqi: Xinjiang renmin chubanshe, 1986.

Ban Gu. *Han shu*. Rpt. Beijing: Zhonghua shuju, 1962.

Ban Shinichirō. "Amudo-Chibetto bukkyō jiin Atsuan-gonpa (Qutansi) no Chibettobun hibun shokō: Eiraku jūrokunen 'Kōtei chokuyubi' no shiryōteki kachi no kentō o chūshin ni." *Ōtani daigaku daigakuin kenkyū kiyō* 22 (2005): 189–219.

"Minsho ni okeru tai Mongoru seisaku to Kasai in okeru Sakya-Bandeita no Choruten saiken: Kanbun-Chibetto bun taiyaku, Gentoku 5 nen (1430) 'jūshū Ryōshū Hakutashi' no reikishiteki haikei." *Ajia-Afurika gengo bunka kenkyū* 84 (2009): 39–65.

Bang, Peter Fibiger. "The King of Kings: Universal Hegemony, Imperial Power, and a New Comparative History of Rome." In *The Roman Empire in Context: Historical and Comparative Perspectives*, edited by Johann Arnason and Kurt Raaflaub. Malden: Wiley-Blackwell, 2011, pp. 322–49.

"Lord of All the World: The State, Heterogeneous Power and Hegemony in the Roman and Mughal Empires." In *Tributary Empires in Global History*, edited by Peter Fibiger Bang and C.A. Bayly. Houndmills: Palgrave Macmillan, 2011, pp. 171–92.

Bang, Peter Fibiger and C.A. Bayly. *Tributary Empires in Global History*. Houndmills: Palgrave Macmillan, 2011.

"Tributary Empires: Towards a Global and Comparative History." In *Tributary Empires in Global History*, edited by Peter Fibiger Bang and C.A. Bayly. Houndmills: Palgrave Macmillan, 2011, pp. 1–17.

Bang, Peter Fibiger and Dariusz Kolodziejczyk. "'Elephant of India': Universal Empire through Time and across Cultures." In *Universal Empire: A Comparative Approach to Imperial Culture and Representation in Eurasian History*, edited by Peter Fibiger Bang and Dariusz Kolodziejczyk. Cambridge: Cambridge University Press, 2012, pp. 1–40.

Universal Empire: A Comparative Approach to Imperial Culture and Representation in Eurasian History. Cambridge: Cambridge University Press, 2012.

Barfield, Thomas. *The Perilous Frontier: Nomadic Empires and China*. Cambridge: B. Blackwell, 1989.

Barjamovic, Gojko. "Propaganda and Practice in Assyrian and Persian Imperial Culture." In *Universal Empire: A Comparative Approach to Imperial Culture and Representation in Eurasian History*, edited by Peter Fibiger Bang and Dariusz Kolodziejczyk. Cambridge: Cambridge University Press, 2012, pp. 43–59.

Barthold, Vasilĭ. *Four Studies on the History of Central Asia*. Translated from the Russian by V. and T. Minorsky. Leiden: Brill, 1962.

Bawden, Charles. *The Mongol Chronicle Altan Tobči*. Wiesbaden: O. Harrassowitz, 1955.

Benard, Elisabeth. "The Qianlong Emperor and Tibetan Buddhism." In *New Qing Imperial History: The Making of Inner Asian Empire at Qing Chengde*, edited by James Millward. London and New York: Routledge, 2004, pp. 123–35.

Berger, Patricia. *Empire of Emptiness: Buddhist Art and Political Authority in Qing China*. Honolulu: University of Hawai'i Press, 2003.

"Miracles in Nanjing: An Imperial Record of the Fifth Karmapa's Visit to the Chinese Capital." In *Cultural Intersections of Later Chinese Buddhism*, edited by Marsha Weidner. Honolulu: University of Hawai'i Press, 2001, pp. 145–69.

Bi Aonan. "Yexian ganshe Mingchao diwei kaoshu." *Menggushi yanjiu* 8 (2005): 166–80.

Biedermann, Zoltán, Anne Gerritsen, and Giorgi Riello. "Introduction." In *Global Gifts and the Material Culture of Diplomacy in Early Modern Eurasia*, edited by Zoltán Biedermann, Anne Gerritsen, and Giorgi Riello. Cambridge: Cambridge University Press, 2017, pp. 1–33.

Biran, Michal. "Diplomatic and Chancellery Practices in the Chaghataid Khanate: Some Preliminary Remarks." *Oriente Moderno* nuova serie 88, no. 2 (2008): 369–93.

Biran, Michal, Eva Cancik-Kirschbaum, Yuri Pines, Jörg Rüpke, editors. *Universality and Its Limits: Spatial Dimensions of Eurasian Empires*. Cambridge: Cambridge University Press, forthcoming.

Birkenholz, Frank. "Merchant-Kings and Lords of the World: Diplomatic Gift-Exchange between the Dutch East India Company and the Safavid and Mughal

Empires in the Seventeenth Century." In *Practices of Diplomacy in the Early Modern World c.1410–1800*, edited by Tracey A. Sowerby and Jan Hennings. London and New York: Routledge, 2017, pp. 219–36.

Blochet, Edgar. *Introduction á l'histoire des mongols*. Leiden: E.J. Brill, 1910.

Bol, Peter. *"This Culture of Ours": Intellectual Transitions in T'ang and Sung China*. Stanford: Stanford, 1992.

Brack, Jonathan. "Mediating Sacred Kingship: Conversion and Sovereignty in Mongol Iran." Ph.D. dissertation. University of Michigan, 2016.

Brandauer, Frederick. "Introduction." In *Imperial Rulership and Cultural Change in Traditional China*, edited by Frederick Brandauer and Chün-chieh Huang. Seattle: University of Washington, 1994, pp. 3–27.

Bretschneider, Emil. *Mediæval Researches from Eastern Asiatic Sources: Fragments towards the Knowledge of the Geography and History of Central and Western Asia from the 13th to the 17th Century*, 2 vols. New York: Barnes & Noble, 1967.

Broadbridge, Anne. "Marriage, Family and Politics: The Ilkhanid–Oirat Connection." *Journal of the Royal Asiatic Society* 26, nos. 1–2 (2016): 121–35.

Brook, Timothy. "Commerce: The Ming in the World." In *Ming: 50 Years That Changed China*, edited by Craig Clunas and Jessica Harrison-Hall. London: British Museum Press, 2014, pp. 254–95.

Praying for Power: Buddhism and the Formation of Gentry Society in Late-Ming China. Cambridge, MA: Harvard-Yenching Institute, Harvard University, 1993.

Brummett, Palmira. "A Kiss Is Just a Kiss: Rituals of Submission along the East–West Divide." In *Cultural Encounters between East and West, 1453–1699*, edited by Matthew Birchwood and Matthew Dimmock. Newcastle-upon-Tyne: Cambridge Scholars Press, 2005, pp. 107–31.

Burke, Peter. *The Fabrication of Louis XIV*. New Haven: Yale University Press, 1992.

"Presenting and Re-presenting Charles V." In *Charles V 1500–1558 and His Time*, edited by Wim Blockmans, Hugo Soly and Willem Pieter Blockmans. Antwerp: Mercatorfords, 1999, pp. 393–475.

Buyandelger (Boyindeligen). "15 shiji zhongyeqian de Bei Yuan kehan shixi ji zhengju." *Menggushi yanjiu* 6 (2000): 131–55.

Buyanküü (Boyinhu). "Guanyu Bei Yuan hanxi." *Neimenggu daxue xuebao* 3 (1987): 41–51.

Mingdai Menggu shilu. Taipei: Meng Zang weiyuanhui, 1998.

"Ping shiwu shiji Yexian dui Menggu tongyi jiqi yu Mingchao de guanxi." *Neimenggu shehui kexue* 2 (1985): 34–39.

Cai Meibiao. "Mingdai Menggu yu Da Yuan guohao." *Nankai xuebao* 1 (1992): 43–51.

Cannadine, David. *Ornamentalism: How the British Saw Their Empire*. Oxford and New York: Oxford University Press, 2001.

Cao Yongnian. *Mingdai Menggushi congkao*. Shanghai: Shanghai guji chubanshe, 2012.

"'Tumu zhi bian' Ming bingli ji shangwang renshu kao." *Zhonghua wenshi luncong* 109 (2013): 251–59.

"Tumu zhi bian yu Yexian cheng han." *Neimenggu shida xuebao* (zhexue shehui kexue ban) 1 (1991): 41–49. Rpt. in *idem*, *Mingdai Menggushi congkao*. Shanghai: Shanghai guji chubanshe, 2012, pp. 67–80.

"Yexian yu 'Da Yuan': Yexian wanghao, nianhao he hanhao de kaocha." *Menggushi yanjiu* 5 (1997): 169–76. Rpt. in *idem, Mingdai Menggushi congkao*. Shanghai: Shanghai guji chubanshe, 2012, pp. 54–66.

Cass, Victoria. "Female Healers in the Ming and the Lodge of Ritual and Ceremony." *Journal of the American Oriental Society* 106, no. 1 (1986): 233–45

Cha, Hyewon. "Was Joseon a Model or an Exception? Reconsidering the Tributary Relations during Ming China." *Korea Journal* 51, no.4 (2011): 33–58.

Chambers, William. "An Account of Embassies and Letters That Passed between the Emperor of China and Sultan Shah Rokh, Son of Amir Timur," *Asiatic Miscellany*, i. Calcutta, 1785: 100–26. *The Asiatic miscellany, consisting of translations, fugitive pieces, imitations, original productions, and extracts from curious publications. By W. Chambers, Esq. and Sir W. Jones . . . and other literary gentlemen, now resident in India*. [London], 1792. Eighteenth Century Collections Online. Gale. Accessed through Colgate University. 1 Jan. 2017.

Chan, Hok-lam (Chen Xuelin). "The Chien-wen, Yung-lo, Hung-hsi, Hsüan-te reigns." In *CHC* 7: 182–304.

"Chinese Official Historiography at the Yüan Court: The Composition of the Liao, Chin, and Sung Histories." In *China under Mongol Rule*, edited by John Langlois. Princeton: Princeton University Press, 1981, pp. 56–106.

"Li Xian yu 'Tumu zhi yi' shiliao." In *idem, Mingdai renwu yu chuanshuo*. Hong Kong: Zhongwen daxue chubanshe, 1997, pp. 243–47.

Chang Jianhua. "Ming Taizu dui Qing qianqi zhengzhi de yingxiang." In *Ming Taizu de zhiguo linian jiqi shijian*, edited by Chu Hung-lam. Hong Kong: The Chinese University Press, 2010, pp. 313–43.

Chao Zhongchen. *Ming Chengzu zhuan*. Beijing: Renmin chubanshe, 1993.

Chen Nan. "Lun Mingdai liujing Zangseng de shehui gongyong." *Zhongyang minzu daxue xuebao* 5 (2008): 19–25.

Chen Renxi (*jinshi* 1639). *Huang Ming shi fa lu* (1630). Rpt. in *SKJHB*, vol. 14.

Chen Wen (d. 1468), editor. *Jingtai Yunnan tu jing zhi shu jiaozhu*. Kunming: Yunnan minzu chubanshe, 2002.

Chen Wutong. *Hongwu dadi Zhu Yuanzhang zhuan*. Guiyang: Guizhou renmin chubanshe, 2005.

Hongwu huangdi dazhuan. Zhengzhou: Henan renmin chubanshe, 1993.

"Lun Mingchao de minzuguan yu minzu zhengce." *Mingshi yanjiu* 4 (1994): 104–11.

Chen Xuelin. See Chan, Hok-lam.

Chen Xun (1385–1462). *Fang zhou shi ji*. Rpt. in *XXSK*, vol. 1327.

Fang zhou wen ji. Rpt. in *XXSK*, vol. 1327.

Kun-dga'-bsod-nams-grags-pa-rgyal-mts'an. *Sa skya'i gdun rabs*. 1629. Translated by Chen Yingqing, Chen Qingying, Gao Hefu, and Zhou Runnian. *Sajia shixishi*. Xizang renmin chubanshe, 2002.

Chen Yunü. *Mingdai ershisi yamen huanguan yu Beijing fojiao*. Taipei: Ruwen chubanshe, 2001.

Chen Zilong (1608–47). *Huang Ming jing shi wen bian*. 1638. Rpt. Beijing: Zhonghua shuju, 1962; third printing 1997.

Cheng Liying. "Mingdai guanxi qiwei neiqian quxiang he neiqian renshutan." *Guizhou minzu yanjiu* 4 (2005): 158–61.

"Mingdai guanxi qiwei tanyuan." *Neimenggu shehui kexue* (Hanwen ban) 4 (2006): 45–49.

"Mingdai guanxi qiwei yu xifan zhuwei." *Xizang yanjiu* 3 (2005): 15–18.

Cheng Nina. "Mingdai Wuliangha Menggu sanwei chaogong zhidu." *Shixue jikan* 3 (2016): 4–17.

Ching, Dora. "Tibetan Buddhism and the Creation of the Ming Imperial Image." In *Culture, Courtiers, and Competition: The Ming Court (1368–1644)*, edited by David Robinson. Cambridge, MA: Harvard University Asia Center, 2008, pp. 321–64.

"Visual Images of Hongwu." In *Long Live the Emperor! Uses of the Ming Founder across Six Centuries of East Asian History*, edited by Sarah Schneewind. Minneapolis: Society for Ming Studies, 2008, pp. 171–209.

Chosŏn wangjo sillok. Rpt. Seoul: Kuksa p'yŏnch'an wiwŏnhoe, 1955–58.

Chosŏn Sejong sillok.

Chosŏn T'aejong sillok.

Chosŏn Tanjong sillok.

Chu Hung-lam. "Intellectual Trends in the Fifteenth Century." *Ming Studies* 27 (1989): 1–33.

"Ming Taizu dui Jingshu de zhengyin jiqi zhengzhi lixiang he zhiguo linian." In *Ming Taizu de zhiguo linian jiqi shijian*, edited by Zhu Hung-lam. Hong Kong: The Chinese University Press, 2010, pp. 19–62

Chua, Amy. *Day of Empire: How Hyperpowers Rise to Global Dominance And Why They Fall*. New York: Doubleday, 2007.

Cleaves, Francis. "The Lingji of Aruγ of 1340." *Harvard Journal of Asiatic Studies* 25 (1964–65): 31–79.

"The Sino-Mongolian Edict of 1453 in the Topkapi Sarayi Muzesi." *Harvard Journal of Asiatic Studies* 13, nos. 3–4 (1950): 431–46.

Clunas, Craig. *Empire of Great Brightness: Visual and Material Cultures of Ming China, 1368–1644*. Honolulu: University of Hawai'i Press, 2007.

Screen of Kings: Royal Art and Power in Ming China. Honolulu: University of Hawai'i Press, 2013.

Clunas, Craig and Jessica Harrison-Hall, editors. *Ming: 50 Years That Changed China*. London: British Museum, 2014.

Clunas, Craig, Jessica Harrison-Hall, and Luk Yu-Ping, editors. *Ming China: Courts and Contacts 1400–1450*. London: British Museum, 2016.

Confucius. *The Analects*. Translated by D.C. Lau. Penguin Classics. London: Penguin Books, 1979, rpt. 1988.

Crossley, Pamela. *A Translucent Mirror: History and Identity in Qing Imperial Ideology*. Berkeley: University of California, 1999.

Dai Hongyi. "Guanyu Bei Yuanshi de jige wenti." *Neimeng minzu shifan xueyuan xuebao* 2 (1987): 67–71, 24.

Dalai Lama V (1617–82). See Ngag-dbang-blo-bzang-rgya-mtsho.

Danjō Hiroshi. *Eirakutei: Kai chitsujo no kansei*. Tokyo: Kōdansha, 2012.

Dardess, John. "Did the Mongols Matter?" In *The Sung–Yuan–Ming Transition in Chinese History*, edited by Paul Smith and Richard von Glahn. Cambridge, MA: Harvard University Asia Center, 2003, pp. 111–34.

Debreczeny, Karl. "The Early Ming Imperial Atelier on the Tibetan Frontier." In *Ming China: Courts and Contacts 1400–1450*, edited by Craig Clunas, Jessica Harrison-Hall, and Luk Yu-ping. London: The British Museum, 2016, pp. 152–62.

Deng Qiu. *Huang Ming yonghua leibian*. Rpt. Taipei: Guofeng chubanshe, 1965.

de Rachewiltz, Igor. *The Secret History of the Mongols: A Mongolian Epic Chronicle of the Thirteenth Century*. Leiden: Brill, 2006.

DeWeese, Devin. *Islamization and Native Religion in the Golden Horde: Baba Tükles and Conversion to Islam in Historical and Epic Tradition*. University Park: Pennsylvania State University Press, 1994.

di Cosmo, Nicola. *Ancient China and Its Enemies: The Rise of Nomadic Power in East Asian History*. Cambridge: Cambridge University Press, 2002.

"China–Steppe Relations in Historical Perspective." In *Complexity of Interaction along the Eurasian Steppe Zone in the First Millennium CE*, edited by Jan Bemmann and Michael Schmauder. Bonn Contributions to Asian Archeology, Vol. 7. Bonn: Vor- und Frühgeschichtliche Archäologie Rheinische Friedrich-Wilhelms-Universität Bonn, 2015, pp. 49–72.

"The Extension of Ch'ing Rule over Mongolia, Sinkiang, and Tibet, 1636–1800." In *The Cambridge History of China*. Vol. 9 Part 2, *The Ch'ing Dynasty to 1800*, edited by Willard J. Peterson. Cambridge: Cambridge University Press, 2016, pp. 111–45.

"Qing Colonial Administration in Inner Asia." *International History Review* 20, no. 2 (1998): 287–309.

"State Formation and Periodization in Inner Asian History." *Journal of World History* 10, no. 1 (1999): 1–40.

di Cosmo, Nicola and Dalizhibu Bao. *Manchu–Mongol Relations on the Eve of the Qing Conquest: A Documentary History*. Leiden: Brill, 2003.

Dikötter, Frank. *The Discourse of Race in Modern China*. London: Hurst & Company, 1992

Dreyer, Edward. *Early Ming China: A Political History 1355–1435*. Stanford: Stanford University Press, 1982.

Zheng He: China and the Oceans in the Early Ming Dynasty, 1405–1433. New York: Pearson/Longman, 2007.

Drompp, Michael. "Strategies of Cohesion and Control in the Türk and Uyghur Empires." In *Complexity of Interaction along the Eurasian Steppe Zone in the First Millennium CE*, edited by Jan Bemmann and Michael Schmauder. Bonn Contributions to Asian Archeology, Vol. 7. Bonn: Vor- und Frühgeschichtliche Archäologie Rheinische Friedrich-Wilhelms-Universität Bonn, 2015, pp. 437–51.

Du Changshun. "Mingdai liuzhu jingshi de Zangchuan fojiao sengren." *Zhongguo zangxue* 2 (2005): 59–66.

Duindam, Jeroen. *Dynasties: A Global History of Power 1300–1800*. Cambridge: Cambridge University Press, 2015.

Myths of Power: Norbert Elias and the Early Modern European Court. Amsterdam: University of Amsterdam Press, 1994.

Ebrey, Patricia. *Emperor Huizong*. Cambridge, MA: Harvard University Press, 2014.

Elias, Norbert. *The Court Society*. New York: Pantheon Books, 1983.

Elliott, Mark. *The Manchu Way: The Eight Banners and Ethnic Identity in Late Imperial China*. Stanford: Stanford University Press, 2001.

Elman, Benjamin. *A Cultural History of Civil Service Examinations in Late Imperial China*. Berkeley: University of California Press, 2000.

Elverskog, Johan. "China and and New Cosmopolitanism." *Sino-Platonic Papers* 233 (2013): 1–30.

Our Great Qing: The Mongols, Buddhism and the State in Late Imperial China. Honolulu: University of Hawai'i Press, 2006.

"Sagang Sechen on the Tumu Incident." In *Why Mongolia Matters: War, Law, and Society*, edited by Morris Rossabi. Leiden: Brill, 2017, pp. 6–18.

"The Story of Zhu and the Mongols of the Seventeenth Century." *Ming Studies* 50 (2004): 39–76. Rpt. in *Long Live the Emperor*, edited by Sarah Schneewind. Minneapolis: Society for Ming Studies, 2008, pp. 211–43.

"The Tumu Incident and the Chinggisid Legacy." *Silk Road* 15 (2017): 142–50.

"Wutai Shan, Qing Cosmopolitanism, and the Mongols." *Journal of the International Association of Tibetan Studies* 6 (2011): 243–74.

Endicott-West, Elizabeth. "Merchant Associations in Yuan China: The *Ortogh*." *Asia Major*, 3rd series 2 (1989): 127–54.

Fairbank, John, editor. *The Chinese World Order*. Cambridge, MA: Harvard University Press, 1968.

Fairbank, John. "Tributary Trade and China's Relations with the West." *Far Eastern Quarterly* 1, no. 2 (1942): 129–49.

Fan Baoliang. "Chahetai houwang yu Wali fengjianzhu ji Mingchao zai silushang de guanxi." *Xibei minzu yanjiu* 2 (1992): 117–22, 286.

Fan Shuzhi. *Mingchao darenwu*. Shanghai: Fudan daxue chubanshe, 2011.

Fang Gang, Yuan Jun, and Zhu Hanbing. "Ming Libu shangshu Ji Yi shendao beiming jiaodian ji xiangguan kaoshi." *Sichuan wenwu* 4 (2009): 78–83.

Farmer, Edward. *Early Ming Government: The Evolution of Dual Capitals*. Cambridge, MA: Harvard University Press, 1976.

Farquhar, David. "The Origins of the Manchus' Mongolian Policy." In *The Chinese World Order*, edited by John K. Fairbank. Cambridge, MA: Harvard University Press, 1968, pp. 198–205.

"Oirat–Chinese Tribute Relations, 1408–1446." In *Studia Altaica, Festschrift für Nikolaus Poppe zum 60. Geburtstag am 8. August 1957*. Ural–altaische Bibliothek, Series No. 5, edited by Julius von Farkas and Omeljan Pritsak. Wiesbaden: Harrassowitz 1957, pp. 60–68.

Fletcher, Joseph. "China and Central Asia, 1368–1884." In *Chinese World Order: Traditional China's Foreign Relations*, edited by John Fairbank. Cambridge, MA: Harvard University Press, 1968, pp. 206–24.

Fowler, Richard and Olivier Hekster. "Imagining Kings: From Persia to Rome." In *Imaginary Kings: Royal Images in the Ancient Near East, Greece and Rome*, edited by Richard Fowler and Olivier Hekster. Stuttgart: Franz Steiner Verlag, 2005, pp. 9–38.

Franke, Wolfgang. "Chinesische Feldzüge durch die Mongolie im frühen 15. Jahrhundert." *Sinologica* 3 (1951–53): 81–88.

"Yunglo's Mongolei-Feldzüge." *Sinologische Arbeiten* 3 (1945): 1–54.

Gao Dai. "San li lu ting. " In *Hong you lu, juan* 8 (in *Ji lu hui bian*, compiled by Shen Jiefu (1533–1601), *juan* 74.

Gao Deyang (1352–1420). *Jie an ji*. Rpt. in *SKCM, ji* 29.

Gao Zihou. "Mingdai de guanxi qiwei jiqi dongqian." *Lanzhou daxue xuebao* (shehui kexue ban) 1 (1986): 42–48.

Geevers, Liesbeth and Mirella Marini. "Introduction: Aristocracy, Dynasty and Identity in Early Modern Europe, 1520–1700. In *Dynastic Identity in Early Modern Europe: Rulers, Aristocrats, and the Formation of Identities*, edited by Liesbeth Geevers and Mirella Marini. London: Ashgate Publishing Company, 2015, pp. 1–24.

Geiss, James. "The Leopard Quarter during the Cheng-te reign." *Ming Studies* 24 (1987): 1–38.

"Peking under the Ming (1368–1644)." Ph.D. diss., Princeton University, 1979.

Gilbert, Martin. *The First World War: A Complete History*. New York: H. Holt, 1994.

'Gos Lo-tsā-ba Gźon-nu-dpal (1392–1481). *Deb-ther sňon-po*. Translated into English by George N. Roerich as *Blue Annals*. Delhi: Motilal Banarsidass, 1976 (2007 printing).

Grupper, Samuel. "A Barulas Family Narrative in the Yuan Shih: Some Neglected Prosopographical and Institutional Sources on Timurid Sources." *Archivum Eurasiae medii aevi* 8 (1992–94): 11–97.

"Manchu Patronage and Tibetan Buddhism during the First Half of the Ch'ing Dynasty." *Journal of the Tibet Society* 4 (1984): 47–75.

Gu Yingtai. *Ming shi ji shi ben mo*. 1658. Rpt. Taipei: Sanlian shuju, 1985.

Hagiwara Junpei. *Mindai Mōkoshi kenkyū*. Kyoto: Dōhōsha, 1980.

"Minsho no hokuhen ni tsuite." *Tōyōshi kenkyū* 19, no. 2 (1960): 15–47.

"Tomuku no hen zengo: keizai mondai o chūshin toshite mita MinMō kōshō." *Tōyōshi kenkyū* 11, no. 3 (1951): 193–212.

Hall, John A. "Imperial Universalism: Further Thoughts." In *Universal Empire: A Comparative Approach to Imperial Culture and Representation in Eurasian History*, edited by Peter Fibiger Bang and Dariusz Kolodziejczyk. Cambridge: Cambridge University Press, 2012, pp. 304–09.

Hamashima, Atsutoshi. "The City-God Temples of Chiangnan in the Ming and Ch'ing Dynasties." *Memoirs of the Research Department of Tōyō Bunko* 50 (1992): 1–28.

Harrison, Henrietta. "The Qianlong Emperor's Letter to George III and the Early-Twentieth-Century Origins of Ideas about Traditional China's Foreign Relations." *American Historical Review* 122, no. 3 (June 2017): 680–701.

Hasumi Moriyoshi. "Minchō no sakuhō taisei to sono yōtai: Tomoku no hen o meguru Rishi Chōsen to no kankei." *Shigaku zasshi* 104, no. 8 (1995): 37–73.

Haufler, Marsha (Weidner). "Beyond Yongle: Tibeto-Chinese Thangkas for the Mid-Ming Court." *Artibus Asiae* 69, no. 1 (2009): 7–37.

"Faces of Transnational Buddhism at the Early Ming Court." In *Ming China: Courts and Contacts 1400–1450*, edited by Craig Clunas, Jessica Harrison-Hall, and Luk Yu-ping. London: The British Museum, 2016, pp. 147–50.

He Qiaoyuan (1558–1631), compiler. *Huang Ming wen zheng*. Rpt. *SKCM, ji* 328.

Mingshan cang. 1640. Rpt. Fuzhou: Fujian renmin chubanshe, 2010.

He Xiaorong. *Mingdai Beijing Fojiao siyuan xiujian yanjiu*. Tianjin: Nankai daxue chubanshe, 2007

"Mingdai huangdi chongfeng Zangchuan fojiao qianxi." *Zhongguoshi yanjiu* 4 (2005): 119–37.

Heal, Felicity. "Presenting Noble Beasts: Gifts of Animals in Tudor and Stuart Diplomacy." In *Practices of Diplomacy in the Early Modern World c.1410–1800*, edited by Tracey Sowerby and Jan Hennings. London and New York: Routledge, 2017, pp. 187–203.

Heer, Philip de. *The Care-Taker Emperor: Aspects of the Imperial Institution in Fifteenth Century China as Reflected in the Political History of the Reign of Chu Ch'i-yü*. Leiden: Brill, 1986.

Heijdra, Martin. "The Socio-economic Development of Rural China during the Ming." In *CHC 8*: 417–578.

Hekster, Olivier. "Capture in the Gaze of Power: Visibility, Games, and Roman Imperial Representation." In *Imaginary Kings: Royal Images in the Ancient Near East, Greece and Rome*, edited by Richard Fowler and Olivier Hekster. Stuttgart: Franz Steiner Verlag, 2005, pp. 157–76.

Helms, Mary. *Ulysses' Sail: An Ethnographic Odyssey of Power, Knowledge, and Geographical Distance*. Princeton: Princeton University Press, 1988.

Hennings, Jan and Tracey A. Sowerby. "Introduction: Practices of Diplomacy." In *Practices of Diplomacy in the Early Modern World c.1410–1800*. London and New York: Routledge, 2017, pp. 1–21.

Hevia, James. *Cherishing Men from Afar: Qing Guest Ritual and the Macartney Embassy of 1793*. Durham, NC: Duke University Press, 1995.

"Tribute, Asymmetry, and Imperial Formations: Rethinking Relations of Power in East Asia." *Journal of American–East Asian Relations* 16, nos. 1–2 (2009): 69–83.

Hilsdale, Cecily. *Byzantine Art and Diplomacy in an Age of Decline*. Cambridge: Cambridge University Press, 2014.

Höllman, Thomas. "On the Road Again: Diplomacy and Trade from a Chinese Perspective." In *Complexity of Interaction along the Eurasian Steppe Zone in the First Millennium CE*, edited by Jan Bemmann and Michael Schmauder. Bonn Contributions to Asian Archeology, Vol. 7. Bonn: Vor- und Frühgeschichtliche Archäologie Rheinische Friedrich-Wilhelms-Universität Bonn, 2015, pp. 557–71.

Hu Guang. *Hu wen mu gong wen ji*. Rpt. in *SKCM, ji* 28, 29.

Hu Xiaopeng. "Chahetaixi Menggu zhuwang jituan yu Mingchu guanxi zhuwei de chengli." *Lanzhou daxue xuebao* 5 (2005): 85–91.

Hu Yan (1361–1443). *Hu Ji jiu ji*. Rpt. in *BTGZ*, vol. 102.

Hu Zhenhua and Huang Runhua, editors. *Mingdai wenxian Gaochang guanke*. Urumqi: Xinjiang renmin chubanshe, 1981.

Hu Zhongda. "Ming yu Bei Yuan: Menggu guanxi zhi tantao." *Neimenggu shehui kexue* 5 (1984): 44–55.

Huang Huai. *Huang wen jian gong jie an ji*. Rpt. in *SKCM, ji* 26.

Huang Jingfang. *Guo shi wei yi*. 1644. Rpt. Shanghai: Shanghai guji chubanshe, 2002.

Huang, Ray. *1587, A Year of No Significance: The Ming Dynasty in Decline*. New Haven: Yale University Press, 1981.

Huang Yu. *Shuang huai sui chao*. 1495. Rpt. Beijing: Zhongguo shuju, 1999, second printing, 2006.

Huo Yi, editor. *Jun zheng tiao li lei kao*. Rpt. Beijing: Beijing tushuguan chubanshe, 1997.

Im Yonghan. "Oirat ŭi wihyŏp kwa Chosŏn ŭi pang'ŏ chŏllyak." *Yŏksa kwa silhak* 46 (2011): 42–70.

Ishihama Yumiko. *Chibetto Bukkyō sekai no rekishiteki kenkyū*. Tokyo: Tōhō shoten, 2001.

Jackson, Peter. *Mongols and the Islamic World: From Conquest to Conversion*. New Haven: Yale University Press, 2017.

Jagchid, Sechin and Van Jay Symons. *Peace, War, and Trade along the Great Wall: Nomadic–Chinese Interaction through Two Millennia*. Bloomington: Indiana University Press, 1989.

Jang, Scarlett. "The Eunuch Agency Silijian and the Imperial Publishing Enterprise in Ming China." In *Culture, Courtiers, and Competition: The Ming Court (1368–1644)*, edited by David Robinson. Cambridge, MA: Harvard University Asia Center, 2008, pp. 116–85.

Jin Shan. See Jin Youzi.

Jin Shi (1371–1439). *Jue fei zhai wen ji*. Rpt. in *XXSK*, vol. 1327.

Jin Xiao. "Tuotuo buhua shifou kuilei bian." *Neimenggu shehui kexue* (Hanwen ban) 28, no. 4 (2007): 53–6.

Jin Youzi (1368–1431). *Bei zheng lu* (1). Rpt. in GCDG, vol. 1.

Jin wen jing gong ji. Rpt. Taipei: Wenhai chubanshe, 1970.

Johnston, Alastair. *Cultural Realism: Strategic Culture and Grand Strategy in Chinese History*. Princeton: Princeton University Press, 1995.

Kang, David. *East Asia before the West: Five Centuries of Trade and Tribute*. New York: Columbia University Press, 2012

Kasakevich, V.M. "Sources to the History of the Chinese Military Expeditions into Mongolia." Translated from the Russian by Rudolf Löwenthal. *Monumenta Serica* 8 (1943): 328–35.

Kawachi Yoshihiro. *Mindai Nyoshinshi no kenkyū*. Kyoto: Dōhōsha, 1992.

Kawagoe Yasuhiro. "Futatabi no 'bing ge qiang rang' ni Kotsuryōgō seitōgun to Tomoku no hen (2)." *Chūō daigaku Ajiashi kenkyū* 39 (2015): 45–71.

"Keinan no eki ni okeru En-ō kika no eijyokan ni tsuite." *Chūō daigaku bungakubu kiyō* 7 (1990): 85–136.

"Keinan no ekigo ni okeru En-ō kika no eijyokan ni tsuite." In *Yamane Yukio Kyōju taikyū kinen Mindai shi ronsō*, edited by Mindaishi kenkyūkai *Mindaishi ronsō* henshū iinkai. Tokyo: Kyūko shoin, 1990, pp. 91–109.

"Kotsuryōgō seitōgun to Tomoku no hen" (Chūō daigaku jinbun kagaku kenkyūjo). *Jinbunken kiyō* 79 (2014): 139–64.

Mindai chōjō no gunzō. Tokyo: Kyūko shoin, 2003.

Mindai Chūgoku no gigoku jiken: Ran Gyoku no goku to renza no hitobito. Tokyo: Fūkyōsha, 2002.

Mindai ikoku jōhō no kenkyū. Tokyo: Kyūko shoten, 1999.

Mongoru ni rachi sareta Chūgoku kōtei: Min Eishū no sūki naru unmei. Tokyo: Kenbun shuppan, 2003.

"Tenjun gonen no shuto sōran." *Chūō daigaku bungakubu kiyō* (shika) 55 (2009): 79–163.

"Tomoku no hen to shinseigun." *Tōyōshi kenkyū* 52, no. 1 (1993): 24–55.

Khodarkovsky, Michael. *Russia's Steppe Frontier: The Making of a Colonial Empire, 1500–1800*. Bloomington: Indiana University Press, 2002.

Kim Hodong. "The Early History of the Moghul Nomads: The Legacy of the Chaghatai Khanate." In *The Mongol Empire and Its Legacy*, edited by Reuven Amitai-Preiss and David Morgan. Leiden, Boston, and Cologne: Brill, 1999, pp. 290–318.

"Isŭrram seryok ŭi Tongjin kwa Hami wangguk ŭi morrak." *Chindan hakpo* 76 (1993): 107–42.

"Mong'gol che'guk kwa Tae Wŏn." *Yŏksa hakpo* 192 (2006): 221–53.

"The Unity of the Mongol Empire and Continental Exchanges over Eurasia." *Journal of Central Asian Studies* 1 (2009): 15–42.

"Was 'Da Yuan' a Chinese Dynasty?" *Journal of Song–Yuan Studies* 45 (2015): 279–306.

Kitajima Manji. "Eirakutei ki ni okeru Chōsen Ōkoku no sakuhō to kōeki." In *Zenkindai no Nihon to Higashi Ajia*, edited by Tanaka Takeo. Tokyo: Yoshikawa Kōbunkan, 1995, vol. 7, pp. 197–215.

Koch, Ebba. "How the Mughal Pādshāhs Referenced Iran in Their Visual Construction of Universal Rule." In *Universal Empire: A Comparative Approach to Imperial Culture and Representation in Eurasian History*, edited by Peter Fibiger Bang and Dariusz Kolodziejczyk. Cambridge: Cambridge University Press, 2012, pp. 194–209.

Kutcher, Norman. *Eunuch and Emperor in the Great Age of Qing Rule*. Oakland: University of California Press, 2018.

Lai Jiadu. "Mingdai chuqi Xibei qiwei de shezhi." *Lishi jiaoxue* (1957): 30–32.

Lane, George. "Arghun Aqa: Mongol Bureaucrat." *Iranian Studies* 32, no. 4 (1999): 459–82.

Langlois, John. "The Hung-wu reign, 1368–1398," In *CHC* 7: 107–81.

Legge, James. *The Chinese Classics*. Oxford: Oxford University Press, 1893–95. Rpt., Taipei: Southern Materials Centers, 1983, 4 vols.

The Ch'un Ts'ew. In *The Chinese Classics*. Oxford: Oxford University Press, 1893–95. Rpt., Taipei: Southern Materials Center, 1983. 4 vols.

The Li Kî. In *The Sacred Books of China*. The Texts of Confucianism. Part IV. Part of The Sacred Books of the East series edited by F. Max Müller, vol. 28. Oxford: Clarendon Press, 1885.

Shoo King, in James Legge, *The Chinese Classics*. Oxford: Oxford University Press, 1893–95. Rpt. Taipei: Southern Materials Center, 1983. 4 vols.

Lewis, Mark. *China's Cosmopolitan Empire: The Tang Dynasty*. Cambridge, MA: Harvard University Press, 2009.

"Gift Circulation and Charity in the Han and Roman Empires." In *Rome and China: Comparative Perspectives on Ancient World Empires*, edited by Walter Scheidel. Oxford: Oxford University Press, 2009, pp. 121–36.

Li Guangtao, compiler. *Ming Qing dang'an cunzhen xuanji chuji*. Taipei: Zhongyang yuanjiuyuan lishi yuyan yanjiusuo, 1959.

Li Jia. "Zhongjun yu zhongsheji guanxibian." *Qiu shi xue kan* 39, no. 4 (2012): 154–60.

Li Shi. *Li shi lang shi bei lu*. Rpt. in *GCDG*, vol. 1.

Li Shi ti ben. N.p., *c*.1450. Ming manuscript edition. National Beiping Library, Rare Book Collection. Microfilm held at Princeton University.

Xu an Li gong feng shi lu. Rpt. in *XXSK*, vol. 444.

Li Xian (1408–67). *Gu rang ji*. WYSK, vol. 1244.

Li Xinfeng. "Lun Yuan Ming zhijian de biange." *Gudai wenming* 4, no. 4 (2010): 83–102.

"Tumu zhi zhan zhi yi." *Mingshi yanjiu* 6 (1999): 109–15.

Li Yanjie. "Mingdai Tainingwei de jingji shenghuo jiyu Mingchao de guanxi." *Neimenggu shifan daxue xuebao* (zhexue shehui kexue ban) 4 (2007): 130–33.

Li Yongqiang and Liu Fengliang. "Xinhuo Mingdai Huairou bo Shi Ju, Shi Jian muzhi." *Wenwu chunqiu* 1 (2008): 60–5.

Li Zhian. "Yuandai ji Mingdai chuqi shehui biandong chutan." *Zhongguoshi yanjiu* (zengkan) (2005): 83–98.

Lin Huan. "Ming Yingzong beifu jiqi zai Mengdi jiya qijian de huodong." *Zhongguo bianjiang minzu yanjiu* 5 (2011): 87–98.

Liu Dingzhi (1409–69). *Pi tai lu*. Rpt. in GCDG, vol. 1.

Liu Guofang. "Mingchao de beibian zhengce yu Hamiwei de shezhi." *Xiyu yanjiu* 4 (1998): 14–20.

Liu Hainian and Yang Yifan, editors. *Zhongguo zhenxi falü dianji jicheng*. Beijing: Kexue chubanshe, 1994.

Liu Xu. *Tang shu*. 945. Rpt. Beijing: Zhonghua shuju, 1975.

Liu Zhengyin. "Mingdai Wala yu Dong Chahetai hanguo de guanxi." *Menggushi yanjiu* 4 (1993): 69–76.

Lo, Jung-pang. "Intervention in Annam: A Case Study of the Foreign Policy of the Early Ming Government." *Tsinghua Journal of Chinese Studies* 8, nos. 1–2 (1970): 154–82.

Loewe, Michael. "The Former Han Dynasty." In *CHC* 1: 103–222.

Lorge, Peter. *The Reunification of China: Peace through War under the Song Dynasty.* Cambridge: Cambridge University Press, 2015.

Lu Rong (1436–94). *Shu yuan za ji*. 1494. Rpt. Beijing: Zhonghua shuju, 1985.

Luo Hengxin. *Jue fei ji*. Rpt. in *BTGZ*, vol. 103.

Ma Jianchun."Liangzhou lishishang de liangwei xiyuren: Xiningwang Xindu, Fuqianghou Mao Zhong." *Xiyu yanjiu* 2 (1998): 85–88.

"Mingdai Xiyu Huihuiren Ma Keshun shiji kao." *Huihui yanjiu* 2 (2008): 58–61.

"'Tumu zhi bian' yu Huihuiren." *Xibei minzu yanjiu* 2 (1995): 153–65.

McMahon, Keith. *Celestial Women: Imperial Wives and Concubines in China from Song to Qing.* Lanham, Boulder, and New York: Rowman and Littlefield Publishers, 2016.

Women Shall Not Rule: Imperial Wives and Concubines in China from Han to Liao. Lanham, Boulder, and New York: Rowman and Littlefield Publishers, 2013.

Mao Bowen. *Dong tang ji*. Rpt. in *BTGZ*, vol. 107.

Mao Peiqi. "Yingzong, Wang Zhen, Tumu zhi bian." *Mingshi yanjiu luncong* 7 (2007): 110–22.

Yongle huangdi dazhuan. Shenyang: Liaoning jiaoyu chubanshe, 1994.

Martin, Janet. "The Novokshcheny of Novgorod: Assimilation in the 16th Century." *Central Asian Survey* 9, no. 2 (1990): 13–38.

"Tatar Pomeshchiki in Muscovy (1560s–1570s)." In *The Place of Russia in Eurasia*, edited by Gyula Szvák. Budapest: Magyar Ruszisztikai Intézet, 2001, pp. 114–20.

"Tatars in the Muscovite Army during the Livonian War." In *The Military and Society in Russia 1450–1917*, edited by Eric Lohr and Marshall Poe. Leiden, Boston, and Cologne: Brill, 2002, pp. 365–87.

Matsumura Jun. "Mindai Hami ōke no kigen." *Tōyō gakuhō* 39, no. 4 (1957): 40–7.

Meersbergen, Guido van (2017). "The Dutch Merchant–Diplomat in Comparative Perspective: Embassies to the Court of Aurangzeb, 1660–1666." In *Practices of Diplomacy in the Early Modern World c.1410–1800*, edited by Tracey Sowerby and Jan Hennings. London and New York: Routledge, 2017, pp. 147–65.

Melo, João. "In Search of a Shared Language: The Goan Diplomatic Protocol." *Journal of Early Modern History* 20, no. 4 (2016): 390–407.

Meng Fanren. *Mingdai gongting jianzhushi*. Beijing: Zijincheng chubanshe, 2010.

Meng Sen. *Mingdaishi*. Rpt. Taipei: Huaxiangyuan chubanshe, 1993.

Meng Xiu. "Ming Meng chaogong tizhi yu Tumu zhi bian." *Dalian daxue xuebao* 4 (2010): 38–42.

"Tumu zhi bian xinlun." *Heilongjiang jiaoyu daxue xuebao* 28, no. 7 (2009): 88–89.

Millward, James, Ruth Dunnell, Mark Elliott, and Philippe Forêt, editors. *New Qing Imperial History: The Making of Inner Asian Empire at Qing Chengde*. London and New York: RoutledgeCurzon, 2004, pp. 91–105.

Ming shilu. 1418–mid-17th century. Rpt. Taipei: Zhongyang yanjiuyuan li yuyan yanjiusuo, 1961–66, 133 vols.

Miyawaki Junko. "Mongoru–Oiratto kankeishi: jūsan seiki kara jūshichi seiki made." *Ajia Afulika gengo bunka kenkyū* 25 (1983): 150–92.

Miyazaki, Ichisada. "Kōbu kara Eiraku e: shoki Minchō seiken no seikaku." *Tōyōshi kenkyū* 27, no. 4 (1969): 1–23.

Morihira Masahiko. "Genchō keshike seido to Kōrai ōke: Kōrai-Genchō kankei ni okeru turghagh no igi ni kanren shite." *Shigaku zasshi* 110, no. 2 (2001): 60–89. Rpt. in *idem*, *Mongoru hakenka no Kōrai: Teikoku chitsujo to ōkoku no taiō*. Nagoya: Nagoya daigaku shuppankai, 2013, pp. 147–201.

Mosca, Matthew. "The Expansion of the Qing Empire before 1800." In *Universality and Its limits: Spatial Dimensions of Eurasian Empires*, edited by Michal Biran, Eva Cancik-Kirschbaum, Yuri Pines, and Jörg Rüpke. Cambridge: Cambridge University Press, 2019, forthcoming.

"The Qing Empire in the Fabric of Global History." In *The Prospect of Global History*, edited by James Belich, James Belich, John Darwin, Margret Frenz, and Chris Wickham. Oxford: Oxford University Press, 2016, pp. 108–23.

Mostaert, Antoine. *Le matériel mongol du Houa i i iu de Houng-ou (1389)*. Mélanges chinois et bouddhiques 18, edited by Igor de Rachewiltz and Anthony Schönbaum. 2 vols. Brussels: Institut belge des hautes études chinoises, 1977.

Mostaert, Antoine and Cleaves, Francis. *Les lettres de 1289 et 1305 des Ilkhan Aryun et Öljeitü à Philippe le Bel*. Cambridge, MA: Harvard University Press, 1962.

Mote, Frederick. "The Growth of Chinese Despotism: A Critique of Wittfogel's Theory of Oriental Despotism as Applied to China." *Oriens Extremus* 8 (1961): 1–41.

Imperial China, 900–1800. Cambridge, MA: Harvard University Press, 1999.

The Poet Kao Ch'i. Princeton: Princeton University Press, 1962.

"The T'u-mu Incident of 1449." In *Chinese Ways in Warfare*, edited by Frank Kierman and John Fairbank. Cambridge, MA: Harvard University Press, 1974, pp. 243–72.

Mote, Frederick W. and Denis Twitchett. *Cambridge History of China*, vol. 7, *The Ming Dynasty, 1368–1644*, Cambridge: Cambridge University Press, 1988.

Muḥammad Ḥaydar Dūghlāt (Mirza Muhammad Haidar), *History of the Mughals of Central Asia being the Tarikh-i-rashidi*, translated by E. Denison Ross and edited by N. Elias. 2nd edition, London, 1898. Rpt. New York, Washington, and London: Praeger Publishers, 1970.

Tarikh-i-Rashid: A History of the Khans of Moghulistan, English translation and annotation by W.M. Thackston. Cambridge, MA: Harvard University Press, 1996.

Munkh-Erdene, Lhamsuren. "Where Did the Mongol Empire Come From? Medieval Mongol Ideas of People, State, and Empire." *Inner Asia* 13 (2011): 211–37.

Nagamoto Hisanori. "Minsho no Hami ōke ni tsuite: Seiso no Komuru keiei. *Tōyōshi kenkyū* 22, no. 1 (1963): 1–38.

Nanjingshi bowuguan, compiler. *Zheng He shidai tebiezhan tulu*. Nanjing: Nanjing bowuguan, 2012.

Naqqash, Ghiyathuddin. "Report to Mirza Baysunghur on the Timurid Legation to the Ming Court at Peking." In *A Century of Princes*, translated and edited by W.M. Thackston. Cambridge: The Aga Khan Program for Islamic Architecture, 1989.

Naquin, Susan. *Peking: Temples and City Life, 1400–1900*. Berkeley: University of California Press, 2000.

Newby, Laura. *The Empire and the Khanate: A Political History of Qing Relations with Khoqand, c.1760–1860*. Leiden: Brill, 2005.

Ngag-dbang-blo-bzang-rgya-mtsho (Fifth Dalai Lama 1617–82). *Bod kyi deb ther dpyid kyi rgyal moi glu dbyans*. Translated into Chinese by Guo Heqing as *Xizang wangchenji*. Beijing: Minzu chubanshe, 1983.

Okada, Hidehiro. "China as a Successor State to the Mongols." In *The Mongol Empire and Its Legacy*, edited by Reuven Amitai-Preiss and David Morgan. Leiden: Brill, 1999, pp. 260–72.

Okuyama Norio. "Tomokuhō no hen." *Shihō* 1 (1974): 8–15.

Otagi Matsuo and Terada Takanobu. *Mongoru to Dai Min teikoku*. Tokyo: Kōdansha gakujutsu bunko, 1998.

Otosaka Tomoko. "Min chokken Kōkaji kō: aru Seikai Gerukepa jiin no isō." *Shihō* 6 (1991): 31–63.

"A Study of Hong-hua-si Temple Regarding the Relationship between the dGe-Lugs-Pa and the Ming Dynasty." *Memoirs of the Research Department of the Toyo Bunko* 52 (1994): 69–101.

Oyunbilig and Daowei Cairangjia. "'Chijiao fawang yuling' kaoshi." In *Man Meng dang'an yu Menggushi yanjiu*, edited by Oyunbilig. Shanghai: Shanghai guji chubanshe, 2014, pp. 59–70.

Pak Wŏn-ho. "'Jingnnan zhi yi.'" *Mingshi yanjiu* 1 (1991): 227–47.

Myŏng-ch'o Chosŏn kwan'gyesa yŏn'gu. Seoul: Iljogak, 2002.

Pan Yihong. "Early Chinese Settlement Policies towards the Nomads." *Asia Major* 5, no. 2 (1994): 41–77.

"Integration of the Northern Ethnic Frontiers in Tang China." *Chinese Historical Review* 19, no. 1 (2012): 3–26.

"Marriage Alliances and Chinese Princesses in International Politics from Han through T'ang." *Asia Major*, 3rd series 10, nos. 1–2 (1997): 95–131.

Son of Heaven and Heavenly Qaghan: Sui–Tang China and Its Neighbors. Studies on East Asia, vol. 20. Bellingham: Western Washington University Press, 1997.

Patterson, Angus. "Arms and Armour." In *Treasures of the Royal Courts: Tudors, Stuarts and the Russian Tsars*, edited by Olga Dmitrieva and Tessa Murdoch. London: V&A Publishing, 2013, pp. 107–25.

Perdue, Peter. *China Marches West: The Qing Conquest of Central Eurasia*. Cambridge, MA: Harvard University Press, 2005.

"The Tenacious Tributary System." *Journal of Contemporary China* 24, no. 96 (2015): 1–13.

Qi Wenying. "Beiming suojian Mingdai daguan hunyin guanxi." *Zhongguoshi yanjiu* 3 (2011): 167–81.

"Ming Hongwu shiqi neiqian Mengguren bianxi." *Zhongguo bianjiang shidi yanjiu* 14, no. 2 (2004): 59–65.

Mingdai weisuo guifuren yanjiu. Beijing: Zhongyang minzu daxue chubanshe, 2011.

Qiu Jun. *Qiu wen zhuang wen ji san.* Rpt. in *HMJS, juan* 73.

Qiu Zhonglin. "Mingdai de Wuliangha sanwei fushang jiqi jingfei zhi choucuo." *Mingdai yanjiu* 27 (2016): 1–69.

Rawski, Evelyn. "Ch'ing Imperial Marriage and the Problems of Rulership." In *Marriage and Inequality in Chinese Society*, edited by Rubie Watson and Patricia Ebrey. Berkeley: University of California Press, 1991, pp. 170–203.

The Last Emperors: A Social History of Qing Imperial Institutions. Berkeley, Los Angeles, and London: University of California Press, 2001.

"Presidential Address: Reenvisioning the Qing." *Journal of Asian Studies* 55, no. 4 (1996): 829–50.

Robinson, David. *Bandits, Eunuchs, and the Son of Heaven: Rebellion and the Economy of Violence in Ming China.* Honolulu: University of Hawai'i Press, 2001.

"Celebrating War with the Mongols." In *Why Mongolia Matters: War, Law, and Society*, edited by Morris Rossabi. Leiden: Brill, 2017, pp. 105–28.

editor. *Culture, Courtiers, and Competition: The Ming Court (1368–1644).* Cambridge, MA: Harvard University Asia Center, 2008.

"Disturbing Images: Rebellion, Usurpation, Rulership: Korean Writings on Emperor Wuzong (r. 1506–21)." *Journal of Korean Studies* 9, no. 1 (Fall 2004): 97–127.

Empire's Twilight: Northeast Asia under the Mongols. Cambridge, MA: Harvard University Asia Center, 2009.

"Images of Subject Mongols under the Ming Dynasty." *Late Imperial China* 25, no. 1 (2004): 59–123.

In the Shadow of the Mongol Empire: The Ming Court in Eurasia. Cambridge: Cambridge University Press, 2019.

"Justifying Ming Rulership on a Eurasian Stage." In *Ming China: Courts and Contacts, 1400–1450*, edited by Craig Clunas, Jessica Harrison-Hall, and Luk Yuping. London: British Museum Press, 2016, pp. 8–14.

Martial Spectacles of the Ming Court. Cambridge, MA: Harvard University Asia Center, 2013.

"Military Labor in China, circa 1500." In *Fighting for a Living: A Comparative History of Military Labour 1500–2000*, edited by Erik-Jan Zürcher. Amsterdam: Amsterdam University Press, 2014, pp. 43–80.

"The Ming Court." In *Culture, Courtiers, and Competition*, edited by David Robinson. Cambridge, MA: Harvard University Asia Center, 2008, pp. 21–60.

"The Ming Court and the Legacy of the Yuan Mongols." In *Culture, Courtiers, and Competition*, edited by David Robinson. Cambridge, MA: Harvard University Asia Center, 2008, pp. 365–421.

"Politics, Force, and Ethnicity." *Harvard Journal of Asiatic Studies* 59, no. 1 (June 1999): 79–123.

"Rethinking the Late Koryŏ in an International Context." *Korean Studies* 41 (2017): 75–98.

"Why Military Institutions Matter for Ming History." *Journal of Chinese History* 2 (2017): 297–327.

Roerich, George. *The Blue Annals*. See 'Gos Lo-tsā-ba Gźon-nu-dpal (1392–1481).

Rogers, Daniel, Ulambayar, Erdenebat, and Mathew Gallon. "Urban Centres and the Emergence of Empires in Eastern Inner Asia." *Antiquity* 79 (2005): 801–18.

Rossabi, Morris. "The Ming and Inner Asia." In *CHC 8*: 222–71.

"Ming China and Turfan, 1406–1517." *Central Asiatic Journal* 16, no. 3 (1972): 206–25.

"Ming Foreign Policy: The Case of Hami." In idem, *From Yuan to Modern China and Mongolia: The Writings of Morris Rossabi*. Leiden: Brill, 2014, pp. 17–37.

"Ming Officials and Northwest China." In *Officials on the Chinese Borders*, edited by F. Jagou. Taipei: Academia Sinica, 2006. Rpt. in idem, *From Yuan to Modern China and Mongolia: The Writings of Morris Rossabi*. Leiden and Boston: Brill, 2014, pp. 89–107.

"Notes on Esen's Pride and Ming China's Prejudice." *Mongolia Society Bulletin* 9, no. 2 (1970): 31–9.

"The Tea and Horse Trade with Inner Asia during the Ming." *Journal of Asian History* 4, no. 2 (1970): 136–68.

Sagang Sechen. *The Bejewelled Summary of the Origin of the Khans* (Qad-un ündüsün-ü Erdeni-yin Tobči). Translated by John Krueger. The Mongolia Society Occasional Papers. Bloomington: The Mongolia Society, 1967.

Saguchi Tōru. "Sarigū uikuru shuzokushi kō." *Yamamoto Hakushi kanreki kinen Tōyōshi ronsō*, edited by *Yamamoto Hakushi kanreki kinen Tōyō shi ronsō* hensan Iinkai. Tokyo: Yamakawa Shuppansha, 1972, pp. 191–202.

Schneewind, Sarah. "Introduction." In *Long Live the Emperor! Uses of the Ming Founder across Six Centuries of East Asian History*, edited by Sarah Schneewind. Minneapolis: Society for Ming Studies, 2008, pp. 1–14.

editor. *Long Live the Emperor! Uses of the Ming Founder across Six Centuries of East Asian History*. Minneapolis: Society for Ming Studies, 2008.

Schwieger, Peter. *Dalai Lama and the Emperor of China: A Political History of the Tibetan Institution of Reincarnation*. New York: Columbia University Press, 2015.

"A Document of Chinese Diplomatic Relations with East Tibet during the Ming Dynasty." In *Tibetstudien: Festschrift für Dieter Schuh zum 65. Geburtstag*, edited by Petra Maurer and Peter Schwieger. Bonn: Bier'sche Verlagsanstalt, 2007, pp. 209–26.

Scott, Hamish. "Conclusion." In *Dynastic Identity in Early Modern Europe: Rulers, Aristocrats, and the Formation of Identities*, edited by Liesbeth Geevers and Mirella Marini. London: Ashgate Publishing Company, 2015, pp. 194–214.

Scott, James. *Against the Grain: A Deep History of the Earliest States*. New Haven and London: Yale University Press, 2017.

The Art of Not Being Governed: An Anarchist History of Upland Southeast Asia. New Haven: Yale University Press, 2009.

Domination and the Arts of Resistance: Hidden Transcripts. New Haven: Yale University Press, 1990.

Weapons of the Weak: Everyday Forms of Peasant Resistance. New Haven: Yale University Press, 1985.

Sen Tansen. "Changing Regimes: Two Episodes of Chinese Military Interventions in Medieval South Asia." In *Asian Encounters: Networks of Cultural Interactions*, edited by Upinder Singh and Parul and P. Dhar. New Delhi, 2014, pp. 62–85.

"Diplomacy, Trade and the Quest for the Buddha's Tooth: The Yongle Emperor and Ming China's South Asian Frontier." In *Ming China: Courts and Contacts 1400–1450*, edited by Craig Clunas, Jessica Harrison-Hall, and Luk Yu-ping. London: The British Museum, 2016, pp. 26–36.

"Formation of Chinese Maritime Networks to Southern Asia, 1200–1450." *Journal of the Economic and Social History of the Orient* 49, no. 4 (2006): 421–53.

"The Impact of Zheng He's Expeditions on Indian Ocean Interactions." *Bulletin of the School of Oriental and African Studies* 79, no. 3 (2016): 609–36.

Serruys, Henry. "The Dates of the Mongolian Documents in the *Hua-i i-yu*." *Harvard Journal of Asiatic Studies* 17, nos. 3–4 (1954): 419–27.

"The Location of T'a-t'an, 'Plain of the Tower'." *Harvard Journal of Asiatic Studies* 19, nos. 1–2 (1956): 52–66.

"A Manuscript Version of the Legend of the Mongol Ancestry of the Yung-lo Emperor." In *Analecta Mongolica: Dedicated to the Seventieth Birthday of Professor Owen Lattimore*, edited by John Hangin and Urgunge Onon. Bloomington: Indiana University, 1972, pp. 19–61.

"Mongols Ennobled during the Early Ming." *Harvard Journal of Asiatic Studies* 22 (1959): 209–60.

The Mongols in China during the Hung-wu Period. Bruxelles: Institut belge des hautes études chinoises, 1959.

The Mongols of Kansu during the Ming. Bruxelles: Institut belge des hautes études chinoises, 1955.

"Notes on a Chinese Inscription of 1606 in a Lamaist Temple in Mai-ta-chao, Suiyüan." *Journal of the American Oriental Society* 78, no. 2 (1958): 101–13

"The Office of Tayisi in Mongolia in the Fifteenth Century." *Harvard Journal of Asiatic Studies* 37, no. 2 (1977): 353–80.

Sino-Mongol Relations during the Ming, II: The Tribute System and Diplomatic Missions. Bruxelles: Institut belge des hautes études chinoises, 1966–67.

Sino-Mongol Relations during the Ming, III: Trade Relations: The Horse Fairs (1400–1600). Bruxelles: Institut belge des hautes études chinoises, 1975.

"Sino-Mongol Trade during the Ming." *Journal of Asian History* 9, no. 1 (1975): 34–56.

Shang Chuan. Yongle huangdi. Beijing: Beijing chubanshe, 1989.

Shao Xunzheng. "You Mingchuye yu Tiemuer diguo zhi guanxi." [Qinghua daxue] *Shehui kexue* 2, no. 1 (1936). Rpt. in *Shao Xunzheng lishi lunwenji*. Beijing: Beijing daxue chubanshe, 1985, pp. 86–98.

Shea, Eiren. "The Mongol Cultural Legacy in East and Central Asia: The Early Ming and Timurid Courts." *Ming Studies* 78 (2018): 32–56.

Sheffield, Gary. *The Somme*. London: Cassell, 2007.

Shen Jiefu (1533–1601). *Ji lu hui bian*. 1617. Rpt. Taipei: Taiwan shangwu yinshuguan, 1969.

Shi Jian (1434–96). *Xi Cun ji. WYSK*, vol. 1259.

Shi Xinrong. "Mingdai Hami yu Zhongyuan diqu de jingji laiwang." *Xiyu yanjiu* 1 (2007): 18–27.

Silver, Larry. *Marketing Maximilian: The Visual Ideology of a Holy Roman Emperor.* New Haven: Yale University Press, 2008.

Skaff, Jonathan. *Sui–Tang China and Its Turko-Mongol Neighbors: Culture, Power, and Connections, 580–800.* Oxford: Oxford University Press, 2012.

Smith, Paul and Richard von Glahn, editors. *The Sung–Yuan–Ming Transition in Chinese History.* Cambridge, MA: Harvard University Asia Center, 2003.

Sneath, David. *The Headless State: Aristocratic Orders, Kinship Society, and Misrepresentations of Nomadic Inner Asia.* New York: Columbia University Press, 2007.

Sŏ In-bŏm. "Tomoku no hen to kenōhei: Giyū to minsō o chūshin toshite." *Tōyō gakuhō* 82, no. 1 (2000): 1–28.

Song Dehui. "Mingchao Tainingwei kaoshu." *Bowuguan yanjiu* 3 (2010): 57–63.

Song Duanyi. *Li zhai wen lu.* Rpt. in *GCDG*, vol. 2.

Song Lian (1310–81). *Song Lian quan ji.* Hangzhou: Zhejiang guji chubanshe, 1999.

Song Lian et al., editors. *Yuan shi.* 1360–70. Rpt. Beijing: Zhonghua shuju, 1976.

Soulliere, Ellen. "The Imperial Marriages of the Ming Dynasty." *Papers on Far Eastern History* 37 (March 1988): 15–42.

———. "Palace Women in the Ming Dynasty." Ph.D. dissertation, Princeton University, 1987.

Sowerby, Tracey. "'A Memorial and a Pledge of Faith': Portraiture and Early Modern Diplomatic Culture." *English Historical Review* 129, no. 537 (2014): 296–331.

Sperling, Elliot. "Early Ming Policy toward Tibet: An Examination of the Proposition that the Early Ming Emperors Adopted a Divide and Rule Policy toward Tibet." Ph. D. dissertation, Indiana University, 1983.

———. "Notes on the Early History of Gro-tshang Rdo-rje-'chang and Its Relations with the Ming Court." *Lungta* 14 (2001): 77–87.

———. "Tibetan Buddhism, Perceived and Imagined along the Ming-Era Sino-Tibetan Frontier." In *Buddhism between Tibet and China*, edited by Matthew Kapstein. Somerville, MA: Wisdom Publications, 2009, pp. 155–80.

Su Zhigao (*jin shi* 1532). *Yi yu.* Rpt. in *MMHJ*, vol. 1, pp. 216–37.

Subrahmanyam, Sanjay. "Connected Histories: Notes towards a Reconfiguration of Early Modern Eurasia." *Modern Asian Studies* 31, no. 3 (1997): 735–62.

———. *Courtly Encounters: Translating Courtliness and Violence in Early Modern Eurasia.* Cambridge, MA: Harvard University Press, 2012.

———. "One Asia, or Many? Reflections from Connected History." *Modern Asian Studies* 50, no. 1 (2016): 5–43.

Sun Laichen. "Chinese Gunpowder Technology and Dai Viet: *c.*1390–1497." In *Viet Nam: Borderless History*, edited by Nhung Tuyet Tran and Anthony Reid. Madison: University of Wisconsin Press, 2006, 72–120.

———. "Chinese-Style Gunpowder Weapons in Southeast Asia." In *New Perspectives on the History and Historiography of Southeast Asia*, edited by Michael Aung-Thwin and Kenneth Hall. London and New York: Routledge, 2011, pp. 75–100.

———. "Military Technology Transfers from Ming China and the Emergence of Northern Mainland Southeast Asia (*c.*1390–1527)." *Journal of Southeast Asian Studies* 34, no. 3 (2003): 495–517.

Swope, Kenneth. "Bestowing the Double-Edged Sword: Wanli as Supreme Military Commander." In *Culture, Courtiers, and Competition: The Ming Court*

(1368–1644), edited by David Robinson. Cambridge, MA: Harvard University Asia Center, 2008, pp. 61–115.

"Causes and Consequences of the Ming Intervention in Vietnam in the Early Fifteenth Century." In *Ming China: Courts and Contacts 1400–1450*, edited by Craig Clunas, Jessica Harrison-Hall, and Luk Yu-ping. London: The British Museum, 2016, pp. 37–45.

A Dragon's Head and a Serpent's Tail: Ming China and the First Great East Asian War, 1592–1598. Norman: University of Oklahoma Press, 2009.

Szonyi, Michael. *The Art of Being Governed: Everyday Politics in Late Imperial China*. Princeton: Princeton University Press, 2017.

Practising Kinship: Lineage and Descent in Late Imperial China. Stanford: Stanford University Press, 2002.

Tackett, Nicolas. *The Origins of the Chinese Nation: Song China and the Forging of an East Asian World Order*. Cambridge and New York: Cambridge University Press, 2017.

Tan Xisi. *Ming da zheng zuan yao*. 1619. Rpt. Taipei: Wenhai chubanshe, 1988.

Tang Bin (1627–87). *Tang Bin ji*, compiled by Fan Zhiheng. Zhengzhou: Zhongzhou guji chubanshe, 2003.

Tang Jingshen. "Mingdai Handongwei diwang xiaokao." *Qinghai shehui kexue* 2 (1985): 94–97.

Tao Jing-shen. *Two Sons of Heaven: Studies in Sung–Liao Relations*. Tucson: University of Arizona Press, 1988.

Taylor, Romeyn. "Ming T'ai-tsu and the Nobility of Merit." *Ming Studies* 2 (1976): 57–69.

"Yuan Origins of the Wei-so System." In *Chinese Government in Ming Times: Seven Studies*, edited by Charles Hucker. New York: Columbia University Press, 1969, pp. 23–40.

Temul. "Silüsi shenfu lunzhu mulu." *Leuven Chinese Studies* 36 (2017): 285–309.

Thackston, W.M., trans. and ed., *A Century of Princes*. Cambridge: The Aga Khan Program for Islamic Architecture, 1989.

Twitchett, Denis and Tilemann Grimm. "The Cheng-t'ung, Ching-t'ai, and T'ien-shun reigns, 1436–1464." In *CHC* 7: 305–42.

Tian Tao. "Mingdai Hami weiji shulun." *Zhongguo bianjiang shidi yanjiu* 4 (2002): 14–22.

Tian Weijiang. "Lun Mingdai Hamiwei de shezhi jiqi yiyi." *Xibei minzu xueyuan xuebao* (zhexue shehui kexue ban) 1 (1988): 83–91.

Toby, Ronald. *State and Diplomacy in Early Modern Japan: Asia in the Development of Tokugawa Japan*. Princeton: Princeton University Press, 1984.

Tsai, Shih-shan Henry. *The Eunuchs in the Ming Dynasty*. New York: State University of New York, 1996.

Perpetual Happiness: The Ming Emperor Yongle. Seattle: University of Washington Press, 2001.

Wada Sei. "Minsho no Mōko keiryaku." Rpt. in *idem*, *Tōashi kenkyū (Mōkohen)*, pp. 1–106.

Tōashi kenkyū (Mōkohen). Tokyo: Tōyō bunko, 1959.

"Uryoha san'ei ni kansuru kenkyū (ichi)." *Mansen chiri rekishi kenkyū hōkoku* 12 (1930). Rpt. in idem, *Tōashi kenkyū (Mōkohen)*. Tokyo: Tōyō bunko, 1959, pp. 151–265.

"Uryoha san'ei ni kansuru kenkyū (ni)." *Mansen chiri rekishi kenkyū hōkoku* 13 (1932): 261–498. Rpt. in *idem*, *Tōashi kenkyū (Mōkohen)*. Tokyo: Tōyō bunko, 1959, pp. 267–423.

Wade, Geoff. "Domination in Four Keys: Ming China and Its Southern Neighbors 1400–1450." In *Ming China: Courts and Contacts 1400–1450*, edited by Craig Clunas, Jessica Harrison-Hall, and Luk Yu-ping. London: The British Museum, 2016, pp. 15–25.

"Engaging the South: Ming China and Southeast Asia in the Fifteenth Century." *Journal of the Economic and Social History of the Orient* 51, 4 (2008): 578–638.

"The Zheng He Voyages: A Reassessment." *Journal of the Malaysian Branch of the Royal Asiatic Society* 78, part one, no. 228 (2005): 37–58.

Waldron, Arthur. *The Great Wall of China: From History to Myth*. Cambridge: Cambridge University Press, 1990.

Walthall, Anne. "Introducing Palace Women." In *Servants of the Dynasty: Palace Women in World History*, edited by Anne Walthall. Berkeley: University of California Press, 2008, pp. 1–21.

Wan, Maggie. "Building an Immortal Land: The Ming Jiajing Emperor's West Park." *Asia Major*, 3rd series 22.2 (2009): 65–99.

Wang Dafang and Zhang Wenfang. *Caoyuan jinshi lu*. Beijing: Wenwu chubanshe, 2013.

Wang Fu. *You shi xian sheng shi ji*. Rpt. in *BTGZ*, vol. 100.

Wang Gungwu. "Early Ming Relations with Southeast Asia: A Background Essay." In *The Chinese World Order: Traditional China's Foreign Relations*, edited by John Fairbank. Cambridge, MA: Harvard University Press, 1968, pp. 34–62.

"The Rhetoric of a Lesser Empire: Early Sung Relations with Its Neighbors." In *China among Equals: The Middle Kingdom and Its Neighbors, 10th–14th Centuries*, edited by Morris Rossabi. Berkeley: University of California Press, 1983, pp. 47–65.

Wang Jinping. "The Great Ming and East Asia: The World Order of a Han-Centric Chinese Empire, 1368–1644." In *Empire in Asia: A New Global History*, vol. 1, edited by Brian Farrell. London and New York: Bloomsbury, 2018, pp. 43–76.

Wang Qi. *Xu Wenxian tongkao*. 1586.

Wang Qi (1433–99). *Yu pu za ji*. 1500 preface. Rpt. Beijing: Zhonghua shuju, 1984.

Wang Shizhen. *Fengzhou za bian*. In *Ji lu hui bian*, compiled by Shen Jiefu (1533–1601), *juan* 154.

Yanzhou shi liao qian ji . Rpt. in *SKCM, ji* 112.

Wang Shuo. "Qing Imperial Women: Empresses, Concubines, and Aisin Gioro Daughters." In *Servants of the Dynasty: Palace Women in World History*, edited by Anne Walthall. Berkeley: University of California Press, 2008, pp. 137–58.

Wang Tianyou. "Shilu bu shi de yige lizheng." *Beijing daxue xuebao* (zhexue shehui kexueban) 1 (1980): 94–95, 84.

Wang Xijue. *Huang Ming guan ke jing shi hong ci xu ji*. Rpt. in *SKJH, ji* 92.

Zeng ding guo chao guan ke jing shi hong ci. Rpt. in *SKJH, ji* 92.

Wang Xiuli. "Xu Zi zhi tong jian." *Shixueshi yanjiu* 2 (2004): 46–49.

Wang Xun and Hu Ruli, compilers. *Ningxia xinzhi*. Rpt. in *Tianyige cang Mingdai fangzhi xuankan xubian*. Shanghai: Shanghai shudian, 1990, vol. 72.

Wang Ying (1376–1450). *Wang Wen An gong shi wen ji*. Rpt. in *XXSK*, vol. 1327.

Wang Yuan-kang. "Explaining the Tribute System: Power, Confucianism, and War in Medieval East Asia." *Journal of East Asian Studies* 13, no. 2 (2013): 207–32.

Harmony and War: Confucian Culture and Chinese Power Politics. New York: Columbia University Press, 2011.

Wang Zhaoning. "Tumu zhi bian qianhou de shidaifu." *Hubei dier shifan xueyuan xuebao* 30, no. 1 (2013): 59–62.

Wang Zhenping. *Ambassadors from the Islands of Immortals : China–Japan Relations in the Han–Tang Period*. Honolulu: University of Hawai'i Press, 2005.

Tang China in Multi-polar Asia: A History of Diplomacy and War. Honolulu: University of Hawai'i Press, 2013.

Watson, Burton. *Complete Works of Zhuangzi*. New York: Columbia University Press, 2013.

Watt, C.Y. and Denise Patry Leidy, editors. *Defining Yongle: Imperial Art in Early Fifteenth-Century China*. New York: The Metropolitan Museum of Art, 2005.

Wechsler, Howard. "T'ai-tsung (Reign 626–49) the Consolidator." In *CHC 3*: 188–241.

Wei Ji (1374–71). *Nan zhai xian sheng Wei wen jing gong zhai gao*. Rpt. in *SKCM, ji* 30.

Weidner, Marsha (Haufler). "Imperial Engagement with Buddhist Art and Architecture." In *Cultural Intersections in Later Chinese Buddhism*, edited by Marsha Weidner. Honolulu: University of Hawai'i Press, 2001, pp. 117–44.

Whitmore, John. *Vietnam, Ho Quý Ly, and the Ming (1371–1421)*. New Haven: Yale Center for International and Regional Studies, 1985.

Wilson, Thomas. "Sacrifice and the Imperial Cult of Confucius." *History of Religions* 41, no. 3 (2002): 251–87.

Wink, André. "Post-nomadic Empires: From the Mongols to the Mughals." In *Tributary Empires in Global History*, edited by Peter Fibiger Bang and C.A. Bayly. Houndmills: Palgrave Macmillan, 2011, pp. 120–31.

Wright, David. *From War to Diplomatic Parity in Eleventh-Century China: Sung's Foreign Relations with Kitan Liao*. Leiden and Boston: Brill, 2005.

"The Screed of a Humbled Empire: The *Xin Tangshu's* Prolegomena on the Turks." *Acta Orientalia Academiae Scientiarum Hungaricae* 55, no. 4 (2002): 379–89.

Wu Han. *Zhu Yuanzhang zhuan*. 1948. Rpt. Hong Kong: Xianggang zhuanji wenxueshe, n.d.; Shanghai: Sanlian shudian, 1949.

Wu Yunting. "Tumu zhi bian qianhou de Menggu xiangren." *Hebei xuekan* 3 (1989): 106–11.

Wu Zhihe. "Mingdai Zhengtong guobian yu Jingtai xingfu." *Shixue huikan* 8 (1977). Revised version rpt. in *Mingshi yanjiu luncong*, edited by Wu Zhihe. Taipei: Dali chubanshe, 1982, vol. 1, pp. 159–241.

"'Tumu zhi bian' hou Mingchao yu Wala zhi jiaoshe." *Mingshi yanjiu zhuankan* 3 (1980): 75–99.

Xia Han. "Ming Huairou bo Shi Ju fufu, Shi Jian muzhi kaoshi." *Zhongguo lishi wenwu* 2 (2009): 80–8.

Xie Yikui (1425–87). *Xie wen zhuang gong ji*. Rpt. Taipei: Wenhai chubanshe, 1970, vol. 8.

Xia Yuanji (1366–1430). *Zhong jing ji*. *WYSK*, vol. 1240.

Zhong jing gong ji. Rpt. in *BTGZ*, vol. 100.

Xizang zizhiqu dang'anguan, editor. *Xizang lishi dang'an huicui/A Collection of Historical Archives of Tibet*. Beijing: Wenwu chubanshe, 1995.

Xu Qianxue (1631–94). *Ming shi lie zhuan*. Rpt. Taipei: Xuesheng shuju, 1970.

Xu Xueju (*jinshi* 1583). *Guo chao dian hui*. 1625. Rpt. Beijing: Shumu wenxian chubanshe, 1996.

Xu Zhenxing (Hui Chun Hing). "Lun Ming Taizu dui Menggu minzu de zhengce." *Dongfang wenhua* 24, no. 2 (1988): 224–40.

"Lun Wang Zhen de 'jia di qin zheng'." *Shenzhen daxue xuebao* (renwen shehui kexue ban) 3 (1987): 99–103.

"Lun Wang Zhen yu 'Tumu zhi bian' de guanxi." *Ming Qingshi jikan* 2 (1986–88): 45–57.

Xue Yingqi (1499–1574). *Xian zhang lu jiao zhu*. Nanjing: Fenghuang chubanshe, 2014.

Yang, Lien-sheng. "Historical Notes of the Chinese World Order." In *The Chinese World Order*, edited by John K. Fairbank. Cambridge, MA: Harvard University Press, 1968, pp. 20–33.

Yang Ming. *Zhengtong lin rong lu*. Rpt. in *GCDG*, vol. 1.

Yang Pu (1372–1446). *Yang Wen ding gong shi ji*. Rpt. in *XXSK*, vol. 1326.

Yang Rong (1371–1440). *Bei zheng ji*. Rpt. in *MMHJ*, vol. 1.

Yang wen min gong ji. Rpt. Taipei: Wenhai chubanshe, 1970.

Yang Shiqi (1365–1444). *Dong li wen ji*. Rpt. Beijing: Zhonghua shuju, 1998.

Yang Shouli, compiler. *Ningxia xinzhi*. Rpt. in *Tianyige cang Mingdai fangzhi xuankan*. Shanghai: Shanghai guji shudian, 1963, rpt. 1981, vol. 68.

Yao Kui (1414–73). *Yao Wen min gong yi gao*. Rpt. in *SKCM, ji* 34.

Ye Sheng (1420–74). *Ye Wen zhuang gong zou yi*. Rpt. in *XXSK, shi* 475.

Ye Xianggao (1559–1627). "Bei lu kao er." Rpt. in *MMHJ*, vol. 2.

Yi Xuanbo. "Shilun Jingtaidi Zhu Qiyu." *Mingshi yanjiu* 3 (1993): 123–34.

Yu Jideng (1544–1600). (*Huang Ming*) *Dian gu ji wen*. 1601. Rpt. Beijing: Zhonghua shuju, 1981, second printing, 1997.

Yu Moying. "Mingdai Hami Menggu de fenggong wenti." *Neimenggu daxue xuebao* (renwen shehui kexue ban) 32, no. 5 (2000): 10–11.

Yu Moying and Boyinhu. "Ming Yongle shiqi sanwang ji Hening wang de cefeng." *Neimenggu shehui kexue* (Hanwenban) 22, no. 3 (2001): 42–46.

Yu Qian (1398–1457). *Shao bao Yu gong zou yi*. Rpt. Beijing: Quanguo tushuguan wenxian suowei fuzhi zhongxin, 2011.

Yu Qian ji. Rpt. Beijing: Zhongguo wenshi chubanshe, 2000.

Yü Ying-shih. *Trade and Expansion in Han China: A Study in the Structure of Sino-barbarian Economic Relations*. Berkeley: University of California Press, 1967.

Yuan Bin. *Bei zheng shi ji*. As told to Yin Zhi. In Yin Zhi, *Jian zhai suo chuo lu*. Rpt. in *Mindai shiji huikan*, edited by Qu Wanli. Taipei: Guoli zhongyang tushuguan, 1969, vol. 3.

Yuan Zhi (1502–47). *Heng fan chong ke Xutai xian sheng ji*. Rpt. in *BTGZ*, vol. 104.

Yun Ŭnsuk. "14 segimal Manju ŭi yŏksasang: Otch'igin wangga wa Manju." *Nong'ŏpsa yŏn'gu* 11, no. 1 (2012): 47–69.

"14–15 segi Uryangkkai sam'ui hwa Monggor-Myŏng kwan'gye." *Myŏng Ch'ŏngsa yŏn'gu* 43 (2015): 1–29.

Zarrow, Peter. "The Imperial Word in Stone: Stele Inscriptions at Chengde." In *New Qing Imperial History: The Making of Inner Asian Empire at Qing Chengde*, edited by James Millward, Ruth Dunnell, Mark Elliott, and Philippe Forêt. London and New York: RoutledgeCurzon, 2004, pp. 147–63.

Zeng Qi (1372–1432). *Chao jie ji*. Rpt. in *BTGZ*, vol. 105.

Ke Zeng xi shu xian sheng ji. Rpt. in *SKCM, ji* 30.

Zhang Chang (1376–1437). *Ming Yongle jia shen hui kui li bu zuo shi lang hui ji Zhi an zhang gong shi wen ji*. Rpt. in *SKCM, ji* 30.

Zhang Dexin. "Mingdai zhuwang fenfeng zhidu shulun." Rpt. in *idem, Mingshi yanjiu lungao*. Beijing: Shehui kexue wenxian chubanshe, 2011, pp. 74–91.

"Mingdai zhuwang yu Mingdai junshi." Rpt. in *idem, Mingshi yanjiu lungao*. Beijing: Shehui kexue wenxian chubanshe, 2011, pp. 92–102.

Zhang Feng. *Chinese Hegemony: Grand Strategy and International Institutions in East Asian History*. Stanford: Stanford University Press, 2015.

Zhang Jinkui. *Mingdai weisuo junhu yanjiu*. Beijing: Xianzhuang shuju, 2007.

Zhang Lei and Du Changshun. "Mingdai Hexi zoulang diqu daguan jiazu de lishi guiji." *Neimenggu shehui kexue* (Hanwenban) 4 (2017): 88–95.

Zhang Shu (1776–1847). *Liangzhou fuzhi bei kao*. Rpt. Xi'an: Sanqin chubanshe, 1988.

Zhang Tianzhou. "Jingtai yuannian Meng Han heyi qianlun." *Liaoning shifan daxue xuebao* (shehui kexue ban) 6 (1982): 63–68.

Zhang Tingyu et al., editors. *Ming shi*. 1736. Rpt. Beijing: Zhonghua shuju, 1974.

Zhao Gaiping and Hou Huiming. "Lun Zangchuan fojiao zai Mingdai zhengzhizhong de zuoyong he yingxiang." *Neimenggu shehui kexue* (Hanwenban) 26, no. 6 (2006): pp. 53–54.

Zhao Xianhai. *Mingdai jiubian Changcheng junzhenshi: Zhongguo bianjiang jiashuo shiyexia de Changcheng zhidushi*. Beijing: Shehui kexue wenxian chubanshe, 2012.

Zhao Zhongnan. "The Gradual Termination of the Early Ming Voyages to the 'Western Oceans' and Its Causes." In *Ming China: Courts and Contacts 1400–1450*, edited by Craig Clunas, Jessica Harrison-Hall, and Luk Yu-ping. London: The British Museum, 2016, pp. 106–12.

Mingdai gongting dianzhishi. Beijing: Zijincheng chubanshe, 2010.

Zheng Rubi, compiler. *Huang Ming gong chen feng jue kao*. Rpt. in *SKCM, shi* 258.

Zheng Xiao. *Jin yan*. 1566. Rpt. Beijing: Zhonghua shuju, 1984, second printing 1997.

Wu xue bian. Rpt. in *XXSK, shi* 424–25.

Zhong Han. "Jianxi Ming diguo de Neiyaxing: yi yu Qingchao de leibi wei zhongxin." *Zhongguoshi yanjiu dongtai* 5 (2016): 36–42.

Zhongguo wenwu yanjiusuo and Beijing shike yishu bowuguan, editors. *Xinzhongguo chutu muzhi Beijing*. Beijing: Wenwu chubanshe, 2003, vol. 1, section 2.

Zhou Jinghong. "Lun Mingdai Wuliangha sanwei yu dong xi Menggu, Nüzhen de guanxi." *Neimenggu shehui kexue* 4 (1992): 85–90.

Zhou Qingtao. "Ming Chengzu shengmu Hongjilashi shuo suo fanying de tianmingguan." *Neimenggu daxue xuebao* (zhexue shehui kexue ban) 3 (1987). Rpt. in *idem, Yuan Meng shi zha*. Hohhot: Neimenggu daxue chubanshe, 2001, pp. 495–525.

Zhou Song. "Cong Xibei bianchui dao Lingnan yanhai: Mingdai Shaozhou 'daren' neiqian yanjiu." *Leuven Chinese Studies* 36 (2017): 161–200.

"Mingchao Beizhili 'da guan jun' de tudi zhanyou jiqi yingxiang." *Zhongguo jingjishi yanjiu* 4 (2011): 76–84.

"Mingchao dui jinji daguanjun de guanli." *Ningxia shehui kexue* 3 (2011): 81–86, 92.

"Mingdai Shazhou 'daren' neiqian xinlun." *Qinghua daxue xuebao* (zhexue shehui kexue ban) 5 (2017): 99–112.

"Ru Ming Mengguren zhengzhi juese de zhuanhuan yu ronghe." *Beifang minzu daxue xuebao* (zhexue shehui kexue ban) 85 (2009): 27–32.

Zhu Di. *Tai zong bao xun.* In Lü Ben (*jinshi* 1532), *Huang Ming bao xun.* 1602. Rpt. in Zhongyang yanjiuyuan lishi yuyan yanjiusuo, compilers, *Ming Shilu fulu,* 1962; rpt. Kyoto: Zhongwen chubanshe, 1984, vol. 20.

Zhu Gaozhi (1378–1425). *Renzong bao xun.* In Lü Ben (*jinshi* 1532), *Huang Ming bao xun.* 1602. Rpt. in Zhongyang yanjiuyuan lishi yuyan yanjiusuo, compilers, *Ming Shilu fulu,* 1962; rpt. Kyoto: Zhongwen chubanshe, 1984, vol. 20.

Zhu Guozhen (1558–1632). *Yong chuang xiao pin.* 1621. Rpt. Beijing: Wenhua yishu chubanshe, 1998.

Zhu Hong. *Ming Chengzu yu Yongle zhengzhi.* Taipei: Guoli Taiwan shifan daxue lishi yanjiusuo, 1988.

"Qing xi Zhongshan: Qingdai huangdi ji shiren baihe Ming Xiaoling de huodong." In *Ming Taizu de zhiguo linian jiqi shijian,* edited by Chu Hung-lam. Hong Kong: The Chinese University Press, 2010, pp. 345–70.

Zhu Jian. *Gu jin zhi ping lüe.* Rpt. in *XXSK, shi* 756–77.

Zhu Zhan (1378–1438). *Ningxia zhi.* Rpt. *Ningxia lidai fangzhi cuibian,* under title *Xuande Ningxiazhi,* edited by Ningxia shaoshu minzu guji zhengli chuban guihua xiaozu bangongshi. Tianjin: Tianjin guji chubanshe, 1988.

Zhu Zhenhong. "Tangdai 'huangdi tian hehan' shiyi." *Hanxue yanjiu* 21, no. 1 (2003): 413–33.

Zhu Yunming. *Ye ji.* Rpt. in *GCDG,* vol. 1.

Zhu Zhanji. *Da Ming Xuanzong huang di yu zhi ji.* Rpt. in *Xijian Mingshi yanjiu ziliao wuzhong,* edited by Zhonghua shuju. Beijing: Zhonghua shuju, 2015, vols. 4–5.

Ming Xuanzong bao xun. In Lü Ben (*jinshi* 1532), *Huang Ming bao xun.* 1602. Rpt. in Zhongyang yanjiuyuan lishi yuyan yanjiusuo, compilers, *Ming Shilu fulu,* 1962; rpt. Kyoto: Zhongwen chubanshe, 1984, vol. 20.

索　引

图书在版编目（CIP）数据

称雄天下：早期明王朝与欧亚大陆盟友／（美）鲁
大维（David M. Robinson）著；祁逸伟译 . — 北京：
社会科学文献出版社，2024.4
书名原文：Ming China and its Allies：Imperial
Rule in Eurasia
ISBN 978-7-5228-3377-4

Ⅰ.①称… Ⅱ.①鲁… ②祁… Ⅲ.①中外关系-国
际关系史-研究-欧洲-明代 ②中外关系-国际关系史-
研究-亚洲-明代 Ⅳ.①D829

中国国家版本馆 CIP 数据核字（2024）第 055726 号

审图号：GS（2022）5219 号。书中地图系原文插附地图。

称雄天下：早期明王朝与欧亚大陆盟友

著　　者／［美］鲁大维（David M. Robinson）
译　　者／祁逸伟

出 版 人／冀祥德
组稿编辑／董风云
责任编辑／沈　艺　王　敬
责任印制／王京美

出　　版／社会科学文献出版社·甲骨文工作室（分社）（010）59366527
　　　　　地址：北京市北三环中路甲 29 号院华龙大厦　邮编：100029
　　　　　网址：www. ssap. com. cn
发　　行／社会科学文献出版社（010）59367028
印　　装／北京盛通印刷股份有限公司

规　　格／开　本：889mm×1194mm　1/32
　　　　　印　张：10.5　字　数：242 千字
版　　次／2024 年 4 月第 1 版　2024 年 4 月第 1 次印刷
书　　号／ISBN 978-7-5228-3377-4
著作权合同
登 记 号／图字 01-2021-1885 号
定　　价／69.00 元

读者服务电话：4008918866